まほろばからの地方税のありかた提言

奈良県税制調査会の挑戦

奈良県

発刊によせて

　平成26年9月に奈良県税制調査会の成果として，委員のご協力による初の論文集「望ましい地方税のありかた－奈良県税制調査会からの発信－」を発刊させていただき，各方面から評価を頂戴したところです。今回は，その第2弾を「まほろばからの地方税のありかた提言－奈良県税制調査会の挑戦－」として発刊させていただきますが，その中心は平成30年度税制改正における地方消費税の抜本的見直しに向けた提言となっています。

　地方消費税は，その地域での消費に対して負担していただくというのが基本です。流通の各段階で支払われた税を各都道府県間で清算する必要が生じますが，消費をどこでしたといった正確な統計がない中で，販売統計に大きく依拠した清算が行われています。奈良県民の消費は他県と比べて遜色ないにも関わらず，1人あたりの地方消費税額は低い方から2番目となっており，地方消費税がきちんと消費地に還元されているのかといったことが，奈良県が強い関心を持っているところです。

　とりわけ，地方消費税の引き上げ分が，社会保障の財源になるということであれば，税収の消費地への帰属が論理的でないと社会保障の支出にも影響が出てしまいます。

　平成29年度税制改正においては，奈良県税制調査会の委員の方々からも意見を頂戴し，国に対して地方消費税の清算基準の見直しについて提言・要望活動を行いました。その結果，平成30年度税制改正に向けて抜本的見直しを行うことが与党の平成29年度税制改正大綱において明記された上で，その先鞭として清算基準のうち人口の比率を15％から17.5％に引き上げることとされました。

このことは，本県が提言・要望しなければ実現し得なかった大きな成果と考えており，政府・与党の関係者に感謝申し上げる次第です。

　平成30年度税制改正に向けては，より根源的な点にまで遡って本県の提言を更に強化する必要があると考えていたところ，このたび奈良県税制調査会としての，本書所収の提言がとりまとめられました。地方創生や社会保障の重要な財源である地方消費税の清算基準の見直しは待ったなしの課題であり，この提言の内容を平成30年度税制改正に何としても反映させなければなりません。全国知事会の提言の方向性にも沿ったものでありますので，他府県ともよく連携を図り，ご理解いただけるよう努めていきたいと考えております。本書の発刊に限らず情報発信を強化し，政府・与党をはじめとした各所への働きかけも一層精力的に行ってまいる所存です。

　奈良県では，地方税制の改正について，今後ともデータを分析し理論立てて国に提言を続けてまいりたいと考えていますが，前回に引き続きこのような本を奈良から出版できることは，奈良県税制調査会委員各位のおかげにほかなりません。ご多忙の中ご協力，ご執筆くださいました委員の皆様に重ねて感謝申し上げますとともに，本書を手にされた皆様には，引き続き「住んで良し」「働いて良し」「訪れて良し」の奈良県づくりのためにご支援を賜りますようお願い申し上げます。

　平成29年3月

奈良県知事　荒井　正吾

はしがき

　奈良県税制調査会が発足して4年が経過しました。この間，地方税のあり方に関する全般的な議論とともに，地方消費税の都道府県間の清算のあり方についての提言，奈良県が実施している超過課税や減免といった個別の制度や取組みについて検討してきました。2016年度には，超過課税，法定外税，徴収体制をテーマに，実態調査を行いました。その詳細は別途各県ごとの報告書にまとめました。調査結果の概略は本書において示していますが，各県共通の課題やそれぞれ独自の工夫が見られ，奈良県の税を考える上でも有益な調査結果になりました。

　2016年度には，2014年に続き，本書『まほろばからの地方税のありかた提言－奈良県税制調査会の挑戦』を発刊する運びとなりました。また，2016年11月には「税を考える週間」と合わせて，地方税制に関するシンポジウムを橿原文化会館で開催し，多くの方々にご参加いただくことができました。

　本書では，まず最初に地方消費税の都道府県間の清算基準の実際の見直しに関する提言を掲載しています。そこでは，単なる提言にとどまらず，清算基準を巡る統計情報に基づいた綿密な考察も行っています。続いて，超過課税や法定外税といった地方の課税自主権の活用について考え（林），税制調査会メンバーによる調査結果の概要をまとめます（佐藤）。

　論文編では，地方税の課題について，各委員が論じています。それぞれの問題意識は次の通りです。

　地方団体が実施している負担軽減措置（上村），地方税に関する納税意識（横山），地方税の徴収率（竹本），超過課税を巡る国と地方の関係（鶴谷），そして，消費税引き上げに合わせて議論される軽減税率とインボイスの地方消費税への影響（鈴木）。

本書の後半は，11月12日に開催したシンポジウムを掲載しています。

　奈良県の税制調査会は，メンバーにとって，奈良県の課題の検討にとどまらず，それを通して地方税制のあり方について研究する貴重な場となっています。その間に2冊の書籍を公刊する機会に恵まれたことは研究者として大きな喜びです。

　2016年度には，超過課税等の課税努力に関する調査の場も与えていただき，地方税の実態に接するとともに地方からの発案，発信について考えることもできました。

　いずれも，荒井知事，一松総務部長，そして担当者の皆様の支えを受けて実現することができましたことに改めて感謝の意を表します。また，前書に引き続き，今回も清文社，小泉社長のお力添えをいただきましたことに御礼を申し上げます。

　2017年3月

関西大学経済学部教授　林　宏昭

目　次

　　発刊によせて　　i
　　はしがき　　iii

平成30年度税制改正における地方消費税の清算基準の抜本的見直しに
　　向けて……………………………………………………………………… 1
地方の課税自主権の意義と課題（林　宏昭）………………………… 25
超過課税と徴収強化：奈良県税制調査会現地調査より（佐藤主光）… 41

論文編
地方税における税負担軽減措置の政策評価―現状と課題―（上村敏之）
　……………………………………………………………………………… 67
地方税に関する納税意識の特徴―地方税のあるべき方向性―（横山直子）
　……………………………………………………………………………… 87
地方税総額に対する徴収率という指標の問題点（竹本　亨）………… 111
地方独自課税（法定外税）導入をめぐる国と地方の関係
　～関空連絡橋税を事例に～（鶴谷将彦）……………………………… 139
軽減税率・インボイスと地方消費税（鈴木将覚）……………………… 151

税を考えるシンポジウム―税制をめぐる情勢と奈良県税制調査会の取り組み―
特別講演………………………………………………………………………… 176
基調講演………………………………………………………………………… 216
パネルディスカッション……………………………………………………… 225

　　資　料　　275
　　あとがき　　283

平成30年度税制改正における
地方消費税の清算基準の抜本的見直しに向けて

平成29年3月
奈良県税制調査会

> 地方消費税は，各都道府県の住民による最終消費に応じた税収の帰属が原則である。しかし，都道府県ごとの住民の最終消費を完全に把握することがもとより難しいという状況の下，各都道府県への税収の帰属を定めるための清算基準が求められることになる。本提言は，その方策について考察し，現行の清算基準の抜本的改善を目指すものである。

Ⅰ 現行の地方消費税の清算基準

地方消費税においては，税収の最終的な帰属地を税の最終負担者である消費者が最終消費を行った地域と一致させるべく，都道府県間において清算が行われている。

その際，最終消費の把握が必要となるが，現行の仕組みの下では，消費の把握の相当部分を供給側の統計（商業統計及び経済センサス活動調査。以下「販売統計」という。）に依拠しており，需要側の統計である家計調査や全国消費実態調査は，標本調査であること等を理由として用いられていない。

具体的には，各都道府県に一旦払い込まれた税収を，各都道府県の「消費に相当する額」に応じて按分して清算しており，清算基準である「消費に相当する額」は，平成29年度税制改正前の現行法令の下では，以下の①～③までの合計額とされている。

① 当該都道府県における商業統計の小売年間販売額と経済センサス活動調査のサービス業対個人事業収入額の合計額
② 全都道府県の上記小売年間販売額の総額と上記サービス業対個人事業収入額の総額との合算額の15分の3に相当する額を国勢調査の人口で按分した額
③ ②の合算額の15分の2に相当する額を経済センサス基礎調査の従業者数で按分した額

すなわち，「消費に相当する額」のうち商業統計の小売年間販売額の総額と経済センサス活動調査のサービス業対個人事業収入額の総額との合算額（以下「販売統計データの総額の合算額」という。）が占める割合（以下「清算基準に占める販売統計データのウェイト」という。）は75％，販売統計データの総額の合算額以外が占める割合（以下「清算基準に占める販売統計データ以外のウェイト」という。）は25％となっており，後者の内訳として人口の比率が15％，従業者数の比率が10％となっている。

Ⅱ 平成27年度税制改正の振返り

平成27年度税制改正において，サービス業に係る販売統計データがサービス業基本調査から経済センサス活動調査に置き換わることを契機として，人口の比率が従前の12.5％から15％に引き上げられる一方，従業者数の比率が従前の12.5％から10％に引き下げられた。具体的には，総務省自治税務局からの平成26年11月の各都道府県宛て事務連絡において，大要以下のように述べられている。

① 「消費に相当する額」の算定に経済センサス活動調査のサービス業対個人事業収入額データを用いるに当たって，地方消費税の清算基準の趣旨に鑑み，「消費者（購入者）の所在地で都道府県別に計上されているべきであるが，そのうちの多くが，サービスの供給地で計上されていると考えられる」ものとして，「情報通信業」，「旅行業」，「競輪・競馬等」を除外する。

② 同じく，非課税取引を行う業種のうち，「消費者の購入時の最終価格に，仕入れ段階の地方消費税の中間投入額が比較的反映されていないと考えられる」ものを除外し，具体的には，「土地売買業」，「土地賃貸業」，「貸家業・貸間業」，「医療，福祉」の中の「社会保険事業団体」を除外する。

③ これらの除外をも反映した上でサービス業基本調査から経済センサス活動調査への置換えによって販売統計データの総額の合算額に占めるサービス業対個人事業収入額データの割合が高まること，従来，従業者数は主にサービス供給地で消費されるサービスの代替指標と考えられてきたこと等を踏まえ，人口及び従業者数の比率を変更する。

Ⅲ 平成29年度税制改正
 1．全国知事会の提案

　平成27年度税制改正における人口の比率の引上げの実現にもかかわらず，より人口を重視する方向での清算基準の見直しを求める声が強く，昨年10月には，全国知事会が「平成29年度税財政等に関する提案」の中で，以下のとおり提案している。

　「今後も清算基準の見直しにあたっては，社会保障財源を確保するため地方消費税を引き上げる経緯に鑑み，可能な限り経済活動の実態を踏まえたものとするとともに，商業統計や経済センサス活動調査において正確に都道府県別の最終消費を把握できない場合に，消費代替指標として『人口』を用いること等により，算定における『人口』の比率を高める方向で見直すことを検討すべきである。」

 2．奈良県の提言

　事業者の所在地で計上される販売統計データに大きく依存した清算基準では，地方消費税収を最終消費に応じて的確に各都道府県に帰属させることには限界があり，地方消費税の清算制度の趣旨を貫徹させることは難しい。このことは，地方税収の偏在を徒に助長するばかりか，地方消費税収の相当部分が社会保障財源に充てられることに鑑みれば，受益と負担の乖離をもたらし，地方団体が，負担する地域住民の納得を得る上でも，社会保障に対する財政責任を果たす上でも足枷となりかねない。

　早急な是正が求められる中，販売統計データについて平成19年商業統計から平成26年商業統計への更新が行われる平成29年度税制改正は，平成27年度税制改正に続く大きな機会と考えられた。

　そこで，奈良県は，平成29年度税制改正に向け，昨年10月18日の当調査会における審議を経て，上記全国知事会の提案を具体化する形で以下の趣旨の提言・要望活動を行った。

提言①　平成29年度税制改正において行われる平成19年商業統計から平成26年商業統計への小売年間販売額データの更新は，単なるデータの更新とは異なり，平成27年度税制改正で採用された経済センサス活動調査と相互比較性を備える形への産業分類の変更などを経たものであること等から，更新後の小売年間販売額データをもって上記Ⅱ③におけるサービス業対個人事業収入額データの割合の評価を適正に貫徹すること。具体的には，更新によって生じる当該割合の更なる上昇分，人口の比率を引き上げ，従業者数の比率を引き下げること。

提言②　商業統計の小売年間販売額データのうち，「通信・カタログ販売」，「インターネット販売」，更には購入者の居住地で最終消費されていることが明らかな家電・家具・寝具等について，正確に都道府県別の最終消費を把握できていないことから除外し，その分清算基準に占める販売統計データのウェイトを引き下げ，人口の比率を引き上げること。

提言③　経済センサス活動調査のサービス業対個人事業収入額データのうち，「社会通信教育」，「学術研究，専門・技術サービス業」，「持ち帰り配達飲食サービス」については国際課税の動向等に照らして正確に都道府県別の最終消費を把握できていないと考えられること等から，「医療，福祉」（既に除外されている「社会保険事業団体」以外）については非課税取引を行う業種であること等から除外し，その分清算基準に占める販売統計データのウェイトを引き下げ，人口の比率を引き上げること。あわせて，平成27年度税制改正においてⅡ①で述べた「情報通信業」，「旅行業」等の除外が行われた際，行われるべき人口の比率の引上げ及び従業者数の比率の引下げが行われなかったことから，その分人口の比率を引き上げ，従業者数の比率を引き下げること。

　これら提言①～提言③までを反映させれば，清算基準に占める販売統計データのウェイトは75％から60％に，従業者数の比率は10％から５％に引き下がる一方，人口の比率は15％から35％に引き上がることになるとした上で，更に以下の提言を行った。

提言④　商業統計の小売年間販売額データのうち提言②により除外される部分以外の店舗販売について，「消費に相当する額」の算定に当たってその２分の１を昼夜間人口割合で割ることにより補正すること。

３．平成29年度税制改正の結果

　平成29年度税制改正においては，小売年間販売額データについて平成26年商業統計への更新を行う際に，「通信・カタログ販売」，「インターネット販売」を除外するとともに，人口の比率を15％から17.5％に引き上げ，従業者数の比率を10％から7.5％に引き下げることとされた。

　あわせて，昨年12月8日にとりまとめられた平成29年度与党税制改正大綱の「検討事項」において，以下のとおりとされた。

「地方消費税の清算基準については，平成30年度税制改正に向けて，地方消費税の税収を最終消費地の都道府県により適切に帰属させるため，地方公共団体の意見を踏まえつつ，統計データの利用方法等の見直しを進めるとともに，必要に応じ人口の比率を高めるなど，抜本的な方策を検討し，結論を得る。」

4．平成29年度税制改正の評価

平成29年度税制改正における清算基準の人口及び従業者の比率の変更は，上記2の提言①の内容と一致する。また，商業統計の小売年間販売額データからの「通信・カタログ販売」，「インターネット販売」の除外は，その分の清算基準に占める販売統計データのウェイトの引下げや人口の比率の引上げがなされなかった不十分さは否めないものの，上記2の提言②の一部が反映されたものと見ることができる。そして，平成30年度税制改正における清算基準の抜本的見直しという道筋が平成29年度与党税制改正大綱で示されたことにより，未反映の部分の奈良県の提言は平成30年度税制改正に向けた検討課題として位置づけられた。

総じて見れば，平成29年度税制改正は，平成30年度税制改正における抜本的見直しの道筋の明記とその先鞭としての人口の比率の引上げを実現した画期的なものであり，当調査会による審議を経て奈良県が提言し，知事を先頭として精力的に政府・与党要路に要望活動を行った成果の現れであり，政府・与党により真摯な対応がなされたものと評価できる。

Ⅳ 販売統計の問題点と平成30年度税制改正

平成29年度与党税制改正大綱で明記された道筋を踏まえ地方消費税の清算基準の見直しを検討するに当たっては，平成29年度税制改正の過程において，清算基準が販売統計データに依拠することの危うさが一層浮彫りになったことに留意しなければならない。

具体的には，更新が行われた商業統計の小売年間販売額データについて，平成26年調査では平成24年経済センサス活動調査以降の新設事務所の小売年間販売額の把握が行われていないこと，経済センサス基礎調査と一体的に実施されたため消費税表記入が許容され，税込と税抜が混在したまま集計されていること等が指摘された。統計としての捕捉率が必ずしも高くないことも相俟って，更新の度に各都道府県に帰属する地方消費税収の金額に大幅な変動が生じることについて，関係団体の納得を得ることは必ずしも容易ではなくなっている。

更に言えば，商業統計の小売年間販売額データについては，主として小売業を営んでいる事業所を対象に調査が行われているが，反復・継続性のある業務に着目することと反復・継続性のいかんにかかわらず消費の実態を捕捉することには本来乖離があり，例えば小売年間販売額データに一定程度の中間消費が不可避的に混入することになる。加えて，そうした限界を指摘するまでもなく，ガソリンスタンドが一律に小売業とされるなど，そもそも小売業の定義が最終消費以外の消費の除外の徹底を志向するものとはなっていない。また，経営諸帳簿が分離できない場合には1つの事業所として捉える取扱いや，傘下に複数の支所事業所を有する企業においては本

社が事業所ごとの調査票を記入する本社一括調査の導入が，都道府県別のデータの正確な把握にどのような影響をもたらしているか，精査する必要がある。経済センサス活動調査のサービス業対個人事業収入額データについても，調査票上は対一般消費者の収入を区別して記入することとされているが，金額ではなくその割合の記入にとどまる上，回答する企業・事業所が会計上・税務上の要請でないこうしたデータをどこまで正確に把握できているのか，個人事業者との取引を実効的に排除できているのか，本社一括調査の導入がその実効性を弱めていないかなど検証すべき点は更に多い。

　これらの実態をより調査していく必要はあるが，このような状況の下，現行の販売統計データの使用そのものの根幹が揺らいでいると言わざるを得ない。統計それ自体は全数調査の基幹統計であるとしても，その調査結果の一部に過ぎないデータを，様々な限界や問題点があるにもかかわらず税収の帰属という地方自治の根幹に関わる問題に使用することの妥当性，そして標本調査の基幹統計である「家計調査」や「全国消費実態調査」よりあえて優位に置くことの妥当性が問われている。しかも，こうした販売統計データの限界については，全数調査であるが故に，調査対象の企業や事業所における負担の軽減が求められる風潮の下，仮に現在指摘されている問題点が多少は解決したとしても，また次の新たな課題が生じることを覚悟しなければならない。更には，本年2月3日に開催された政府の統計改革推進会議において商業統計の平成31年以降の毎年実施への変更方針が表明されるなど，統計改革の動きが加速化している。調査の頻度の増加は，調査のスリム化を必然的に伴うと見込まれ，これまで清算基準が販売統計に依拠してきた前提であるデータの安定性のみならず，全数調査であるといった基盤そのものが大きく変容する可能性すらある。

　このような状況の下，販売統計や需要側の統計の改善・充実により最終消費の的確な捕捉がなされることが理想論としては存在するとしても，そこに期待を持つことはできない上，地方消費税収により財源が賄われている社会保障の改革や地方創生が喫緊の課題であることを踏まえると，それを待つ時間的猶予もないことは明らかである。

　平成29年度税制改正に向けた奈良県の提言は，あくまで抜本的見直しという道筋が示されていない段階で平成27年度税制改正の延長線上での見直しを求めたものであった。局面が大きく変わりつつある今，当調査会としては，販売統計データの使用に係る疑義が膨らめば今後最終的には販売統計データの使用そのものの廃止も視野に入れる必要があると考える。その場合は，消費に関する統計を使用するのであれば，端的に需要側の統計を使用すべきことになる。

　現時点においては，本来望ましい需要側の統計の活用が必ずしも見通し難い情勢の中，供給側の統計による消費の把握と人口等の代替指標の活用という現行の清算基準の枠組みに沿って制度設計を考えていかざるを得ないとしても，少なくとも，清算基準が販売統計データに過度に依存していることにより生じている不確かさ，不安定さを徹底的に払拭する必要がある。そのためには，より根源的なところにまで遡ったあり方の見直しが不可欠であり，代替指標のあり方を含め制度の根本から清算基準の仕組みを再構築することは避けられないと考える。

V 具体的検討

1．清算基準に占める販売統計データのウェイトの検証

Ⅰで述べたとおり，現行の仕組みでは，清算基準に占める販売統計データのウェイトが75％とされている。

このウェイトについては，地方消費税創設時において，消費税収から割り戻した課税ベースに対する商業統計の小売年間販売額の総額とサービス業基本統計のサービス業対個人事業収入額の総額との合算額の比率が約76.5％であったとの計算に基づいている。同様の計算を足元で行うと，（図表１）のとおりであり，インバウンド消費の影響等を加味しても，平成29年度税制改正において小売年間販売額データから「通信・カタログ販売」，「インターネット販売」を除外する前においては，この75％という水準は妥当という結果が得られる。

（図表１）清算基準に占める販売統計データのウェイト

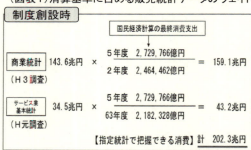

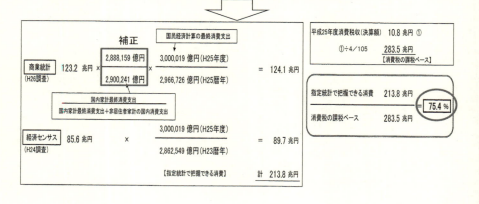

もっとも，平成29年度税制改正による「通信・カタログ販売」，「インターネット販売」の販売データからの除外後においては，当該ウェイトはその分75％より引き下げられるべきであるのは当然であり，3で後述するとおり更に販売統計データから除外すべき業種があればその分引き下げられるべきことになる。

2．従業者数の比率の検証
(1) 基本的考え方
　次に，清算基準に占める販売統計データ以外のウェイトは反射的に25％から上昇すべきことになるが，現状では，その内訳として従業者数の比率が10％とされ，平成29年度税制改正後は7.5％となる予定である。
　この清算基準における従業者数の使用は，地方消費税創設の際に廃止された消費譲与税の譲与基準に由来し，更に遡れば，消費譲与税の創設の際に整理された道府県税の個別間接税の大宗を消費の実態から従業者数によって反映される度合いが強い料理飲食等消費税が占めていたことに行き着くとされる。しかし，飲食サービス業は経済センサス活動調査の対象であり販売統計データに組み込まれていることを踏まえると，販売統計データ以外の部分にこうした経緯に由来する従業者数の比率を割り当てることは，合理的でない。Ⅱ③で見たとおり，平成27年度税制改正に際しては，従業者数が主としてサービス供給地で消費されるサービスの代替指標と考えられてきたとの説明がなされたが，清算基準に用いられている従業者数はサービス業に限らない全産業の従業者数であることからすれば，説得的な説明とは到底言い難い。
　平成30年度税制改正の抜本的見直しに向けては，平成29年度与党税制改正大綱で示されている「地方消費税の税収を最終消費地の都道府県により適切に帰属させる」という清算制度の趣旨が改めて徹底されなければならない。あくまで消費税の課税ベースには含まれているものの清算基準で用いられている販売統計データには含まれていない消費にはどのような消費があり，その最終消費の代替指標として何を用いるのがふさわしいかという観点からの真摯な検証こそが求められる。

(2) 販売統計データに含まれていない消費の分類
　具体的には，消費税の課税ベースには含まれているものの清算基準で用いられている販売統計データには含まれない消費は，以下の3つに大別される。
　A　販売統計データで都道府県別に小売年間販売額やサービス業対個人事業収入額が把握されているが，最終消費はデータの計上地と異なる消費者（購入者）の所在地において行われているなど，最終消費を正確に把握したものではないとして，販売統計データから除外されている業種（Ⅱ①により経済センサス活動調査のサービス業対個人事業収入額データから平成27年度税制改正で除外された「情報通信業」，「旅行業」，「競輪・競馬等」，平成29年度税制改正で商業統計の小売年間販売額データから除外される「通信・カタログ販売」，「インターネット販売」）に係る消費

B　販売統計データで都道府県別に小売年間販売額やサービス業対個人事業収入額が把握されているが，非課税取引を行う業種であるとして，販売統計データから除外されている業種（Ⅱ②により経済センサス活動調査のサービス業対個人事業収入額データから平成27年度税制改正で除外された「土地売買業」，「土地賃貸業」，「貸家業・貸間業」，「医療，福祉」の中の「社会保険事業団体」）に係る消費

C　販売統計データで都道府県別に小売年間販売額やサービス業対個人事業収入額が把握されていない消費

　Cについては，更に以下の4つに細分化できる。

C-①　販売統計において企業単位の売上は把握されているが，ネットワーク型産業のため，都道府県別の消費の把握に不可欠な事業所単位での売上，更には清算基準に用いるための相手先別の売上の把握がなされていない業種（経済センサス活動調査における「建設業」，「電気・ガス・熱供給・水道業」，「通信業」，「放送業」，「映像・音声・文字情報制作業」，「運輸業，郵便業」，「金融業，保険業」，「学校教育」，「政治・経済・文化団体」，「宗教」）に係る消費

C-②　小売年間販売額やサービス業対個人事業収入額といった販売統計データの対象外である政府部門に係る消費

C-③　そもそも販売統計の対象外である国外事業者に係る消費（平成27年度税制改正で新たに消費税の課税対象とされた国外事業者が国境を越えて行う電子商取引に係る消費）

C-④　その他販売統計で捕捉されていない消費などC-①からC-③まで以外の消費

(3) 販売統計データに含まれていない消費の代替指標の検討

　まず，上記Aの「情報通信業」，「旅行業」等に係る消費については，Ⅱ①で総務省自治税務局が「消費者（購入者）の所在地で都道府県別に計上されているべき」と述べたとおりであり，平成29年度税制改正で販売統計データから除外される「通信・カタログ販売」，「インターネット販売」に係る消費とともに，消費に係る税収を消費者の居住地に帰属させるべきであり，その最終消費の代替指標としては人口が馴染むことは論を俟たない。なお，この場合の「情報通信業」については，平成27年度税制改正で販売統計データから除外された「情報サービス業」，「インターネット付随サービス業」のみならず，C-①の「通信業」，「放送業」，「映像・音声・文字情報制作業」も含めて考えるべきである。そして，C-③のクロスボーダー取引に係る消費は，「通信・カタログ販売」，「インターネット販売」に係る消費と同視できることから，やはり人口を代替指標とすることが適当である。また，C-④の消費についても，インターネットを通じた取引の急速な拡大や新たな産業類型の出現など消費形態の多様化を伴う調査捕捉の限界に因るものが大宗と考えられることから，最終消費地と事業者の所在地が一致していることを前提とすべきでなく，同様の取扱いをすべきである。

　次に，Bの消費，更にはC-①のうち非課税取引を主として行う業種である「金融業，保険業」，「学校教育」に係る消費については，非課税事

業者自身は仕入れの段階で地方消費税を支払っており、その地方消費税の額は控除できないことから、地方消費税の負担という面において最終消費者といえ、非課税部門への中間投入額が清算の基礎とすべき消費となる。非課税部門自体はサービス業であっても、中間投入としての課税取引の対象はモノが大宗を占めると考えられることも踏まえつつ、その取扱いを検討する必要がある（3(2)において後述）が、少なくとも全産業の従業者数を代替指標として用いる合理性を見出すことは困難である。

残るC-①の消費は、「建設業」、「電気・ガス・熱供給・水道業」、「運輸業，郵便業」、「政治・経済・文化団体」、「宗教」に係る消費となるが、経済センサス活動調査における全国集計の（対一般消費者に限られない）売上で見ると、「建設業」、「電気・ガス・熱供給・水道業」、「運輸業，郵便業」がその96%を占める。「建設業」、「電気・ガス・熱供給・水道業」のうち、地方消費税の対象となる対一般消費者の取引は、主として住宅の建設・増改築・リフォームや家庭でのエネルギー・水の使用であると考えられるから、消費に係る税収を消費者の居住地に帰属させるべきであることは明らかであるが、念のため、各所管省庁から入手できる統計を基に人口との相関関係を分析すれば、（図表2）のとおりその相関関係が高いことが示される。

(図表2)「建設業」、「電気・ガス・熱供給・水道業」と人口の相関

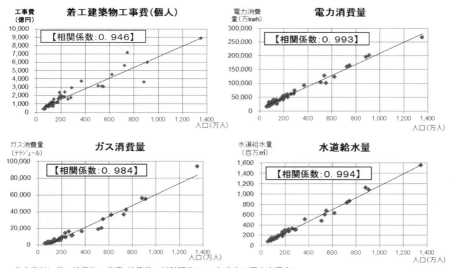

(参考資料)・着工建築物工事費：建築着工統計調査(2015年度次)(国土交通省)
・電力消費量(家庭部門)：平成26年度都道府県別エネルギー消費統計(資源エネルギー庁)
・ガス消費量(家庭部門における石油ガス及び都市ガス消費量の合計(エネルギー単位))：平成26年度都道府県別エネルギー消費統計(資源エネルギー庁)
・水道給水量(上水道及び簡易水道の実績年間給水量の合計)：平成26年度水道統計((公社)日本水道協会)
・人口：平成27年国勢調査(総務省統計局)

他方,「運輸業,郵便業」のうち「運輸業」については,財団法人地方自治情報センター(当時)が平成22年1月にとりまとめた「地方消費税の充実に向けた諸課題に関する研究会報告書」においても示されているとおり,旅客輸送サービスについては居住地から出発して居住地へ帰るという一体のものとして捉え出発地でサービスの提供を受けていると考えることができ,貨物輸送サービスについては到着地をサービス受益の場所として考えることができることから,カナダのHST(協調売上税)における帰属ルール同様,旅客輸送の出発地,貨物輸送の到着地である居住地にこれらの消費に係る税収を帰属させるべきであり,人口を代替指標とすべきである。また,「郵便業」についても,郵便物の配達等について運輸業の貨物輸送サービス等と殊更に別の扱いをすべき理由もない。

最後に,C-②の政府部門に係る消費は,政府部門は負担した消費税を他に転嫁できないという意味において最終的な地方消費税の負担者であり,その支出は清算の基礎とすべき消費となる。「県民経済計算年報」の都道府県「政府最終消費支出」と「県内総資本形成」のうち「一般政府」を合計したものと人口との相関関係を分析すれば,(図表3)のとおり人口をその代替指標とすることも一定の合理的な選択肢となることが分かる。

(図表3)政府消費と人口の相関

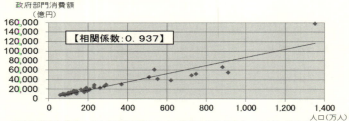

※政府部門消費額・・・「政府最終消費支出」及び「県内総資本形成」のうち「一般政府」の合計

(参考資料)・政府部門消費額:平成25年度県民経済計算(内閣府)
　　　　　・人口:平成27年国勢調査(総務省統計局)

(4) 結論

以上見たように,清算基準に用いられている販売統計データに含まれていない消費について,人口の比率を用いずにあえて従業者数の比率を割り当てることは根拠がなく,清算基準における従業者数の使用は廃止すべきである。

3．販売統計データからの更なる除外の検討
(1) 基本的考え方

既に述べたとおり,現行の清算基準の仕組みは,需要側の統計がサンプル調査であること等を理由として販売統計に大きく依拠してきた。

しかし,販売統計が計上されている事業者の所在地のその場所で最終消費が行われているモノやサービスは実際には限られている。にもかかわらず販売統計データに依拠してきた現行の仕組みは,モノやサービスについて事業者の所在地の近辺の同一都道府県内で最終消費が行われているという擬制を働かせてきたものと考えることができるが,このような擬制は,交通・物流手段や情報通信技術(ICT)の発達により人やモノ,

情報等の移動が都道府県境どころか国境を越えて容易に行われている現状において，前時代的であると言わざるを得ない。

事業者の所在地と最終消費地の乖離が進む現在，清算基準が販売統計データに依拠していることにより生じている不確かさ，不安定さを払拭するためには，事業者の所在地とは異なる都道府県で最終消費されている可能性が高いモノやサービスを販売統計データから一つ一つ認定して除外していくネガティブリスト方式による対応では不十分であり，事業者の所在地その場所で直ちに消費されることが明らかなモノやサービスに限って販売統計データへの依拠を認める限定的なポジティブリスト方式に転換していくことが本来あるべき姿である。

当面の対応としては，少なくとも性質や販売の態様等からデータの計上地と最終消費地の乖離の蓋然性が認められるモノ・サービスについて，販売統計では正確に最終消費地を把握できないと言えることから，「消費に相当する額」の算定に当たって販売統計データから除外する姿勢を徹底していくことが最低限必要である。

(2) 商業統計の小売年間販売額データからの更なる除外

まず，商業統計の小売年間販売額データについては，マーケティング分野において当該データを利用して都道府県を圏域として市町村単位で小売吸引力の分析が行われることが多いことに留意する必要がある。すなわち，地域が買物客を引き付ける力を表す指標として，各市町村の人口1人当たりの小売販売額を都道府県の1人当たりの小売販売額で除した小売吸引力指数を算出し，指数が1.00以上の場合は買物客を外部から引き付け，1.00未満の場合は外部に流出していると見て分析が行われる。この場合，市町村が異なっていても同一都道府県内では1人当たりの小売販売額は同一であるという前提に立って分析が行われている。このように1人当たりの小売販売額を一定の圏域内で見れば同一であるという考え方は定着している上，更に地域ブロックを圏域として分析すれば，（図表4）のとおり地域ブロックごとの人口1人当たりの小売年間販売額の差異は大きなものではない。このような考え方の下では，1人当たりの金額が都道府県ごとに異なる商業統計の小売年間販売額データについて，Ⅳで述べた種々の問題点も踏まえ，およそ正確に都道府県別の最終消費が把握できているものではないと考えることもできなくはない。

（図表4）地域ブロック別人口1人当たり小売年間販売額
（全国平均を100とした場合）

※人口1人当たり指数は，全国平均を100とした数値
（参考資料）
小売年間販売額：平成26年商業統計（経済産業省）
人口：平成27年国勢調査（総務省統計局）

仮にそこまでの考え方を採らないとしても，奈良県は，平成29年度税制改正の過程で，商業統計の小売年間販売額データから「通信・カタログ販売」，「インターネット販売」のほか，家電・家具・寝具等について除外することを既に提言してきた。その理由は，「通信・カタログ販売」及び「インターネット販売」についてはデータの計上地と最終消費地との地理的乖離が合理的に推認され，家電・家具・寝具等については購入者の居住地で最終消費されていることが端的に明らかであるからであった。
　平成29年度税制改正においては，結果として「通信・カタログ販売」，「インターネット販売」のみが除外されることとなったが，これらに限らず店頭販売でない販売形態については，およそ販売の態様から購入の時点で購入者の所在地とデータの計上地が乖離し，データの計上地と最終消費地が一致するとの擬制を働かせることが困難であることから，小売年間販売データから除外することが適当と考える。
　次に，家電・家具・寝具等はその名称・用途からして購入者の居住地で最終消費されていることが明らかであるが，これらに限らず一定期間以上の耐用年数が想定される商品については，一過性の購入行為と反復・継続性のある最終消費という態様の違いを見ても，データの計上地と最終消費地の乖離の蓋然性を認めることができる。
　この点に関して，想定耐用年数が1年以上のモノである耐久財，半耐久財について先に述べた地域ブロックを圏域とした小売吸引力の分析を行えば，（図表5）のとおり都道府県ごとの1人当たり小売年間販売額の大きな差異が地域ブロックごとで収斂することが認められる。このことは，現状のまま販売統計データに依拠して各都道府県に関連の地方税収を帰属させることが，地域ごとの1人当たりの購買力の差異の実態以上に各都道府県への帰属額の差異をもたらしかねないことを示している。このような最終消費の実態からの乖離を避ける観点から，これらの商品についても，長期にわたり反復継続して最終消費される場所として購入者の居住地を想定し，販売統計データからの除外の対象とすることが適当と考える。この場合，半耐久財の代表である被服や履物の取扱いが議論の材料となり得るが，消費者が商品の便益を受益する場所は被服や履物を着用して移動する空間全体であるとも考えられる一方で，その受益の大宗が実質的になされるタイミングとして着用する時点を観念し，居住地を最終消費の場所と考えることも十分可能と考えられる。

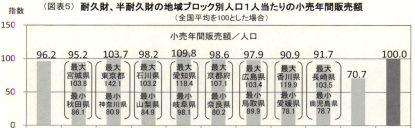

（図表5）耐久財、半耐久財の地域ブロック別人口1人当たりの小売年間販売額
（全国平均を100とした場合）

加えて，Ⅳで触れたとおり，ガソリンスタンドが一律に小売業とされているため，「揮発油小売」，「軽油小売」，「重油小売」，「ブタンガス小売」については，小売年間販売額データにおいて事業者による中間消費が排除されず，都道府県別の最終消費の実態を把握したものと言えないことから，これらを除外すべきである。

(図表6)
○商業統計の小売年間販売額データから更に除外する商品販売形態　　(百万円)

商品販売形態	年間商品販売額
訪問販売	6,659,925
自動販売機による販売	1,191,759
その他	5,172,674
合計	13,024,358

(図表7)
○商業統計の小売年間販売額データから除外する品目　　(百万円)

商品分類	年間商品販売額	商品分類	年間商品販売額
561 百貨店・総合スーパー		59321 電気事務機械器具(中古品を除く)小売	1,985,332
56111 紳士服・洋品小売	490,959	59331 中古電気製品小売	64,611
56112 婦人・子供服・洋品小売	1,715,763	59391 ミシン・編機小売	65,784
56113 その他の衣料品小売	516,924	59399 他の機械器具小売	1,354,251
56114 身の回り品小売	1,018,068	601 家具・建具・畳小売業	
56116 家具小売	163,525	60111 家具小売	1,000,585
56117 家庭用電気機械器具小売	190,331	60112 じゅうたん・カーテン小売	267,576
56118 家庭用品小売	272,312	60121 建具小売	83,425
571 呉服・服地・寝具小売業		60131 畳小売	41,226
57111 呉服・服地小売	332,280	60141 宗教用具小売	166,619
57121 寝具小売	408,453	60211 金物小売	506,082
57211 男子服小売	1,541,654	60221 荒物小売	599,390
57311 婦人服小売	3,150,000	60231 陶磁器・ガラス器小売	134,779
57321 子供服小売	429,944	60291 他のじゅう器小売	91,249
57411 靴小売	845,645	60411 農業用機械器具小売	881,510
57421 履物(靴を除く)小売	62,209	60511 揮発油小売	6,845,667
57911 かばん・袋物小売	524,053	60512 軽油小売	2,162,162
57921 下着類小売	443,382	60513 重油小売	552,058
57931 洋品雑貨・小間物小売	1,525,120	60514 ブタンガス小売	145,707
57991 他の衣服・身の回り品小売	606,994	60611 書籍・雑誌(古本を除く)小売	1,387,577
593 機械器具小売業		60621 古本小売	96,705
59111 乗用車(新車)小売	9,029,432	60711 スポーツ用品小売	1,453,207
59112 トラック(新車)小売	706,321	60722 ゲーム機関連(中古品を除く)小売	166,542
59121 乗用車(中古)小売	2,790,578	60731 楽器小売	275,237
59122 トラック(中古)小売	203,655	60811 写真機・写真材料小売	146,906
59131 自動車部品・附属品小売	1,623,738	60821 時計・眼鏡・光学機械小売	950,504
59141 二輪自動車小売	351,092	60941 建築材料小売	703,164
59211 自転車小売	242,135	60951 ジュエリー製品小売	572,193
59311 AV機器(中古品を除く)小売	1,016,826	60971 骨とう品小売	50,678
59312 白物家電(中古品除く)小売	2,469,174	60981 中古品小売(骨とう品を除く)	273,134
59319 他の電気機械器具(中古品を除く)小売	2,692,704		
		合計	58,387,131

※商品別の年間商品販売額については商品販売形態ごとの内訳がないため，除外対象の商品販売形態((図表6)及び通販・ネット販売)の小売年間販売額データ全体に占める割合(13.4%)を乗じて減殺することで除外する金額を補正。これにより上記品目に係る小売年間販売額データからの除外額は50.6兆円となる。

なお，耐久財や半耐久財や「揮発油小売」等以外の商業統計の店頭販売について，人口の純流入が多い都道府県はその分計上額が最終消費額より増大する一方，人口の純流出が多い都道府県はその逆となるという歪みが残ることから，その２分の１について，昼夜間人口割合で割ることにより補正することが適当と考える。この２分の１という割合は，残る店舗販売のすべてについて昼夜間人口比率による補正をする考え方もあるが，店舗販売の中には昼間人口によって購入地の都道府県において最終消費されるものも含まれる一方，昼夜間人口割合では買物などのための非定常的な移動などが考慮されず，十分な補正がなされないこととのバランスを勘案したものである。

　ただし，これらの除外や補正をしてもなお，商業統計の小売年間販売額データを使用する限りは，モノの最終消費の実態と清算基準の間にはズレが生じ，より人口を反映すべきではないかという疑義が残る。このような状況の下，２(3)で述べた非課税部門への中間投入に係る消費については，モノの消費が大宗を占め，算定の基礎とする統計も得られない中，徒に販売統計データや従業者数を代替指標とするのではなく，人口を代替指標として割り当てることがバランス上適当と考えられる。

(3) 経済センサス活動調査のサービス業対個人事業収入額データからの更なる除外

　サービスに係る販売統計データからの除外に関しては，国境を越えた役務提供に関して仕向地主義の徹底が図られている国際課税の動向が参考になる。つまり，欧州諸国では，EC指令により2010年からの国境を越える役務提供の事業者間取引（B to B）について顧客の居住地で課税することを原則とすることとし，特に消費地が明確でないサービス（intangible service）についてその徹底が図られた。具体的には，２(2)で述べた「情報通信業」に相当する取引のみならず，「著作権，特許権，使用権，登録商標権その他これに類する権利の委譲及び譲渡」，「コンサルタント，エンジニア，コンサルタント事務所，弁護士，会計士が提供する役務その他これに類する役務の提供並びにデータ処理及び情報の提供」，「広告」，「輸送手段を除く動産の賃貸」などについて，課税地を顧客の居住地とすることがEC指令上明記された。更に，対消費者取引（B to C）についても，2015年，欧州諸国において，電子商取引に関して仕向地主義の徹底が図られた上，OECD租税委員会においては，同年，BEPS（Base Erosion and Profit Shifting：税源浸食と利益移転）プロジェクト最終報告書を含む最終パッケージの中で，国境を越えた役務提供全般について仕向地主義を徹底するガイドラインが公表された。同ガイドラインでは，役務提供と同時にその場所で通常消費されるといった要件を満たす役務提供でない限り，提供地における課税権が原則排除されることとされた。

OECD「国境を越えた役務提供等に関するガイドライン」（抜粋）　　　2015.11 最終化・公表

ガイドライン3.1
国境を越えて取引される役務及び無形資産に係る消費税は、消費地原則に基づいて、課税されるべき。

ガイドライン3.5
ガイドライン3.1の適用において、以下の消費者向け役務及び無形資産の提供については、提供が物理的に行われた法域が、課税権を有する。
- ・容易に特定可能な場所で物理的に役務等の提供が行われ、
- ・物理的に提供が行われたのと同時に、その場所で、通常消費され、かつ、
- ・提供を行う者とこれを消費する者が、提供が物理的に行われるのと同時に、その場所で、物理的に所在していることが通常必要である取引

ガイドライン3.6
ガイドライン3.1の適用において、ガイドライン3.5の対象以外の消費者向け役務及び無形資産の提供については、顧客が通常居住する法域が、課税権を有する。
（注）国外事業者が納税義務者となる場合の課税方式について、「OECDなど国際機関が実施した作業や、各国の経験によれば、現在のところ、国境を越えた消費者向けの提供に係る付加価値税の適切な徴収を確実にする上で最も効果的で効率的なアプローチは、非居住者である供給者に、課税地に登録し付加価値税を申告するよう求めることである」との記載。

ガイドライン3.7　（抄）
他に適切な代替案がある等の一定の条件を満たす場合には、ガイドライン3.5及び3.6に定めるもの以外の基準により、国境を越えた消費者向けの役務及び無形資産の提供に係る課税権を定めることができる。

ガイドライン3.8
不動産に直接関連する国境を越えた役務及び無形資産の提供については、当該不動産が所在する法域が、課税権を有する。

　このような国際課税の最新の動向を踏まえれば、課税取引を行う業種について、清算基準における経済センサス活動調査のサービス業対個人事業収入額データからの除外が、平成27年度税制改正で除外された「情報通信業」、「旅行業」等のみでは不十分であることは明らかである。これらと同様に消費者（購入者）の所在地で計上されるべき役務提供として「社会通信教育」が挙げられるほか、ＥＵで仕向地主義の明確化が図られている「学術研究，専門・技術サービス業」、「物品賃貸業」についても除外の対象とすべきである。この「物品賃貸業」については、ＥＣ指令上は「輸送手段を除く動産の賃貸」について課税地を顧客の居住地とすることとされているが、(2)で述べた耐久消費財や2(3)で述べた「運輸業」の取扱いとの平仄を踏まえれば、清算基準に用いる販売統計データからは輸送手段も含めて除外すべきである。更には、役務提供の場所と最終消費地の乖離が明らかな「持ち帰り配達飲食サービス業」についても除外すべきであり、これらの除外分を反映させる形で清算基準に占める販売統計データのウェイトを引き下げるべきである。

　次に、Ⅱ③で述べたとおり、平成27年度税制改正では、非課税である業種のうち「社会保険事業団体」以外の「医療，福祉」についてサービス業対個人事業収入額データからの除外がなされなかったが、不可解な対応と言わざるを得ない。2(3)で述べたとおり、非課税取引を行う業種に係る消費について清算の基礎とすべきはあくまで中間投入額であり、最終段階の消費者への売上額を「消費に相当する額」に含めることは、当該売上げが非課税であることと矛盾するばかりか、清算に当たって「医療，福祉」の業種のウェイトを過大に評価することとなる。

こうした対応が執られた理由については，総務省自治税務局からの平成26年11月の各都道府県宛て事務連絡からは，「医療，福祉」について「消費者の購入時の最終価格に，仕入れ段階の地方消費税の中間投入額が比較的反映されて」いると判断されたことが窺えるが，まったく妥当でない。医療について言えば，平成26年診療報酬改定において，消費税率（国・地方合計）の5％から8％への引上げに伴う仕入れ段階の消費税負担（医療機関の医療材料・医療器具等，病院用建物等の取得や業務委託に係る消費税負担）の増加に対して基本診療料（初診料，再診料，入院基本料）の上乗せ措置を基本とするシンプルな対応がなされたことからも分かるように，消費税の中間投入額の診療報酬を通じた最終価格への反映は，医療機関ごとの経営形態や仕入構成の差異に的確に対応できる仕組みとはなっていない。つまり，経済センサス活動調査に計上されている患者等による最終価格の負担の状況は，最終消費者による地方消費税の負担の状況から乖離しており，正確に都道府県別の最終消費を把握したものとは言えない。

　しかも，平成27年度税制改正の際，本来除外すべき「医療，福祉」の業種をサービス業対個人事業収入額データから除外しなかったことは，政策的な歪みまでもたらしている。すなわち，「医療，福祉」については，従来のサービス業基本調査では一部の事業者しか調査対象となっておらず，経済センサス活動調査になって病院，一般診療所，歯科診療所が新規の調査対象とされたところ，こうした調査対象範囲の拡大分のデータをそのまま「消費に相当する額」の算定に用いたことにより，（図表8）のとおり人口当たり病床数の多さなど医療供給体制の要因が需要を誘発して1人当たり医療費の増嵩を招いていることで知られる西日本の府県への地方消費税収の帰属額を軒並み増加させることとなった（（図表9）参照）。このような地方消費税の清算のあり方は，医療費の地域差の解消やそれに向けた地域医療構想の実現や医療費適正化の努力が各都道府県に求められている中で深刻なモラルハザードをもたらしかねず，改革の足枷となりかねない。早急な是正が求められる。

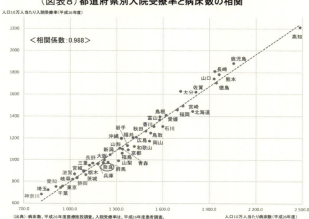

（図表8）都道府県別入院受療率と病床数の相関

（出典）病床，平成26年度医療施設調査，入院受療率は，平成26年度患者調査。

平成30年度税制改正における地方消費税の清算基準の抜本的見直しに向けて　17

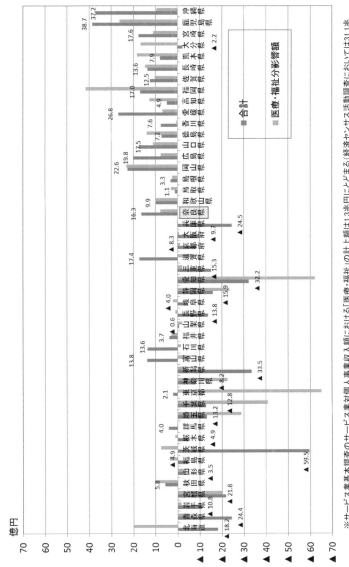

(図表9) 平成27年度税制改正による清算基準の見直し影響額(奈良県試算)

このように「医療，福祉」について清算基準に用いるサービス業対個人事業収入額データから除外する必要性は明らかであるが，その分の清算の基礎とすべき消費，すなわち非課税部門への中間投入に係る消費については代替指標として人口を割り当てられるべきことは既に(2)で述べた。消費税収（国・地方，地方消費税1％分を除く）が社会保障財源化される中で，医療機関等が最終消費者として負担し，診療報酬等を通じて患者等に負担が実質的に転嫁される地方消費税収が，社会保険料の負担等と異なる形で患者等の居住地以外の自治体に帰属することは理解を得られにくい。急速に高齢化が進展し，患者の住み慣れた地域や自宅での生活のため，地域全体で治し，支える「地域完結型」への医療提供体制の改革が求められているという観点からも，その財源となる地方消費税収が患者等の居住地に帰属していくことが望ましい。

なお，非課税取引を行う業種では，「火葬・墓地管理業」についても，販売統計データにおいて火葬料，永代使用料といった非課税収入が相当程度含まれているという問題があり，除外による是正が求められる。

（図表10）
○経済センサス活動調査のサービス業対個人事業収入額データから更に除外する収入

（百万円）

産業分類	対個人収入額
K 不動産業、物品賃貸業	
70 物品賃貸業	690,893
L 学術研究、専門・技術サービス業	
71 学術・開発研究機関	17,083
72 専門サービス業(他に分類されないもの)	819,309
73 広告業	79,393
74 技術サービス業(他に分類されないもの)	693,645
M 宿泊業、飲食サービス業	
77 持ち帰り・配達飲食サービス業	794,325
N 生活関連サービス業、娯楽業	
795 火葬・墓地管理業	42,805
O 教育、学習支援業	
8216 社会通信教育	5,171
P 医療、福祉	
83 医療業	25,555,009
84 保健衛生	48,944
85 社会保険・社会福祉・介護事業 （「社会保険事業団体」除く）	5,513,109
合計	34,259,686

VI まとめ

 以上の検討に基づき，「地方消費税の税収を最終消費地の都道府県により適切に帰属させる」という清算制度の趣旨及び平成29年度与党税制改正大綱の要請に沿って平成30年度税制改正に向けた当調査会の提言を整理すれば，以下のとおりとなる。

 同大綱においては「統計データの利用方法等の見直しを進める」こととされているが，この点については，まず，現在は「消費に相当する額」の一定割合（現行10％，平成29年度税制改正後は7.5％）について経済センサス基礎調査の従業者数を用いて各都道府県に按分することとされているが，この従業者数の使用を廃止すべきである。

 次に，販売統計データについては，正確に都道府県別の最終消費を把握できていないものを除外すべきである。具体的に除外すべきものを類型化すれば，①最終消費地が不明確なデータ（データの計上地と最終消費地の乖離の蓋然性が認められるもの），②非課税取引を行う業種の消費に係るデータ，③中間消費が排除されていないデータである。

 ①としては，既に平成27年度税制改正において経済センサス活動調査のサービス業対個人事業収入額データから「情報通信業」，「旅行業」等が除外されており，平成29年度税制改正において商業統計の小売年間販売額データから「通信・カタログ販売」，「インターネット販売」が除外される予定である。これらにとどまらず，商業統計の小売年間販売額データから店頭販売以外の販売形態による販売，家電・家具・寝具等を含む耐久財・半耐久財を，経済センサス活動調査のサービス業対個人事業収入額データから「社会通信教育」，「学術研究，専門・技術サービス業」，「物品賃貸業」，「持ち帰り配達飲食サービス業」を除外すべきである。

 ②としては，既に平成27年度税制改正において経済センサス活動調査のサービス業対個人事業収入額データから「土地売買業」，「土地賃貸業」，「貸家業・貸間業」等が除外されているが，更に「医療・福祉」，「火葬・墓地管理業」を除外すべきである。

 ③としては，商業統計の小売年間販売額データから「揮発油小売」，「軽油小売」，「重油小売」，「ブタンガス小売」を除外すべきである。

 以上の結果，商業統計の小売年間販売額データ及び経済センサス活動調査のサービス業対個人事業収入額データから新たに除外すべきデータの総額（（図表６），（図表７）及び（図表10）による金額の合計額）は，97.9兆円になる。

 そして，平成29年度与党税制改正大綱においては，「人口の比率を高めるなど，抜本的な方策を検討」することとされているが，平成29年度税制改正で商業統計の小売年間販売額データから除外される「通信・カタログ販売」，「インターネット販売」の合計額5.6兆円及び上記97.9兆円の除外を反映させた上で，改めて消費税収から割り戻した課税ベースに対する販売統計データの比率を計算すれば，（図表１）で検証した比率が40％を割ることになる。すなわち，清算基準に占める販売統計データのウェイトは現行の75％から40％以下に引き下げられるべきことになる一方，従業者数の比率を廃

止して販売統計データに含まれない消費の代替指標を人口に統一することと相俟って、人口の比率は平成29年度税制改正後の17.5%から60%以上に引き上げられるべきことになる。今後、奈良県において販売統計データの実態調査を行うことや政府による統計改革の動きによっては、販売統計データの使用そのものを廃止すること（消費に関する統計を使用するのであれば、端的に需要側の統計を使用すること）も視野に入れる必要が生じる可能性もあるが、現時点においては、人口の比率の60%以上への引上げは最低限でも実現しておくべきことという認識に立ち、平成30年度税制改正における躊躇なき実現を求めたい。

あわせて、商業統計の小売年間販売額データのうち上記の提言により除外される部分以外について、「消費に相当する額」の算定に当たってその2分の1を昼夜間人口割合で割ることにより補正することを提言する。

また、本調査会は、本提言の検討に際して、将来的な清算基準の検討に資するべく、地方消費税収引上げ分の社会保障財源化を踏まえ、地方消費税収の引上げ分（国・地方合わせた消費税率の5%から8%への引上げに係る増収分。以下同じ。）と地方の社会保障経費の対応関係の定量的把握を試みたが、地方消費税引上げ分の使途の明確化のあり方が地方団体によって区々であったため、その目的を果たし得なかった。

こうした事態は、地方消費税収の引上げ分の使途が社会保障4経費（年金、医療、介護、子育て）に限定されず、生活保護、母子福祉、健康増進対策等を含めた広範囲の社会保障経費とされている一方で、特段の方針が国から示されないまま、地方団体に、個別の事業ごとに引上げ分の地方消費税をどの程度充当したかの説明責任が委ねられている故に生じていると考えられる。

国では、国・地方合わせた消費税収の引上げ分の使途として地方単独事業を含まない社会保障4経費の充実を中心とした説明が繰り返されていること、また、引上げ分の国・地方の消費税収を地方に配分する際においても、地方消費税収の引上げ分は、社会保障4経費の地方負担分に対応するものとされていたこと（（図表11）参照）との整合性の観点から、地方消費税収の引上げ分についても、社会保障4経費の充実分の地方負担分に優先充当することも考えられるが、いずれにせよ国において統一的な基準が明確化されるべきである。

この地方消費税収の引上げ分の使途の明確化のあり方については、昨年の本調査会答申で今後とも税率や使途事業について検討していくことの必要性が指摘された本県の法人県民税特例制度のあり方の検討とも密接に関連する事柄であり、可及的速やかな是正を求めたい。

(図表11)地方消費税収引上げ分に係る説明

総務省資料

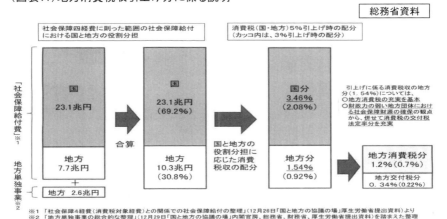

※1 「社会保障4経費(消費税対象経費)との関係での社会保障給付の整理」(12月26日「国と地方の協議の場」厚生労働省提出資料)より
※2 「地方単独事業の総合的な整理」(12月29日「国と地方の協議の場」内閣官房、総務省、財務省、厚生労働省提出資料)を踏まえた整理

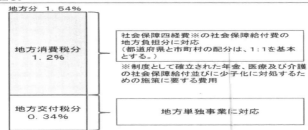

地方消費税の清算基準の現状と課題

○ 地方消費税の清算基準では、消費の把握、消費の相当部分を供給側の統計（商業統計及び経済センサス活動調査。以下「販売統計」という。）に依拠。需要側の統計である家計調査や全国消費実態調査は、標本調査であること等を理由として用いられていない。

【現行】

販売統計	小売年間販売額 （H26商業統計）	75%
	サービス業対個人事業収入額 （H24経済センサス活動調査）	
人口（H27国勢調査）		15%
従業者（H26経済センサス基礎調査）		10%

↑ 平成29年度税制改正

【平成29年度税制改正後】

販売統計	小売年間販売額 （H26商業統計）	75%
	サービス業対個人事業収入額 （H24経済センサス活動調査）	
人口（H27国勢調査）		17.5%
従業者（H26経済センサス基礎調査）		7.5%

○ 事業者の所在地で計上される販売統計データでは、地方消費税収を最終消費に応じて的確に各都道府県に帰属させることには限界があり、地方消費税の清算制度の趣旨を貫徹させることは難しい。
このことは、地方税収の偏在を徒に助長するばかりか、地方消費税収の相当部分が社会保障財源に充てられることに鑑みれば、受益と負担の乖離をもたらし、地方団体が、負担する地域住民の納得を得る上でも、社会保障に対する財政責任を果たす上でも足枷となりかねない。

平成29年度与党税制改正大綱

「地方消費税の清算基準については、平成30年度税制改正に向けて、地方消費税の税収を最終消費地の都道府県により適切に帰属させるため、地方公共団体の意見を踏まえつつ、統計データの利用方法等の見直しを進めるとともに、必要に応じて人口の比率を高めるなど、抜本的な方策を検討し、結論を得る」

↓

本来望ましい需要側の統計の活用が必ずしも見通し難い情勢の中、供給側の統計による消費の把握と人口等の代替指標の活用という現行の清算基準の枠組みに沿って制度設計を考えていかざるを得ないとしても、仕組みを根本から再構築する必要。

平成30年度税制改正における地方消費税の清算基準の抜本的見直しに向けて　23

奈良県税制調査会の提言（平成29年3月）の概要

趣旨：「地方消費税の税収を最終消費地の都道府県により適切に帰属させる」（平成29年度与党税制改正大綱）

統計データの利用方法等の見直し

提言Ⅰ　清算基準における従業者数の比率を廃止（販売統計データに含まれない消費の代替指標を人口に統一）すること。

> 従業者数は経緯論（消費譲与税の譲与基準。更には料理飲食等消費税）に由来によって使用されているに過ぎず、販売統計データに含まれない消費の実態等を分析すれば、人口との相関関係は高いと認められる一方、従業者数を使用する根拠は認められない。

提言Ⅱ　販売統計データから正確に都道府県別の最終消費を把握できていないものを除外すること。

① 最終消費地が不明確なデータ（データの計上地と最終消費地の乖離の蓋然性が認められるもの）

> 交通・物流手段やICTの発達により、人、モノ、情報等の移動が都道府県どころか国境を越えて容易に行われている現状において、これら以外の店頭販売でない販売形態（訪問販売、自動販売機による販売等）についても、購入時点で購入者の所在地とデータの計上地が乖離し、データの計上地と最終消費地が一致することの蓋然性を働かせることが困難。
> 家電・家具・寝具を含む想定耐用年数が1年以上の耐久財・半耐久財については、一過性の購入行為に反復・継続性のある最終消費という実態の違いから、都道府県ごとの1人当たり年間販売額に、都道府県別の最終消費ブロックでみれば収斂することからも、データの計上地と最終消費地に乖離に都道府県別の最終消費が把握されているとは言えない。

商業統計の小売年間販売額データから、店頭販売以外の販売形態によるデータ（インターネット販売、カタログ販売を除外予定。
しかし、これら以外の店頭販売でない販売形態（訪問販売、自動販売機による販売等）についても、データの計上地が乖離し、データの計上地と最終消費地が一致することの蓋然性を働かせることが困難。
家電・家具・寝具を含む想定耐用年数が1年以上の耐久財・半耐久財を除外すること。

経済センサス活動調査のサービス業対個人事業収入額データから、「社会通信教育」、「専門・技術サービス業」、「物品賃貸業」、「持ち帰り配達飲食サービス業」を除外すること。

> 平成27年度税制改正において通信・カタログ販売、「旅行業」等は除外済み。
> 社会通信教育は通信・カタログ販売、「インターネット販売」と同様、国際課税の動向として仕向地主義の徹底が進んでいる中、EU等で具体的にEC指定による明確化がなされている「学術研究、専門・技術サービス業」、「物品賃貸業」については同様の取扱いをする必要。「持ち帰り配達飲食サービス業」については役務提供の場所（データ計上地と最終消費地の乖離が明らか。

具体的な除外提言

具体的な除外提言

② 非課税取引を行う業種の消費に係るデータ

経済センサス活動調査のサービス業対個人事業収入額データから、「医療・福祉」、「土地貸業」、「貸家業」、「家事家事業」等を除外済み。「火葬・墓地管理業」を除外すること。

> 「医療・福祉」については販売統計データに影響する診療報酬等ごとの仕組みが医療機関等ことの中間投入（課税仕入れ）を的確に反映する仕組みとはなっておらず、販売統計データから除外しなかった平成27年度税制改正時の対応により各都道府県への地方消費税の帰属額に歪みが生じており、そもそも非課税であることから除外もやむなき。「火葬・墓地管理業」には、販売統計データに相当程度含まれる永代使用料といった非課税収入が相当程度含まれる。

③ 中間消費が排除されていないデータ

商業統計の小売年間販売額データから、「揮発油小売」、「軽油小売」、「重油小売」、「プロパンガス小売」を除外すること。

> ガソリンスタンドは小売業とされているため、揮発油小売額等の小売年間販売額データに中間消費が流入。

人口の比率の引上げ

提言Ⅲ 商業統計の小売年間販売額データのうち上記見直しにより除外される部分以外について、人口純流出入の与える影響を踏まえ、その2分の1を昼夜間人口割合で割り戻すことにより補正すること

提言Ⅳ 清算基準における人口の比率を60%以上にまで大幅に引き上げること

> 消費税収から割り戻した提言Ⅱに対する提言Ⅲの反映後の販売統計データを課税ベースで計算すれば、現行（平成29年度税制改正前）の75%から40%以下となる。したがって、清算基準に占める販売統計データのウェイトを75%から40%以下に引き下げるとともに、提言Ⅰにおいて人口の比率を60%以上にまで引き上げる必要。

【平成29年度税制改正後】

販売統計	小売年間販売額（H26商業統計）	75%
	サービス業対個人事業収入額（H24経済センサス活動調査）	17.5%
人口（H27国勢調査）		7.5%
従業者（H26経済センサス基礎調査）		

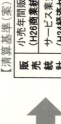

【清算基準（案）】

販売統計	小売年間販売額（H26商業統計）	40%以下
	サービス業対個人事業収入額（H24経済センサス活動調査）	
人口（H27国勢調査）		60%以上

その他

○ 今後、正確に都道府県別の最終消費を把握できているかという観点から、奈良県は販売統計の実態を変更調査予定。政府の統計改革の動きを次第で、今後販売データ使用そのものの廃止に関する統計を用いるのであれば、端的に需要側の統計を使用することも検討中。（注）政府は、商業統計の抜本的な見直しを検討中。

○ なお、地方消費税収の使途の明確化のあり方について、国においても統一的な基準を示すなど、見直しが必要。

地方の課税自主権の意義と課題

関西大学経済学部教授

林　宏昭
Hiroaki Hayashi

はじめに

　本稿では，地方分権の観点から地方税の設計を地方が行うことの意義について述べ，続いて日本における状況と課題を取り上げる。

　地方分権の議論では，"受益と負担の一致"が一つのキーワードとなっている。住民が自らの意思で公共サービスを選択し，その財源を地域で分担することで，行政サービスの提供という公共部門を通じた資源配分は効率化[1]される。地域の受益に対応する負担とは，地方税のことである。つまり，地方税制をどのように設計するかは地方分権や地方自治にとって重要な要素である。日本の場合は，都道府県および市町村が地方税の課税主体となることができる。ただし日本の地方税は，国の法律である地方税法によって，課税標準と税率という基本的な枠組みが全国画一的に定められている。

　この地方税法の中では，基準となる標準税率を超えて課税する超過課税が認められており，また地方税法の規定にない法定外税の創設が可能になっている。

　本稿の構成は以下の通りである。まず，1では地方分権に関する伝統的な考え方である"足による投票"について述べ，受益と負担を考慮した住民の行動を考える。2では，日本の地方財政の財源構成と超過課税や法定外税の位置付けを見る。そして3では，地方税原則とその中で示される地方自治の原則について述べ，日本における経緯を概観する。4では，超過課税や法定外税の実態が実施の要件や住民への説明という点から目的税の性質を持つものであること

に着目して,検討する。

1. 地方分権と地方税 －足による投票－

　公共部門の経済活動である公共財の提供や社会保障を実施するために必要な財源を確保する仕組みが税制である。住民（国民）に提供される,つまり,住民が必要とする公共財が一つの分野だけで,その財源を住民で分担する税制も一種類だけであれば,住民の受益と負担が最も効率的なかたちで一致する。
　地域ごとに公共財の種類と水準,それに対応する税制と税負担の組み合わせが存在し,たとえば公共財 A を供給して税負担が x 円の地域と,公共財 B を供給して税負担が y 円の地域があれば,各個人が自由にどちらの地域に住むかを選択することができる。あるいは,いずれも共通の公共財を供給しながら,その量（水準）の違いが税負担に反映することも考えられる。このような状況のもとで,どの地域に居住するかを選択すれば,公共部門の活動を通じた資源配分の効率性は高められる。
　住民の選好と社会の効率化を巡っては,伝統的な考え方となっている,いわゆる"足による投票"の理論がある[2]。財政は,さまざまな公共財を提供し,それを住民（国民）の税負担によって財源調達を行う。住民の選好は画一的ではなく,どのような公共財を提供するかは投票という政治過程を通じて決定されることになる。"足による投票"とは,政治過程による投票行動を行うのではなく,様々な選好を持つ住民が,多様な公共サービスと税の内容を持つ地方自治体の間を自らの選考に基づいて移動し,それによって地域ごとの,ひいては社会全体の資源配分の効率化が進められるという考え方である。
　ここで,地域ごとの公共サービスの供給と住民の選択について,簡単なグラフを用いて説明を試みる。地域は①と②の2つ,公共財は1種類（G）,供給曲線（限界費用）は地域に関わらず一定（t）とする。そして,この公共財に対する需要が高いグループと低いグループという二つのグループの人たちが存在する。そして,供給される公共財は,住民によって等量消費され,税負担は

均等に配分されるものとする。

　図1は，地域①にGに対する需要が高いa,b,cの3人が居住している状況を示している。この時，公共財の供給量はxとなり，a,b,cの各人は，$(x \cdot t)/3$の税負担を負うことになる。

　一方，地域②は公共財に対する需要が低いd,e,fの3人が居住し，そこに需要が高いaが加わっているケースである。このとき地域②では，yの公共財が供給されることになる。そして各人の税負担は，$(y \cdot t)/4$となる。

　aが直面する供給曲線は，地域①では$t/3$，地域②では$t/4$の水平な直線である。aは$t/3$の価格（租税価格）であれば，xの量だけ需要することになる。そして$t/4$であればこのxよりももっと多い量の需要を示しているが，地域②では公共財の量はyに決定される。このaの状況を示したのが図2である。地域①にいるaは$t/3$の供給曲線と自らの需要曲線が交わるのがaにとっての最適量xで，地域①で決定される供給量xと一致する。一方，地域②ではaが直面する供給曲線は$t/4$で，aの需要量は$y1$である。しかし，実際に供給されるのはyであり，aにとっては過少な量になる。したがってこのようなケースでは，aは地域①に居住することを選択する。

　地域②にaが居住しなければ，d,e,fしか居住しない地域②でこの公共財が供給されることはない。そこにd,e,fと同じ需要曲線を持つ人が流入してくれば，aが存在する時のyよりも少ない量の公共財が各個人の低い税負担で供給される。つまり，個人が公共財の供給曲線を見ながら自由に居住地を選択することができるならば，最終的にはそれぞれの地域に同質の選好を持つ人々が集まって居住するようになる。

　ただし，以上のような議論には，きわめてきつい前提条件がある。まずは，このようなモデル化した政府では，一つの行政需要だけを想定していることである。実際には，公共サービスには多様性があり，公共部門（地方自治体）はさまざまな行政を行っている。そのため，税負担との一対一の関係を明確にすることは難しい。また，税負担は地域の構成員（住民）が全員で分担することが前提で，公共サービスからの受益を住民の等量消費と考えれば，図1の説明

図1 地域の公共財

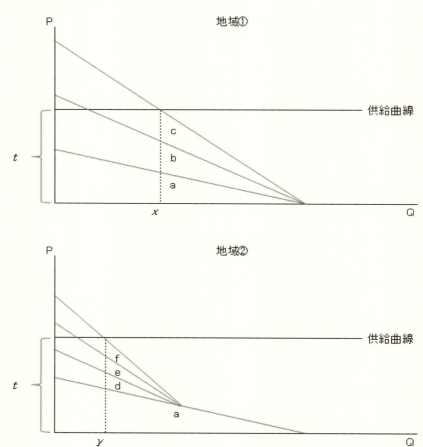

でも用いたように税制は定額の人頭税となる。しかしながら、税制には所得に応じた課税によって公平性を実現しようとする応能原則に基づく課税も組み入れられており、全ての税制を応益原則に基づいて設計することはできない。また住民の地域移動にはコストがかからず移動しても同じ所得が得られることなど、いくつかの条件も課されることになる。

したがって、実際の日本の地方税・財政制度を、厳密な意味で「足による投

図2　各地域におけるaの状況

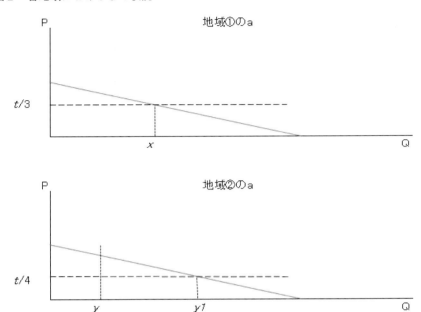

票」に基づいて設計することは現実的ではないということになるが，住民の受益と負担をできるかぎり明確にし，その選好に近い行政を展開する，またそれに近づける方策を探ることは重要な課題である。

2．日本の地方団体の財源構造と超過課税・法定外税

　この節では，日本の地方財政の基本的な枠組みと，超過課税や法定外税による税収の関係について述べる。

　わが国における地方団体の支出は，国からの補助金を受けて実施する事業（補助事業）と，自らの財源で実施する事業（単独事業）とがある。地方団体は補助事業の補助金を除く経費と単独事業に要する経費について財源調達をしなければならない（図2）。

図2 地方団体の財源構成

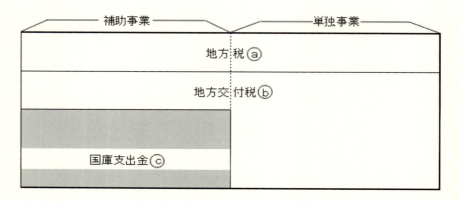

(ⓐ+ⓑ) が地方税によって調達しなければならない財政需要であり，国は地方団体ごとに，規模や人口構造等に基づいて標準的な財政需要（基準財政需要額）を算出する。そして，この基準財政需要と地方税収から求められる基準財政収入額[3]との差額ⓑが地方交付税として地方団体に交付される。

地方税法第1条第1項第5号では，地方税の標準税率を地方交付税の決定に用いられる基準財政収入の算定の基礎として用いる税率と規定しており，同じ号の中で，「その財政上その他の必要があると認める場合においては，これによることを要しない税率」と定められている。つまり，国は，標準的な地方の行政運営に必要な経費と標準税率に基づく税収の差を地方交付税によって埋めることで，各地方団体の財政運営の財源保障を行っているのであるが，「財政上その他の必要」を要件として，この税率で課税しなくても良いとされている。この要件は，従来「財政上の必要」とされていたのが，2004（平成16）年度の改正によって緩和されたもので，この改正によって，地方団体の課税自主権の行使のハードルが引き下げられたと評価される[4]。

国が地方交付税を通じて標準的な行政を保障している状況下で「財政上その他の必要」が生じるのは，地方団体が標準的な保障では対応しきれない行政需要がある場合，ということである。これには，標準的な算定では量的に財源が

不足するケースと,標準的な財政需要の項目では含まれない行政を展開しようとするケースが考えられる。この他にも,現在の北海道夕張市のように財政再建への取り組みが急がれるために超過課税が実施されるケースがある[5]。また,兵庫県豊岡市では,市町村合併によって,目的税である都市計画税を従来から課税していた旧市域と課税が行われていなかった地域とができることから,都市計画税を廃止し,その代わりに所得割市民税と固定資産税の超過課税を導入した。標準的な行政需要を超えた行政への対応の代表が,近年増加している水源や森林の保全,整備を目的とした個人および法人の均等割住民税の超過課税や事業税等で実施されている法人向けのサービスのための超過課税である。

不足する財源確保のための超過課税については,超過課税の代わりに行政改革や歳出削減で対応すべきとする意見も当然あり,行革への取組みを十分に行ったうえでということが前提になる。一方,国が算定する標準的な財政需要に含まれない事業実施のための超過課税は一種の目的税である。実際に森林や水源保全を目的として徴収された税収を特定の基金に繰り入れて事業実施が行われており,地域住民も目的税としての認識があると考えられる。

地方団体が,地域からの自主財源の拡充を目指すには,企業誘致や住民の増加による地方税収入の増加と,これまで述べた超過課税の実施や法定外税の導入という手段がある。このうち一般的な税収の増加は,地方交付税の算定に用いられる基準財政収入の増加になる。したがって,地方交付税の交付を受けている地方団体にとっては,たとえば100の税収増があれば地方交付税が75減少し,差し引きで税収増の25％に相当する歳入増がもたらされる。一方,超過課税や法定外税による税収は,基準財政収入額には算入されず,それによる税収はすべて歳入増となる。

3．地方税原則と課税自主権

税は強制力を伴って徴収されるものであり,広く納税者（住民）の納得が得られるものにしなければならない。そのため,税には"公平,中立,簡素"と

いう3つの租税原則がある。つまり，税負担配分における公平性，経済活動に対する中立性，そして徴税と納税にはできるだけコストをかけず簡素なものにしなければならないという原則である。国税であれ地方税であれ，これらの原則が重要であることは言うまでもない。

　冒頭で述べたように，日本の地方税は国の法律である地方税法に基づいて，全国画一的な仕組みになっている。そこで，日本では，地方税制の設計や改革において重視すべき独自の原則がある。日本における地方税原則としてはこれまでに研究者による考察が加えられてきたが，現在，総務省によって以下の5つに整理されている。

(1)　応益性の原則

　税の公平性には，納税者の能力（担税力）に応じた負担配分を求める応能原則と，各人の公共サービスからの受益に応じた負担配分を求める応益原則がある。応能課税では，所得に対する累進課税のように所得の不平等を縮小する効果も求められるが，地方税の場合は，このような効果は必要ではなく，国税よりも応益原則を重視した負担配分が望ましい。

　現在，個人の所得割住民税が累進課税ではなく所得に対する比例税となっていることや，法人に対する事業税の課税標準に外形標準が導入されているのは，応益性を重視したものと評価できる。

(2)　負担分任の原則

　応益性を重視した負担配分のあり方として，国税よりも税の負担者としては幅広い範囲を対象とすることが望ましい。個人所得に対する課税である国税の所得税よりも所得割住民税の課税最低限が低く設定されているのはこの原則にしたがったものと言える。

(3)　安定性の原則

　住民に身近な行政サービスの提供を主な役割とする地方にとっての財源は，

経済動向に応じて大きな変動をすることなく，安定的であることが望ましい。

地域の公共サービスは，税収の規模に応じて変動するようなものではなく，税収が低下したからと言って縮小することも難しい性質を持つ。したがって，財源となる税収は安定的で同時に経済や社会の発展にともなう行政需要の拡大に対応できるよう，安定的な拡大を見込めることが望ましい。

(4) 普遍性の原則

特に日本のように全国で画一的な仕組みを持つ地方税制の構築においては，税源が偏在することなく普遍的に存在するものが望ましい。

繰り返し述べているように，日本の地方税は統一的な法律で課税ベースと標準税率が定められている。地域の公共財は，受益の範囲が地域的に限定された地方公共財が大きな比重を占めるが，そのために必要な財源としては一部の地域にしか存在しない税源は選ぶべきではない。住民や不動産といったどの地域でも存在する課税ベースが活用されるのはもちろんのこと，消費支出も人が生活すれば発生する課税ベースである。これに対して企業活動は都市部に集中する傾向があり，企業に対する課税は地域間の偏在が大きな課題となっている。また消費税に基づいて算出される地方消費税についても，その都道府県ごとの帰属に関しての検討が進められている[6]。

以上の4つの基本的な地方税を全国画一的な基準で考える際の原則に加えて，地方自治や地方の自主性を考慮すべきという観点から5つめの原則が掲げられる。

(5) 地方自治の原則

地方が税収を自らの取り組みで確保することができるよう地方の自治を重視すべきとする原則。

地方自治の実現のひとつの形が課税自主権の活用である。地方税において標準税率によらない超過課税が認められ，また法定外の税制を条例によって設け

ることが認められているのはこの原則にかなったものである。

　日本の戦後税制の基礎となったシャウプ勧告によって地方税制は整備され，1950（昭和25）年に現行地方税法が制定された。標準税率は財政力の格差を調整する地方交付税（当初は平衡交付金）の算定に用いるために設定されたが，当初は現在ほど厳格なものではなく，多くの地方団体で超過課税が実施されていた。

　1961（昭和36）年度の改正では産業構造や住民の所得などが様々な状況で所得割住民税について一律に標準税率を定めることは実情に即さないとして，準拠税率制度が導入された。この準拠税率は，一応の目安程度の拘束力しかなく，1963（昭和38）年度の時点で，市町村3,416団体のうち所得割住民税で準拠税率を超える税率を設定していたのは1,670団体と2分の1近くを占めていた[7]。

　その後，地方税の税率に多様性のあることが市町村間での不均衡を生じさせる要因となっている点が問題視されるようになる。1969（昭和44）年2月には自治省税務局長が下記の通達を出す。

　　「地方税法に標準税率を定めている趣旨は，国，地方を通ずる国民の税負担の適正化及び地方団体間における住民負担の均衡化を図ろうとするものであり，地方団体は財政上の特別の必要があると認める場合のほかはできるだけ標準税率によって課税することが望ましい。」[8]

　また，これと併せて自治省市町村税課長の内かんが出される。

　　「市町村は，住民税の負担の軽減の要請が強い折から，一般財源の増加状況を勘案して個人の市町村民税を中心に超過課税の解消または軽減に努めること。」[9]

　この内かんは行政指導であり，超過課税の実施団体は急速に減少し，1975（昭和50）年には1団体のみとなる。

　もっとも，法人住民税に関する超過課税については引き続き実施する団体は多く，1965（昭和40）年度に1,626団体が法人税割市町村民税の超過課税を実施しており，その後減少するものの近年まで1,000団体以上が実施する状況が続いている（2015年度は997団体）。

1990年代に入り，地方分権が大きな政策課題となる。1996年から順次発表された地方分権推進委員会からの勧告（第1次から第4次）を受けて，地方税源の充実強化と課税自主権の拡充が検討課題となる。1998年度の税制改正では，所得割都道府県民税，不動産取得税等において標準税率を採用しない場合における国への事前届出の廃止や個人の市町村民税の超過課税を行う場合の制限税率の廃止といった見直しが実施された。

　また法定外税については，1950年の地方税法制定当初より，地方団体の法定外普通税は自治大臣（当初は地方財政委員会）の許可制で認められていたものが，2000年の地方分権一括法が施行されたことにより法定外普通税の許可制から協議制への移行と法定外目的税制度の創設が行われた。これを受けて従来から実施されている核燃料に関する課税などの法定外普通税に加えて，2000年代に入ってからは産業廃棄物に対する課税など法定外目的税を導入する団体も増えてきた。

　2014年度決算では，地方の課税に関する自主権の活用といえる超過課税による税収は全国で5,922億円，全地方税収の1.6％，法定外税は429億円で0.12％とその比重は小さい。

4．目的税としての超過課税と法定外税

　先にも述べたように，現在多くの地方団体で実施されている法定外目的税だけでなく地方税の超過課税も，その税収に対応する事業が明確に示され，"目的税"の形をとっている。これには，納税者に対する説明と説得の必要性が高いことが背景にある。超過課税や法定外税の税収は自由度の高い歳入ではあるものの，住民にとっては増税であり，従来の枠組では財源が調達できない事業があることを十分に説得できなければ実施は難しい。

　増税にあたって，その使途の明確化が求められるのは，近年の消費税率の引上げの際の議論が典型的である。消費税は，1989年の導入当初（税率3％）は，それまで個別間接税しか存在していなかった間接税制度の整備，そして所得税

および法人税の減税財源の確保という目標で説明された。将来の社会保障の充実に備えることも目的とされたが，税制改革の全体の税収は減税になっていたこともあって必ずしも当時の社会保障支出と関連づけられていたわけではない。しかし，その後の1997年の税率5％への引上げ時には，所得税の減税が先行して実施されたこともあり，十分な税収増が確保されたわけではないが，毎年の国の予算総則において消費税を，"医療，介護，年金"という社会保障経費に充てることが明記される。そして，2014年に税率8％（地方消費税を含む）への引上げが実施された際には，税法の中で「地方交付税法に定めるところによるほか，毎年度，制度として確立された年金，医療及び介護の社会保障給付並びに少子化に対処するための施策に要する経費に充てるものとする」[10]と目的税化が条文化されている。

　2014年度では社会保障給付費は100兆円を超えており，そのうち公費（税もしくは公債）で賄われている部分は約40兆円で，現状では消費税収を全て充当しても不足する。それでも現代の財政と納税者（国民や住民）との間で，増税についての理解を求めるためには明確な支出の目的が求められることも事実であり，特に，住民と行政の距離が近い地方団体ではその関係が強く求められる。

　目的税という場合には，二通りに区分することができる。それは，税負担とサービスからの受益に直接的な，言いかえると料金のような関係が成立するかどうかである。

　日本でこれまで活用されてきた代表的な目的税は，ガソリン税に代表される道路財源としての目的税である。自動車による道路使用による受益をガソリンの消費量で測り，それに応じた負担をガソリン税として負う。したがって，受益と負担の関係がきわめて明確である。これに対して先に述べた消費税の社会保障目的税化は，意味が異なる。その理由は，消費税の負担を決める消費支出の大きさは，必ずしも社会保障による受益の大きさを反映しているわけではないということである。つまり，必要な行政サービスに使途を限定した税という位置づけになり，個々の負担と受益の大きさの間に対応関係はない。納税者にとっては，自らが負担する税がどのような行政サービスに支出されるかが示さ

れているという意味で受益と負担の関係が明確にされるということである。

　財政運営における目的税の活用には，肯定的な評価と否定的な評価の両方がある[11]。まず，肯定的な捉え方をする場合は，受益と負担の関係が明確で，これまで繰り返し述べた納税者に対する行政からの説明責任を果たす上では有効と評価される。1で述べた地方分権のモデルでも行政サービスと負担が一対一の関係にあり，税はそのサービスの財源調達に用いられるという意味で目的税と見なすこともできる。住民（国民）にとっての負担が，料金のような意味で受益と直接関係しているかどうかにかかわらず，何らかの行政サービスに必要な経費の調達のための税制の設計は，支出規模に合わせて財源調達をする，いわゆる「量出制入」に当たる。

　このような，目的税を積極的に評価する考え方に対して，財源が確保されていることによって支出への歯止めがなくなるという批判による目的税の否定的な評価も存在する。

　日本における典型的な目的税であった道路特定財源のガソリン税は，当初は必要な道路整備を他の財政的な制約とは切り離して実施することを可能にし，高度成長以降の日本の基盤整備に有効であった。しかし，近年は一種のオーバーフローが生じ，他の支出にも向けられるようにすることが検討されるようになった。

　このようなオーバーフロー問題に象徴されるように，一旦，使途を限定したかたちでの財源の確保がなされると，その事業内容や必要性についての検証が毎年継続的に行われなくなる可能性が生じる。そして一定の事業終了後も確保される財源に合わせて支出の規模と内容が決められる，いわゆる「量入制出」の状況になる。

　現状の地方税の超過課税と法定外税に目を転じると，それはどのように評価することができるのであろうか。先述のように，日本の現状は，超過課税であっても何らかの使途の明確化が行われており，目的税として位置付けができる。近年均等割の個人住民税や法人住民税の超過課税は森林や水源の保護に関する事業に充当されており，また法人事業税の超過課税には，奈良県の福祉，

愛知県の防災といった，企業活動の環境整備に充当することが根拠となっているケースが多い。特に，個人の均等割の超過課税は，公共サービスの等量消費という前提と合致する。

　何らかの行政需要を納税者に示して税負担を求める地方税の超過課税は，目的税としてのメリットを生かしたものと評価することができる。

　ただし同時に確保される税収に応じた事業の範囲や規模の拡充を検討するようなことになれば，目的税としてのデメリットが当てはまる。そのリスクを避けるためには，常に当該事業とその財源の必要性を検証し確認していかなければならない。

　むすび

　本稿では日本の地方団体が独自の課税自主権を活用して展開する超過課税や法定外税の意義や課題について述べた。OECDでは，地方政府（日本の場合は都道府県が対象）の課税に関する自律性（Tax Autonomy）について調査結果を発表している[12]。その中では，税率の決定や軽減についての裁量権の有無によって対象税目の税収のシェアが加盟国別に示されている。2011年のデータでは日本は税率の裁量権のある税目の税収が60％，制限つきながら認められている税目の税収が24％と加盟国の中では比較的自由度の高い国として示されている。この値は2005年にはそれぞれ50％と33％であったことと比較すれば，そこの間に裁量権が拡大したと評価される。これには近年の分権議論の中での国の関与の縮小が影響している。もちろん，州ごとに税法を持ち，それぞれの経済，社会に対応した税制を構築し，基本的には州の財源を自ら調達するアメリカのような連邦国家とは比べるべくもないが，日本は地方税に関する一定の裁量は認められているということである。しかしながら，現実に超過課税や法定外税で獲得されている税収は全体の1％程度にとどまり，財政運営上は非常に小さな比重を占めているにすぎない。

　現状の地方団体による課税努力は，住民（納税者）に対する説明という意味

でいずれも目的税の性格を有している。しかし，現在は法定外目的税の導入も可能になっているにもかかわらず，2014年度では都道府県と市町村を合わせて全国で65件が実施されているだけで，税収も100億円にとどまっている。基本的な税源はすでに地方税体系の中で重要な位置を占めており，大きな税収規模の新たな課税を実現することは難しい。その中で住民，とりわけ個人に対する説明に基づく，自主的な課税の途が開けられ拡大してきており，その流れが，一般の基幹税に関する住民のやり取りにも生かされていくことを望みたい。

【参考文献】
池上岳彦（2005）「法定税の超過課税と法定目的税」『月刊自治フォーラム』第553号，pp.54-58。
牛嶋正（2000）『これからの税制　目的税』東洋経済新報社。
碓井光明（2002）「自主課税権の統制方法」『都市問題研究』第54巻第1号，pp.28-39。
オーツ，ウェーレス E.（1997）『地方分権の財政理論』（米原淳七郎，岸昌三，長峯純一訳），第一法規。
小滝敏之（2002）『地方政府の財政自治と財政統制』全国会計職員協会。
自治省編（1999）『地方自治の動向』第一法規。
清永敬次（1978）「地方団体の不均一超過課税と法律上の問題点」『ジュリスト』第667号，pp.23-29。
其田茂樹（2012）「地方分権一括方と法定外税・超過課税の活用」『財政と公共政策』第34巻第2号，pp.28-30。
中井英雄（1995）「地方目的税の機能と課題」橋本徹編著『地方税の理論と課題』税務経理協会，第9章。
中井英雄（2007）『地方財政学――公民連携の限界責任――』有斐閣。
奈良県税制調査会（2014）『望ましい地方税のあり方』清文社。
沼尾波子（2016）「自治体の自主課税権活用の現状と課題」神奈川県地方税制等研究会ワーキンググループ『地方税源の充実と地方法人課税』第2章。
前田高志（2009）「課税自主権と法定外税の現状・課題」『租税研究』第715号，pp.138-152。
山下耕治（2001）「地方政府の課税インセンティブ－超過課税に関する実証分析－」『日本経済研究』第43号，pp.155-169。
自治総合センター（1998）『分権型社会に対応した地方税制のあり方に関する調査研究報告書』
自治総合センター（2011）『地方分権時代にふさわしい地方税制のあり方に関する調査研究会報告書～課税自主権の発揮しやすい環境整備に関する報告書～』。

Blöchliger, H. and J. Rabesona (2011)
  "Sub-central Tax Autonomy", OECD Working Papers on Fiscal Federalism No. 20.

---

(1) ここで言う効率化は経済的な意味で社会の厚生が最大になるということである。
(2) オーツ（1997）を参照。
(3) 地方交付税算出に用いられる基準財政収入額は，地方税収入の75％である。
(4) たとえば，池上（2005）。
(5) 夕張市は2007（平成19）年度から個人住民税（所得割および均等割）の超過課税を行っている。
(6) 奈良県税制調査会（2014）第1章，第2章参照。
(7) 自治総合センター（1998）を参照。
(8) 自治総合センター（1998）を参照。
(9) 自治総合センター（1998）を参照。
(10) 消費税法第1条。
(11) 中井（1995）等を参照。
(12) Blöchliger,H. and J. Rabesona（2015）

（本稿作成にあたって，中井英雄大阪経済法科大学教授ならびに玉岡雅之神戸大学教授から貴重な示唆を受けました。記して謝意を表します。）

超過課税と徴収強化：奈良県税制調査会現地調査より

一橋大学政策大学院・経済学研究科教授

佐藤 主光

Motohiro Sato

はじめに

　地方分権は大きく支出サイドの分権化と収入サイドの分権化に分かれる。前者は国の関与・義務付けを減らして自治体の予算配分の裁量を高めることを指す。具体的には条件付きの補助金を「一般財源化」させる。他方，収入サイドの分権化は地方税の充実にあたる。「三位一体改革」における3兆円規模の税源移譲のような量的な拡大に留まらず，課税自主権の強化といった質的な側面を含む。その中には「公益上その他の事由に拠り必要がある場合」認められる不均一課税（地方税法第6条第2項）や地方分権一括法の後「新税ブーム」となった法定外税が含まれる。本稿では課税自主権としての超過課税および地方税の徴収強化（滞納整理）に焦点を当てていく。超過課税としては法人二税（法人住民税・事業税）と均等割（個人・法人）の超過課税にあたる「森林環境税」を取り上げる。滞納整理としては県と市町村，あるいは市町村間が連携する徴税の「広域化」に着目する。

　奈良県税制調査会は岩手県，宮城県，神奈川県，静岡県，愛知県，鳥取県，愛媛県及び高知県の8県における森林環境税，それ以外の超過課税，滞納整理を含む徴税強化について平成28年度，現地調査を実施した。本稿はこれらの調査結果を踏まえつつ，自治体の課税自主権のあり方を考察していく。[1]

超過課税の理論と実際

　自治体は個人住民税,法人二税,固定資産税等において「その財政上その他の必要があると認める場合」(地方税法第1条第1項第5号),標準税率以外の税率を選択する課税自主権が認められている。標準税率を下回る課税も可能であるが,地方債の起債に知事の許可が必要となる(地方財政法第5条の4)ことから実施例は少ない。(もっとも例外として名古屋市の市民税減税(5％減税)等がある。)他方,標準税率を超えた超過課税は法人二税(法人住民税・事業税)を中心に実施自治体は数多い。平成26年度決算ベースでみると,超過課税の総額は約6千億円,うち法人二税が9割を占めている(図表1)。個人住民税(均等割)に超過課税をする都道府県も35団体あるが,これらは後述する「森林環境税」にあたる。

　超過課税を含む課税自主権の行使の規範(経済合理性)は「限界的財政責任」にある。ここで限界的とは,国の基準を超えた行政サービスの提供(給付の上乗せや学校教員の加算等)自治体独自の事業など自治体が自ら決定する歳出は自治体が自らの負担,つまり地方税(自主財源)で賄うことを指す。自治体,最終的には地域住民が「自らの負担を自らが決める権利」であり,支出増と負担増をリンクさせることで地域住民のコスト意識の喚起が期待される。仮に受益を伴わない支出の拡大＝負担の増加であれば,住民の同意は得られないだろう。非効率な事業・政策の淘汰につながる。よって,自治体への財政規律が働きやすい。[2]例えば,新たに公立病院を建設することは地域医療サービスの充実という便益をもたらすかもしれないが,問われるのはその便益が建設や運営維持に係る費用に見合うかどうかだ。病院・公共交通等公営企業への赤字補てん(法定外繰入金など)が妥当なのも,それに見合う公共的利益があればこそといえる。この費用が補助金など他の誰かが支払うのであれば,受益だけする地域住民からは,あれも欲しい,これも欲しいという声があがりかねない。地域住民が自ら負担すればこそ,「費用対効果」,つまり便益と費用を比較考量

図表1：超過課税の実施状況

イ　超過課税の規模（平成26年度決算）

○ 道府県税

道府県民税	個人均等割	（35団体）	222.3億円
	所得割	（1団体）	24.9億円
	法人均等割	（35団体）	100.2億円
	法人税割	（46団体）	1,103.4億円
法人事業税		（8団体）	1,318.1億円
自動車税		（1団体）	43百万円
道府県税計			2,769.3億円

○ 市町村税

市町村民税	個人均等割	（2団体）	16.5億円
	所得割	（2団体）	0.7億円
	法人均等割	（395団体）	162.1億円
	法人税割	（996団体）	2,626.3億円
固定資産税		（155団体）	340.8億円
軽自動車税		（28団体）	6.9億円
鉱産税		（31団体）	10百万円
入湯税		（2団体）	23百万円
市町村税計			3,153.6億円

超過課税合計	5,922.9億円

※　地方法人二税の占める割合：89.7％

出所：総務省資料

した合理的な（賢い）選択がつながる。この限界的財政責任を制度的に担保したのが英国のカウンシル税（居住建物に対する固定資産税）である。同国では中央政府が定めた標準的水準を超過した歳出は同税の税率の引き上げで賄うものとされる。自治体の予算制約式は一般に歳出＝地方税＋（国からの）補助金＋起債で与えられるが、カウンシル税は補助金等他の財源を（先行して決まる）「先決変数」とした上で歳出に応じて変化する「調整（残余）変数」と位置付けられる。他方、我が国では交付税等補助金や将来の交付税措置を前提にした地方債が調整変数になってきた傾向がある。結果、地方の歳出は国が面倒をみてくれるという期待を生み出し、地方予算を「ソフト化」してきたとの批

判も少なくない。前述の通り，地域住民の観点から受益と負担の関係が希薄化するため財政規律も弛緩しやすい。

　超過課税は理想的に働けば，限界的財政責任になるものの，図表1の通り，その実態は法人二税に著しく偏ってきた。直接に投票権のない企業に偏った課税自主権の行使は（地方自治の有権者たる）地域住民のコスト意識の喚起にはならないだろう。建前は企業も「地域社会の一員」であり，インフラ等自治体の行政サービスから受益しているとしても，本音ベースでは政治的に反対が少ないという意味で「取りやすいところから取っている」ことが否めない。地域住民も「地域社会の会員」であり受益者である。しかし，企業課税とは対照的に（選挙などに影響して）政治的に難しい地域住民への超過課税は避けているのが実態だ。繰り返すが，本来，限界的財政責任を負うのは自治体の有権者（＝地域住民）でなければならない。仮に限界的（＝独自の）支出が企業課税で賄われるならば，限界的財政責任の原則は満たされていないことになる。費用を負担しない地域住民は自治体の財政運営に関心をさほど持たなくなるだろう。住民の無関心は自治体が（自らの利益のため）無駄な事業を拡大する余地，あるいは給付のカットなど痛みを伴う改革を先送りする誘因も与えかねない。

　ここで企業課税の「帰属」について説明したい。一般に税の「支払い」（納税）と「負担」は同義ではない。特に企業に対する課税はその負担が当該企業に留まらず，様々な関係者に転嫁（＝拡散）することが知られている。企業課税が課税後利益の減少を通じて配当を減じるならばその負担は投資家（株主）に帰着する。税が企業からみて費用の一部であることを勘案すれば，課税による費用の増加は製品価格の引き上げにつながるかもしれない。この場合，消費者が課税の一部を負担する。課税が設備投資を損ね，あるいは海外に拠点を移すなどして生産規模が縮小するならば，雇用や賃金にも影響が及ぶことになる。もっとも，こうした企業課税の負担は課税の結果として明確に意識されることはない。製品価格が上がっても，（税率と転嫁が明らかな消費税とは違って）消費者はそれが生産原価の増加によるか課税によるかは区別できない。労働者も雇用の喪失や賃金の低下が課税によるなど思いもよらないだろう。理由を産

業空洞化，企業の経営悪化といった「一般論」に帰するに違いない。さらに地方法人二税に特徴的なのは，負担する投資家，消費者，労働者には課税をする自治体以外に居住する者も含まれることである。負担が非居住者に転嫁することを「租税輸出」と呼ばれる。自治体にとって企業課税が「取りやすい」のは①負担が明確な負担感なく，②非居住者にも幅広く帰着するからといえる。

地方財政理論において「租税輸出」と対比されるのが「租税競争」である。超過課税をする租税輸出とは対照的に租税競争の場合，自治体は企業の誘致等のため税率の引き下げを図ることになる。不均一課税（特定の業種・規模，特定地域に立地する企業に対して一定期間，標準税率以下で課税すること）や課税の減免などが租税競争の手段として挙げられる。「企業立地促進法」では「地域の特性・強みをいかした企業立地促進等を通じ，地域産業の活性化」を支援すべく，立地企業への不動産取得税・固定資産税減免に対して地方交付税措置（3年間，減免額の75％を補填）を講じている。自治体からすれば企業立地を促しやすい（＝租税競争しやすい）環境が整ったことになる。

租税競争は一方では（税負担の軽減でもって）新興企業・産業の育成につながって新たな経済価値（商品や技術）を創出することが期待されるが，他方では近隣地域等から既存の企業・事業所の「誘致合戦」（奪い合い）になりかねない。後者のタイプの競争はすでにある企業の移動を促すだけだから，新たな経済価値が生まれそうにない。他地域の損失（＝企業・事業所の流出）でもって自地域の利益（＝企業の誘致による雇用の創出や税収の拡大）という意味で「ゼロサムゲーム」となっている。「囚人のジレンマ」あるいは「協調の失敗」として知られる通り，企業の奪い合いとしての租税競争の帰結はすべての地域で税率（不均一課税）が低くなり過ぎることだ。全ての地域が企業の流出を防止するよう自己防衛的に税率を低めるため，結局どの地域も企業誘致には成功しないまま，既存企業からの税収だけが落ち込むことになる。こうした租税競争は地域間だけでなく，経済のグローバル化とともに国家間で顕著になってきた。所謂「国際的租税競争」であり，OECDはその一部を「有害な租税競争」としている。

なお、租税競争と前述の租税輸出は相矛盾するわけではない。現在の工場施設や事業所が老朽化したため、あるいは事業の拡大のため新たな工場・事業所の立地先を考えている企業は地域間で移動性が高い。他方、既に立地して工場施設・事業所が稼働している企業であれば、少なくても当面は移動しないだろう。自治体はこれから投資する企業（経済学用語を使えば「新しい資本」）を巡っては不均一課税等を使った租税競争を、既存の企業（「古い資本」）に対しては超過課税による租税輸出を意図していると解釈できる。

法人二税の超過課税

本節では奈良県及び調査対象8県における法人二税（法人住民税・事業税）の超過課税の現状と課題について概観する。これらの県で超過課税の対象となってきたのが法人住民税（法人税割）であり、超過税率は0.8%で概ね「横並び」になってきた。法人事業税に対する超過課税は宮城県、神奈川県、静岡県で実施されている。なお、静岡県は法人住民税に超過課税しない唯一の県である。超過課税は全ての法人企業に課されているわけではなく、かつ基準にも地域間で違いが見受けられる。岩手県、奈良県等では中小法人等以外の法人（資本金額等が1億円超又は法人税額1,000万円を超える法人）が対象になっている。愛知県、岐阜県の場合、資本金の基準は1億円で前述の県と同じでも法人税額を年1500万円超と高く設定してきた。静岡県の法人事業税超過課税は資本金（出資金）1億円超の法人及び資本金（出資金）1億円以下の法人のうち所得3千万円（収入金額2億4千万円）超の法人に課される。他方、「みやぎ発展税」（宮城県の法人事業税超過課税）の場合、対象基準は資本金1億円超または所得金額が4,000万円超（収入金額3億2千万円）である。これらの基準のうち「資本金1億円超」は税法上の大企業にあたる。（神奈川県は基準を資本金等2億円超まで引き上げている。）超過課税は大企業をターゲットにしていることが伺える。

なお、こうした超過課税は恒久的な措置ではない。通常5年間という期限の

図表2：法人企業への超過課税

	岩手県	宮城県		神奈川県		静岡県	岐阜県	愛知県		鳥取県	愛媛県	高知県	奈良県
税目	法人県民税	法人事業税	法人県民税	法人県民税	法人事業税	法人事業税	法人県民税	法人県民税	法人事業税	法人県民税	法人県民税	法人県民税	法人県民税
導入時期	S52〜	H20〜	S50〜	S50〜	S53〜	S54〜	S51〜	S50〜	S52〜	S52〜	S50〜	S51〜	S51〜
課税方式	法人税割超過課税	超過課税	法人税割超過課税	法人税割超過課税	資本割・付加価値割・所得割の超過課税	超過課税	法人税割超過課税	法人税割超過課税	超過課税	法人税割超過課税	法人税割超過課税	法人税割超過課税	法人税割超過課税
納税義務者	資本金1億円超又は所得税額が1,000万円超の法人	資本金または所得金額が4,000万円超（収入金額の場合は3億2千万円）	原則：全法人（対象外：中小法人に対する不均一課税）	原則：全法人（対象外：中小法人に対する不均一課税）	資本割の法人（対象外）資本金1億円以下の法人のうち所得3千万円（収入金額2億4千万円）超の法人	資本金1億円超の法人又は資本金1億円以下の法人で所得年3千万円（収入金額2億4千万円）超の法人	資本金1億円超又は課税標準となる法人税額が年1千万円超	資本金1億円超又は法人税額年1,500万円超の法人	資本金1億円超又は法人税額年5千万円超若しくは収入金額年4億円超の法人	中小法人等以外の法人	県内に事業所・事業所がある法人	県内に事務所等を有する法人等（対象外）中小法人等に対する不均一課税の法人	県内に事務所等を有する法人等（適用除外法人あり）
税率	標準税率に0.8%上乗せ	標準税率の1.05倍	標準税率に0.8%上乗せ	標準税率に0.8%上乗せ	標準税率に5%増（所得割）地方法人特別税は地方法人特別税率と合わせて5%増	地方法人特別税施行前の旧法人税率の5%	4%（標準税率3.2%)	標準税率に0.8%加算	（標準税率＋地方法人特別税創設時の標準税率）×3%	上乗率0.8%	4%（標準税率3.2%)	標準税率に0.8%上乗せ	法人税額の4.0%

出所：奈良県税制調査会資料から作成

定めがある。従前，この期限の更新が繰り返されてきた。愛知県の場合，法人住民税の超過課税は昭和50年から適用期間5年で導入され，以降5年ごとに8回延長されている。法人事業税への超過課税は昭和52年から適用期間3年で実施，以降3年ごとに13回延長を繰り返している。奈良県の超過課税も昭和51年から続いてきた。「旧税は良税」（逆に言えば，新税は悪税）とは言ったもので，法人二税の超過課税は定着し（企業も課税に慣れ），恒久化しているのが実態だ。岐阜県のヒアリング資料によれば，平成27年改正時に県内経済団体から意見を徴収したところ，（課税目的である）「福祉の充実に多くの費用がかかるのは理解できるので，超過課税やむを得ない」との意見が多数だったという。同様のことが次節で詳述する通り，個人住民税（均等割）への超過課税である森林環境税にも当てはまる。

　超過課税は「財政上その他の必要がある」（地方税法第1条第1項第5号）ときに認められる以上，その必要性が示されてなければならない。奈良県や愛知をはじめ多くの県は社会福祉の充実に係る財源に充てることを超過課税の目的に挙げる。奈良県では社会福祉施設整備基金に積み立て，障害福祉施設整備，老人福祉施設整備，児童福祉施設整備，医療施設整備などに活用してきた。岐阜県は平成27年改正（課税期間の延長）時に少子化対策の推進を目的に加えた。ただし，対象は「特定の事業に限定せず，幅広く設定」しているという

　本来，社会保障サービスからの直接の受益者は地域住民のはずだ。にも関わらず社会保障財源を企業負担に求める背景には企業をセイフティーネット（＝生活保障）の担い手とする思想が色濃く反映されているのかもしれない。実際，我が国では戦後，終身雇用・年功序列，あるいは社宅等福祉厚生を通じて企業が従業員に対してセイフティーネットを提供してきた。言わば，「社員は家族」だったのである。このセイフティーネットに対する企業の責任の範囲は従業員に留まらない。社会保険料の事業主負担をはじめ，子育て支援のため「社会全体で負担を分かち合う」児童手当の事業主負担にもこうした認識がある。しかし，21世紀に入り，経済のグローバル化，少子高齢化で低成長の時代を迎え，企業のセイフティーネット機能は低下してきた。これに関連して非正規雇用が

全雇用の3分の1を超えるなど雇用も不安定化している。(ただし,非正規には雇用形態の多様化の面もある。) 企業に超過課税してこうしたサービスの財源を求めるのは古い20世紀 (＝高度成長期) モデルなのかもしれない。(地方の高い法人課税依存自体が20世紀モデルを象徴しているともいえよう。)

　目的は社会福祉関係に限らない。神奈川県は「大都市圏特有の特別な財政需要」に対応すべく平成27年以降は災害に強い県土づくりの推進,東京オリンピック・パラリンピックに向けた幹線道路の整備を使途に挙げている。静岡県は地震・津波対策,高規格幹線道路の整備を掲げる。愛知県でも台風17号災害 (昭和51年) による甚大な被害を契機に緊急を要する防災事業を重点的に進めている。高知県の場合,導入当初は「福祉の充実」を,昭和56年からは「教育文化の振興」を,平成24年からは「県の主要な政策の推進」の財源に充ててきた。岩手県は産業,雇用分野の施策 (26事業) に充当,具体的には就業支援推進事業費,自動車関連産業創出推進事業費,いわて戦略的研究開発推進事業費などがある。みやぎ発展は企業立地奨励金の財源としている。同事業では平成20～27年度の交付企業が90社,雇用創出数は約1万名 (うち正社員7千名) に上る。もっとも,「他県に本社がある企業からは,企業誘致のために課税されることに不満の声も聞かれる。」(現地調査)。

　ただし,超過課税だけで対象事業が賄われているというわけではない。奈良県の場合,使途事業総額145億円 (平成23～27年度) に対して,特例分 (超過課税) 税収は18億円弱にとどまる。超過税率は0.8％で固定されており,対象事業費と (制度的にも実務的にも) 連動しているわけではない。所詮「お金に色はない」とすれば,当該事業費には他の財源 (例えば,個人住民税) を充て,特例分は他の用途 (例えば,総務関係費) に回しても同じことになる。課税目的はあっても,超過課税の税収は一般財源化されているのが実際のところだ。税収と使途の関係の希薄さは使途事業の効果の検証からも伺える。事業自体は「県の政策評価や予算査定により精査」することはあっても,超過課税収分の効果 (寄与) については「一般会計で管理しているため,検証を行っていない」という。(なお,現地調査では個別具体の事業の効果検証自体をしていな

い県もあった。)

森林環境税

　ここで取り上げる森林環境税は森林・水源環境の保全を目的とした超過課税である。課税方法は個人住民税、法人住民税の均等割への超過課税の形をとる。都道府県では35団体が実施、市町村では1団体（横浜市）が実施してきた（平成27年4月1日時点）。超過課税額は個人均等割で年額300円から1,200円（36団体）、法人均等割は年額500円〜270,000円（35団体）となる。なお、神奈川県は所得割を併用しており、0.025％を上乗せする。税収規模は315億円（平成26年度決算額）あまりになる。全国的に（税収を積み立てて適宜支出する）基金方式が採用されている。具体的な使途としては、森林整備（主として水源地域）（35県）、普及啓発（31県）、森林環境学習（30県）、ボランティア支援（28県）、里山整備（主として集落周辺の里山林）（26県）、木材利用促進（23県）、地域力を活かした森林づくり（公募事業）（20県）、人材育成（12県）などが挙げられる（奈良県税制調査会資料）。[3]

　奈良県では「県土の保全、自然環境の保全、水源のかん養等すべての県民が享受している森林の公益的機能の重要性に鑑み」平成18年度から森林環境税を導入している。当初期限は5年間（平成18〜22年度）だったが、平成23年度に5年延長している。県民税均等割に上乗せする方法であり、個人は年額500円、法人は均等割額の5％相当額となる。税収は概ね3億6千万円で推移してきた。対象事業としては第1期（平成18〜22年度）から施業放置林の整備、里山づくり、森林環境教育の推進があり、第2期（平成23〜27年度）に森林とのふれあい推進、森林生態系の保存事業が追加されている。「あいち森と緑づくり税」（愛知県）も「森林（人工林）、里山林、都市の緑をバランス良く整備・保全していくための新たな施策を進める」上で、「財源としては、県民、事業者等の十分な理解のもと、薄く広く負担していただく県民税均等割」が適当とし、個人で均等割を年間500円増、法人で5％増とした。

図表3：森林環境税等の概要

	岩手県	宮城県	神奈川県	静岡県	岐阜県	愛知県	鳥取県	愛媛県	高知県	奈良県
税目	森林（もり）づくり県民税	みやぎ環境税	水源環境保全税	森林づくり県民税	清流の国ぎふ森林・環境税	あいち森と緑づくり税	森林環境保全税	森林環境税	森林環境税	森林環境税
導入時期	H18〜	H23〜	H19〜	H18〜	H24〜	H20〜	H17〜	H17〜	H15〜	H18〜
課税方式	県民税均等割超過課税	県民税均等割超過課税	個人県民税均等割・所得割超過課税	県民税均等割超過課税	県民税均等割超過課税	県民税均等割超過課税	県民税均等割超過課税	県民税均等割超過課税	県民税均等割超過課税	県民税均等割超過課税
納税義務者	個人・法人	個人・法人	個人	個人・法人	個人・法人	個人・法人	個人・法人	個人・法人	個人・法人	個人・法人
税率	個人1,000円 法人2,000円〜8,000円	個人1,200円 法人標準税率の10%相当額（2,000円〜80,000円）	均等割：標準税率に300円上乗せ 所得割：標準税率に0.025％上乗	個人400円 法人均等割の5％相当額（1,000円〜40,000円）	個人1,000円 法人均等割の10%相当額（2,000円〜80,000円）	個人均等割の500円増 法人均等割の5％増	個人均等割に年500円上乗せ 法人均等割の5％相当額	個人700円 法人均等割の7％	年500円	個人法人500円 森林環境課税前の均等割額の5％相当額

出所：奈良県税制調査会資料から作成

岩手県では「県の豊かな森林環境を次の世代に良好な状態で引き継いでいくため，県民みんなで支える仕組み」として森林環境税を創設した。個人均等割の超過税額が千円と高めに設定されている（法人均等割は資本金の額に応じて2,000から8,000円）。税収規模も7億4千万円（平成27年度）あまりになる。使途には県民参加の森林づくり促進事業や児童・生徒を対象とした森林学習を含むが，森整備事業が全体の96.4％（H18-27実績）を占める。総事業は「公益上重要で，緊急に整備する必要のある森林について，森林所有者と皆伐制限等の協定を締結した上で，混交林誘導伐（強度間伐）を実施」するものである。結果，施工地確保面積が13,847haに達している。残された要対応面積は1万haあまり。岐阜県の「清流の国ぎふ森林環境税」も個人均等割で年額千円，法人で2千～8千円（均等割額の10％相当額）になる。税収は年間12億円前後で推移，使途としては環境保全を目的とした水源林等の整備，里山林の整備・利用の促進などの他，公共施設等における県産材の利用促進が挙げられる。愛媛県の森林環境税は第1期（平成17～21年度）の課税額が個人500円，法人均等割が5％（上乗せ）だったが第2期（平成22～）以降，個人で700円，法人均等割で7％に引き上げられた。

　宮城県の森林環境税は個人が1,200円とさらに高い（法人は資本金等の額により年2,000から80,000円）。税収規模も17億円余り（平成28年度）に上る。使途としては「根拠となる考えや各種事業の概要を県民に対して分かりやすい形で説明するため」，「みやぎグリーン戦略プラン」（平成23年3月）を策定した。プランの観点としては，二酸化炭素削減の取組や地球環境保全への貢献を通じた地域経済の活性化などを掲げ，例えば住宅用太陽光発電普及促進事業，木質バイオマス活用拠点形成事業等を実施している。「みやぎグリーン戦略プラン」は岩手県等のような施業放置林の整備・荒廃森林の再生ではなく5年間のCO_2削減予定量35.6万トン（県34.6万トン，市町村1万トン）を成果目標とする。地域の森林整備よりも地球環境への配慮を課税目的としているところに特徴がある。（もっとも，森林機能や生物多様性等の基盤整備，温暖化防止間伐推進事業など他県と共通する事業も使途に含まれる。）

多くの県が県民税均等割に超過課税する中，神奈川県は所得割（個人住民税）の標準税率に0.025％上乗せをして，均等割増を300円に抑えている。「個人県民税均等割の超過課税による負担の逆進性を緩和するため」とされる。一方，法人均等割への超過課税はしていない。税収規模は40億円程度になる。「かながわ水源環境保全・施策大綱」に従い，水源の森林づくり事業，間伐材の搬出促進などを含む12の特別対策事業に充当している。なお，所得割に超過課税を行っているのは全国でも神奈川県だけである。

　実質的に一般財源扱いの法人税割への超過課税とは対照的に森林環境税が充当された事業への政策評価も（少なくとも一定程度は）実施されてきた。岩手県では施工地確保面積を「いわて県民計画第3期アクションプラン」の指標として評価するほか，「いわての森林づくり県民税事業評価委員会」において審議している。岐阜県は「清流の国ぎふ森林・環境基金事業」の評価シートを作成し，事業評価を行ってきた。神奈川県は「神奈川水源環境保全・施策大綱」により20年間の全体計画を定め，5年ごとの実効5か年計画を策定する際に，事業の検証，見直し等を実施している。静岡県では外部評価機関として「静岡県森の力再生事業評価委員会」を設置し，毎年度，税の使途と事業の効果について検証する。効果としては例えば，平成27年度までの計画面積12,300haに対し，12,374haの荒廃森林を整備，全ての整備地において整備3年後に整備後の下層植生の回復状況を調査しており，平成24年度までに整備した箇所のうち99％で回復が確認，事業開始当初に設定した12箇所を継続調査し，下層植生の回復に加え，広葉樹の順調な生育が認められるという。

　他方，この森林環境税にも課題はある。第1に税への認知度が低いことだ。奈良県のアンケートにおいて「森林環境税を知っている」と回答したのは個人で16％，企業で28％に留まる。岩手県でも「知っている」または「税額は知らなかったが，制度を導入していることは知っていた」と答えた県民は全体の35.3％と低かった。静岡県民の環境税と使途事業の認知度も29％（平成27年10月調査）と低い状況にある。比較的高い愛知県，岐阜県でもそれぞれ46％（（平成20〜27年度），約50％に留まる。一般論として森林環境税の趣旨・事業

に同意していても(奈良県アンケートでは「森林環境税を活用した取組について必要だと考える割合」は個人・法人とも90％近くに上る)，自身への課税として認識していない。あるいは超過課税されていることは知っていても，その目的を理解していないことになる。第2に対象事業が拡大する傾向にある。前述の通り，奈良県は第2期以降，使途を森林とのふれあい推進，森林生態系の保存事業を加えてきた。静岡県でも「私有財産への公的な関与という森の力再生事業が既存施策にない施策のため，超過課税を財源として行うという整理をしているが，これに合致する施策があれば使途事業を拡大する可能性」(ヒアリング調査)があるという。一方，岩手県は使途事業の範囲拡大は考えておらず，「基本的には残りの放置林(約10,000ha)を施工したところで，森林づくり県民税はその役割を終える」(ヒアリング調査)とする。対象事業が増えた結果，奈良県では平成18年度当初，2千億円程度だった事業費は平成27年度には4億6千万円と2倍以上に膨らんだ。一方，毎年の税収は均等割への超過課税のため，財源が安定的(約3億6千万円)という利点があるが，伸びも限られる(伸張性に欠く)。このため，基金積立金は平成21年度の3億円をピークに減少し続け，第2期終了時(平成27年度)にはゼロになっている。森林環境税を延長して，事業を継続するには①税額を引き上げるか，②使途を重点化させることで受益＝事業と負担＝税額を合わせる必要がある。奈良県税制調査会

図表4：使途事業と基金残高

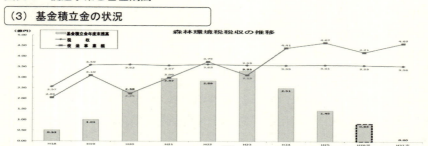

出所：奈良県資料

（平成27年11月）は「今後5年間において税収及び基金積立金の範囲内で使途事業費を賄うべく，使途事業の見直しを行うことが適当である」と答申している。

徴税の強化について

　自治体の課税自主権は超過課税等，税率の選択に留まらない。税の徴収もその一つである。その徴収体制の見直しが求められている。税の適正な徴収は税収確保のためだけではない。一部の納税者に税逃れや滞納が許される（「正直者がバカをみる」）ような税制では多くの正直な納税者からの信認は保てない。人々の納税行動（税逃れするかどうかの選択）に影響するのは税額や罰則，査察確率だけではない。正しい納税を是とする規範があればこそである。この規範を支えているのはそれが多くの人々によって守られているという認識に他ならない。皆が税逃れ・滞納をしている社会では納税は規範にならない。この納税の規範を守るためにも適正な税の徴収は必須なのである。

　地方税の徴収対策の推進は「経済財政一体改革」（経済財政諮問会議）の一環でもある。具体的には徴収事務の着実な実施と納税環境の整備に向けて徴収事務の共同処理や電子申告の推進や収納手段の多様化，その他効果的・効率的な徴収対策に取り組む団体の効果や課題を整理して，優良事例の横展開を図るとする。合わせて，2015年度中に地方交付税の基準財政収入額算定上の「標準的」な徴収率をこうした事例に即した水準とする。[4]仮に実際の徴収率が，この標準徴収率を下回っていたとしても，交付税による補てんはない。

　地方税の徴収率（＝収入済み額÷調定額）は現年課税分で98.9％（平成26年度，以下同じ）），個人住民税（所得割）のうち道府県民税は98.2％，市町村民税が98.4％，固定資産税は98.9％と高い水準にある。しかし，滞納分でみると全体の徴収率は26.2％に過ぎない。税目別では道府県民税（所得割）が28.2％，市町村民税（同）26.7％である一方，固定資産税は22.6％に留まる。税の滞納は一旦生じるとそこを回収するのは困難なことが伺える。地方税全体の滞納額

は平成26年度決算で約1兆4千億円，うち道府県税は4千億円，市町村税は1兆円あまりに上る。滞納額が一番多いのは個人住民税（道府県民税・市町村税計）で約7500億円，続いて固定資産税が約4500億円となる。これら2税が滞納残高の85％を占めてきた。図表5は滞納残高の推移を与えている。平成14年度の2兆3千億円をピークに一旦減少に転じるが，リーマンショックの後，再び増加に転じている。ここ数年は低下を続け，前述の通り，平成26年度には滞納残高が1兆4千億円まで下がってきた。ただし，この減少分の全てが回収できているわけではないことに注意されたい。滞納回収の執行が停止したり，時効となったりして消滅した分も含まれている。こうした「不納欠損処理額」は平成26年度1500億円余り。税目別では個人住民税が約60％，固定資産税が26％を占める。国税と地方税を比較すると不納欠損額が税収に占める割合（平成21～26年度平均）は前者で0.27％であるのに対して後者は0.46％ほどになる。

図表5：地方税の滞納残高（累積）の推移

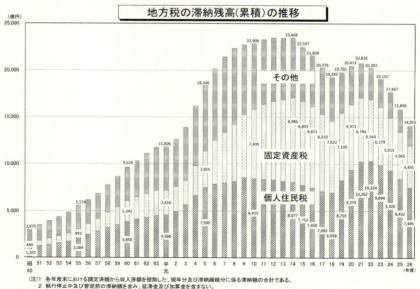

出所：総務省資料

回収できない比重が国税よりも地方税で高くなっていることが分かるだろう。

　国税に比べて地方税の徴収が困難な理由として東京都（平成24年３月）は①全体の課税件数のうち９割以上が賦課課税によること，②賦課課税の多くが普通徴収によることを挙げている。[5]ここで賦課課税とは自治体が課税対象について調査（例えば固定資産税の評価など），税額を決定して納税者に通知する仕組み，普通徴収とは納税者が自治体の窓口等に賦課課税の通知書を持参して税を納付するものである。賦課課税と対比されるのが申告納付であり，普通徴収以外には国税の源泉徴収制度にあたる（給与支払者等に徴収を義務付ける）特別徴収がある。固定資産税などに賦課徴収は課税対象の把握・評価に手間がかかる上，普通徴収の場合，滞納が生じ易く督促等に係る事務負担も大きくなるという。このため給与等に係る個人住民税（所得割）については後述の通り，（給与等の支払い主である）雇用主を特別徴収義務者に指定することで（源泉徴収のため滞納がなく，自治体の負担も少なくて済む）特別徴収の割合を挙げる試みがなされてきた。例えば，静岡県では平成24年度に特別徴収義務者一斉指定を実施，給与所得者に占める特別徴収者の割合と給与所得課税に占める特別徴収税額の割合が全国第１位となった。

　滞納が発生する理由としては他にも③自治体職員は一般に３年程度で異動するため徴税や滞納整理のノウハウが蓄積されにくいことがある。加えて，④彼らは地域住民に身近な分，「しがらみ」があって積極的な徴収が難しいという事情もありそうだ。滞納者に対しては「当該市町村民税に係る地方団体の徴収金につき，滞納者の財産を差し押えなければならない」（地方税法第331条）。実際，税法通りに差し押さえを行って徴税率を改善している自治体もあるという。しかし，「住民税や固定資産税などを納税しようにも払えない地方税滞納者が，自治体から厳しい徴収を受け，生活が困窮したり，精神的に追い詰められたりするケースが相次いでいる」（東京新聞（2016年１月５日））といった批判が出てくると政治的に「厳しい徴収」は難しくなるかもしれない。[6]

　「しがらみ」を避けつつ，専門性を高め「効果的・効率的な徴収対策」を実現するには民間事業者の債権回収のノウハウの活用もあり得るかもしれない。

自治体の業務改革の一環として窓口業務，給食サービス，ホームページ等の民間委託（PPP）が進められてきた。しかし，地方税法において，財産等の調査，捜索，差押，公売は「公権力の行使」にあたり，徴税吏員（公務員）が行うこととされてきた。民間活用の事例としてはコンビニ収納，クレジット収納，コールセンターなどがあるが，従前。公権力の行使に抵触しないように行うものである。コールセンター業務は「自主的納付の呼びかけ業務」と解釈される。もっとも，公権力の行使の範囲が明確に規定されているわけではない。

　より大胆な改革は個人課税や企業課税など共通する税目について国税と地方税の徴収の一元化することである。ここで納税者は所得税・法人税等と合わせて個人住民税（所得割）・法人二税を税務署（国税庁）に支払うことになる。滞納整理・回収も税務署が担う。（ただし，自治体は徴税費用の一部を負担する。）一方，自治体は税率設定の課税自主権は留保する。これは交付税（＝「国が代わって徴収する地方固有の財源」）とは異なる仕組みである。税収はそれが生じた自治体に帰属するため地域間での再分配（財政調整）はない。実際，カナダでは租税協定（Tax Collection Agreement）の下，連邦政府が州政府の所得税・法人税も徴収してきた。徴税コストを抑えるほか，（納税先が一本化されることで）納税者にとっても納税環境の改善になるだろう。

滞納整理の広域化

　前述の通り，市町村では職員が定期的に異動するため滞納整理のノウハウが蓄積されにくいこと，地域住民に身近な分，財産の差し押さえなど厳しい徴収が躊躇しやすいことが滞納税の回収を難しくしてきた。この問題に対処すべく，多くの自治体で滞納整理機構による広域化が推し進められてきた。滞納業務に他市町や県から派遣された職員が担うことでしがらみも解消されるだろう。神奈川県では「総合的な税収確保対策を実施するための推進母体」として平成8年に県副知事，副市町村長などを構成員とした「神奈川県地方税収対策推進協議会」が創設された。こうした動きは三位一体改革の税源移譲（平成19年度）

以降，本格化した。個人住民税の調定額が大幅に増加し，収税体制の効率化，高度化が県と市町村の共通した課題となったことが背景にある。（1）滞納整理機構の組織形態は法人格のない任意団体，一部事務組合（愛媛県，高知県），広域連合（静岡県）など様々である。また，（2）構成員として①県の参加があるモデルと②愛媛県や高知県のように市町村のみで構成されるモデルがある。前者の場合，個人住民税を含む県と市町村に共通した案件が滞納整理機構で扱われることが多い（岩手県など）。換言すれば，国民健康保険税や固定資産税のような市町村税は滞納者が県民税も滞納していない限り，機構の対象になりにくい。もっとも愛知県地方税滞納整理機構のように「個人県民税及び個人市町村民税を始めとした市町村税の高額・処理困難な事案」について滞納整理するケースもある。（3）人員体制としては県税職員が市町村職員としての身分を併せ持つ併任制度の活用や市町村職員が相互に他の市町村の身分を併せ持つ相互併任を取るなどで，（公権力の行使にあたる）徴税業務を担いやすくしている。

　奈良県は「奈良モデル」として知られる県と県内全市町村との連携した徴収強化に向けた取り組みがある。その柱になるのが①職員派遣型協働徴収と②ネットワーク型協働徴収がある。前者は県の職員を市町村に常駐で派遣（併任）するほか，市町村職員を県税事務所で実地研修をするものである。派遣には単独派遣（平成27年度天理市）や2市連携派遣（同年度大和高田市，香芝市）がある。2市連携派遣では例えば香芝市に特別滞納整理強化チームを設置して，同市の他，県職員，大和高田市職員が参加，彼等が両市の徴収職員を併任して，地方税の高額滞納者を対象に徴収を協働実施する。ネットワーク型協働徴収では複数の町（具体的には川西町，三宅町など7町）が共同で徴収が困難な案件について滞納処理方針を協議（事例研究），協議内容を踏まえて対象案件について各々の町が滞納整理を実施（実践），実施結果を報告するとともに共通目標（特に現年課税分徴収率），滞納整理ルールの策定（ノウハウ共有）を行う。こうした取組は市町の滞納処理スキルを向上させ，徴収率の改善に繋がっているとされる。

図表6：地方税滞納整理機構の概要

	岩手県	宮城県	神奈川県	静岡県	岐阜県	愛知県	鳥取県	愛媛県	高知県	奈良県
団体名	岩手県地方税特別滞納整理機構	宮城県地方税滞納整理機構	神奈川県地方税収対策推進協議会	静岡県地方税滞納整理機構	ぎふ税収確保対策協議会	愛知県地方税滞納整理機構	鳥取県地方税滞納整理機構	愛媛県地方税滞納整理機構	高幡・幡多・安芸広域市町村圏事務組合（租税管理機構）	地方税滞納整理本部
(構成メンバー等)	県と県内全33市町村	県と23市町村（仙台市など2市7市町村を除く）	会長：副知事 副会長：総務局長、副市町村長 構成員：県及び市	県及び県内全市町村	県及び県内42市町村	県及び県内47市町村	県及び県内19市町村が参加	県内全20市町	県内市町村	本部長：総務部長 本部員：税務課長、市町村振興課長、各県税事務所長
団体の位置づけ	任意組織	任意組織	任意団体	地方自治法第284条第3項で定める広域連合	任意組織	任意組織	任意組織	一部事務組合	一部事務組合の内部組織	任意内部組織
(法的位置づけ等)	人格なし						人格なし	地方自治法に基づく		
設立	H18.10〜	H21.4〜	H8.7〜	H20.1〜	H21.4〜	H23.4〜	H22.4〜	H18.4〜	H16.4〜 他	H24.4〜

出所：奈良県税制調査会資料から作成

以下では現地調査した自治体の状況をみていこう。(詳細は奈良税制調査会報告書を参照のこと。) 岩手県地方税特別滞納整理機構は県と33全市町村が構成員とする「任意団体」として平成18年10月に設置された。個人県民税及び個人市町村民税その他市町村税の滞納整理と, 滞納整理技術の向上を目的とする。機構は県職員と市町村からの派遣職員から構成されており, 平成28年度は県職員4人, 市町村からの派遣職員5人が派遣された。実績としては平成18～27年度累計, 予告発布分 (移管予告効果) で53億8千万円, 機構処理分 (機構の引受事案のうち, 差押又は分割納付等により徴収した金額) 12億3千万円あまりになる。移管予告効果 (一種のアナウンスメント効果) が多くを占めるが, 年々減少傾向にあるという。設立から10年が経過し, 機構の威光が薄れてきた模様だ。機構は引受事業をやりながら市町村職員向けの研修を行っている。平成21年度からは, 全市町村に対して機構職員が訪問し, それぞれ抱えている困難案件の対応を検討する「滞納事案個別検討会」を年に1回実施した。

鳥取県の滞納整理機構も岩手県同様, 県及び県内全19市町村が参加する任意組織 (法人格なし) である。当初, 県税と市町村税の徴収業務を一元的に行う組織 (広域連合) を創設することを検討されたが, 緩やかな形態からスタートすることになった。機構設立以来, 高い取組成果を継続, 機構案件については, 市町村単独による滞納整理での徴収率を上回る徴収率となっている。県税徴収率は平成20年度から25年度まで6年連続で全国一位を記録した。滞納額に対する市町村税の未納率も約10%低下している。愛知県の滞納整理機構は先述の通り,「個人県民税及び個人市町村民税を始めとした市町村税の高額・処理困難な事案について, 滞納処分を前提とした納税交渉, 財産調査, 捜索, 差押, 公売等の滞納整理業務」を担うものとする。参加市町村数47, 名古屋市, 豊田市を含めて7市町が不参加である (平成26～28年度)。平成23年から27年度累計で個人住民税98億円, 固定資産税・都市計画税46億円, 国民健康保険税20億円, その他 (法人住民税など) 105億円を徴収してきた。徴収率は全体で54.1%余りに上る。

ここまでの滞納整理機構は任意団体だった。他方, 静岡地方税滞納整理機構

は県及び県内全市町を構成員とする法的位置づけのある「広域連合」（地方自治法第284条第3項）として設立されている。「静岡県地方税一元化構想」（平成17年1月）の取りまとめを受け，平成19年9月〜10月に県・市町村議会で広域連合規約案の議決，平成20年1月に総務大臣から設置許可がなされ，同年4月から業務を開始した。設立以降，累積227億円の成果を上げてきた。このうち機構への引継予告書の発布をきっかけに，納付又は納付誓約された「移管予告効果」は徴収・納付のほか，納付約束を含めて通算（平成20〜27年度）140億円余りになる。徴収率（＝実績÷引受額）も40％以上が4年連続（平成24年〜27年度）で達成している。当機構では，徴収関係業務のほかに研修業務（平成20年度〜），軽自動車関係税申告書処理等業務（平成22年度〜）も行っている。

愛媛県の滞納整理機構（平成18年4月1日設立，県内全20市町参加）は「一部事務組合」の形態をとり，個人住民税の他，国民健康保険税を含む市町村税を滞納整理の対象としている。平成27年度徴収額は3億7千万円であり，このうち市町県民税1億6千万円，固定資産税1億円，国民健康保険税1億500万円余りになっている。徴収率（平成18年度〜27年度）は41.7％である。滞納整理の他，市町への徴収業務のコンサルティングを実施していることが愛媛県独自の取り組みに挙げられる。具体的には市町の状況を踏まえた上で徴収体制・手法について助言，市町の会議等にも参加し滞納整理計画の立案，実行，実施後の検証など市町の滞納整理をトータルサポートしてきた。高知県の安芸広域市町村圏事務組合租税債権管理機構は安芸広域市町村圏事務組合（地方自治法の規定に基づく特別地方公共団体）の内部組織として平成28年4月1日から業務を開始している。同事務組合は高知県東部地域9市町村（室戸市・安芸市・東洋町・奈半利町・田野町・安田町・北川村・馬路村・芸西村）により構成される。（県の関与はない。）管内市町村から市町村税等の移管を受けて滞納整理（財産の差押等徴収）を担う専門組織である。その特徴は後期高齢者医療保険料・介護保険料，下水道事業受益者負担金など税外債権の滞納も受け入れているところにある。これは全国初の試みとされる。

税の滞納を未然に防ぐには個人住民税の特別徴収（所得税の源泉徴収にあたる）の徹底がある。宮城県では滞納整理機構による滞納整理の実施（23市町村，793事案引受け）の他，徴税強化の一環として全市町村特別徴収義務者を一斉指定するなど特別徴収を推進している。平成27年度の実施率は84.15％（前年＋1.64％）である。また，住民税の県の直接徴収（地方税法第48条）も行っており，引受件数は67件，納付件数は33件ほど。（もっとも税額は1,553万円，うち納付額は497万円と少額に留まる。）岐阜県でも個人住民税の特別徴収の徹底（納税義務者（給与所得者）の特別徴収割合は目標75％に対して平成27年実績は74.03％），県と市町村の協働による個人住民税の直接徴収（地方税法第48条関係）を実施している。

おわりに

本稿では地方の課税自主権として①超過課税と②地方税の徴収強化（滞納税の回収）を取り上げた。超過課税は規範的には限界財政責任（いわば，受益と負担の関係の「見える化」）を果たすものであり，「費用対効果」に即した公共支出（の規模および配分）が期待される。しかし，その実態は地方法人課税に偏っており，（租税競争と対比される）「租税輸出」（＝非居住者への負担の転嫁）にあたるといえそうだ。法人二税（法人事業税・法人住民税（法人税割））への超過課税は①社会福祉，防災，産業振興などを課税目的とするが，使途との関係は緩やか（曖昧）で実質的には一般財源といえる。②課税期間も5年と定めがあるものの，延長を繰り返し恒久財源化してきた。しかし，法人課税収は景気の動向に左右されやすく，事業の安定的な財源にはなりにくい。加えて，「地方法人税」として法人住民税（法人税割）の国税化（交付税の財源化）が今後進む可能性（制度リスク）もある。福祉等，対象事業からの直接の受益者たる地域住民に対する課税とのバランスを含めて，そのあり方自体を再検討すべきだろう。いずれにせよ企業にセイフティーネットへの責任を求めるのは終身雇用を前提とした20世紀（高度成長期）モデルの域を出ない。今世紀の新た

な経済環境（グローバル化や高齢化による低成長）に即した地方税の制度設計が必等だ。

　無論，地域住民に全く負担を求めていないわけではない。森林環境税はその例である。森林環境税は地域の森林資源の保全等を課税目的としている。均等割（個人・法人）に対する超過課税の形をとっていた。（神奈川県は例外的に所得割にも上乗せしている。）森林の公益性を勘案すれば地域社会全体でその保全に努めることは一定の合理性が認められるかもしれない。ただし，森林の保全は本来，所有者の責任である。我が国では施業放置林など所有者等による整備が期待できない森林が多いことが課題となってきた。仮に施業放置が（地盤の弱体化や水源保全機能の低下で）災害リスクを高めるという「負の外部効果」を近隣地域にもたらすならば，応分の負担を求めることも一案だ。具体的には固定資産税の強化等である。（合わせて，固定資産税を負えない施業放置林については公有化を進める。）これに関連して空き家問題に対処すべく「周辺の生活環境の保全を図るために放置することが不適切な状態にある空き家等」（特定空き家等）については小規模住宅への固定資産税の特例措置（課税標準額を6分の1に圧縮）の対象としないことが決まっている。森林の空家＝施業放置林に対しても対応が求められる。森林環境税自体にも課題は少なくない。①納税者の認知度が圧倒的に低いことだ。本来，納税者（地域住民・企業）が「自らの負担を自ら決める」はずの課税自主権が，その納税者が認知されないまま行使され続けている（知らないうちに超過課税されている）状況にある。②対象事業も拡大傾向にある。奈良県では第2期最終年で基金積立金の残高がゼロになった。もっとも，財源があるとそれを当てにして事業が膨張するのは森林環境税に限らず，国・地方財政のどの分野でも見受けられる。使途事業の精査，効果の検証（事務事業評価）の徹底が必須といえる。

　課税自主権の行使とは超過課税や法定外税，あるいは不均一税といった課税対象・税率の決定に限らない。徴税も自治体が負うべき権利であり，責任である。滞納税についていえば，地方税の徴収率は高くない。近年，（景気の回復に伴い）減少傾向にあるとはいえ，地方税の滞納残高は約1兆4千億円（平成

26年度決算）に上る。滞納税の徴収は税収の確保に留まらず，正直な納税者からの税制への信認確保のためにも不可欠である。とはいえ，自治体は従前，徴税強化に及び腰だった感は否めない。自治体（職員）は地域住民に近い（そのことは地方分権のメリットとされる）分，しがらみもあるからだろう。3年程度で部署が移転する，よって専門的人材を育成しにくい公務員制度も一因だ。これを打開する選択肢としては滞納整理の民間委託，あるいはより抜本的な見直しとしては国税と地方税（個人所得課税，法人所得課税）の徴税の一元化であろう。とはいえ，こうした民間委託や徴税の一元化が（少なくても当面）困難とすれば，より現実的な選択肢が次に事例を概観する「広域化」（職員の派遣・人事交流を含む県と市町村の連携）である。徴税の専門性や地域のしがらみほか，（徴税額によらない）固定費用を伴う徴税業務を勘案すれば，広域化は「規模の経済」が働き易く徴税費用の軽減になる。奈良モデルをはじめ，県と市町村が連携した滞納整理機構が創設され，一定の成果を上げてきた。職員の併任制度，滞納に係る事例研究とノウハウの蓄積など現場の努力が功を奏していることが伺える。ただし，①滞納整理機構の多くは法人格のない任意団体であり，②県民税が滞納されていることが県と市町村が協働徴収する条件となっている。広域化（＝徴税に係る規模の経済の活用）を徹底するには，広域連合・一部事務組合など安定的な法人格を有しつつ，個人住民税のほか，固定資産税や国民健康保険税等の市町村税を含む地方税全体を対象とした滞納整理が求められるだろう。

　確かに地域住民を対象とした超過課税や滞納整理には選挙への影響等，政治的な困難を伴う。しかし，課税自主権は「地域住民と正面から向き合う」ためのものである。公共サービス提供はフリーランチ＝只ではない（コストがある）。その費用および受益との関係を「見える化」（情報公開）しつつ説明責任を尽くすことだろう。

(1) ただし，本稿の所見は筆者個人の見解であり，奈良県税制調査会，および調査報告に帰するものではない。
(2) 受益に対して応分の負担を求める応益課税が地方税の公平の原則であれば，限界的財政責任は効率に係る原則である。
(3) 「環境税」と称されるが，環境破壊等を伴うような経済活動（例えば，CO_2の排出）を矯正することを目的とした（経済学でいう「ピグー税」）環境税とは異なることに注意されたい。エネルギー消費を抑制するなど個人・企業の行動変容を促す税としては我が国では「地球温暖化対策税」（ガソリン税等への上乗せ）がある。一方，森林環境税は税収を環境目的に充てることを目的とした税である。
(4) 基準財政収入額は税目ごとに標準税率＊課税ベース＊徴収率で与えられる。
(5) 東京都税制調査会第3回小委員会「公平な徴収を担保する仕組みに関する資料」（平成24年3月）
(6) 納税額が納税者の生活の実情＝担税力に必ずしも合わない理由としては固定資産税のような（所得がなくてもかかる）資産課税があることに加えて，個人住民税（所得割）が前年所得課税であることがあるだろう。

地方税における税負担軽減措置の政策評価
―現状と課題―

関西学院大学経済学部教授

上村 敏之
Toshiyuki Uemura

1. 問題の所在

　各種の租税特別措置に代表されるように，国税にも地方税にも，税負担軽減措置が存在する[1]。これらは，何らかの政策目的を達成するために，特定の家計や企業に対して，税負担の軽減を行う措置である。近年，税負担軽減措置のあり方について，様々な角度から見直しがなされており，その影響は地方税の税負担軽減措置にも及んでいる。

　本章では，地方税の税負担軽減措置に関する政策評価の現状と課題について検討する。国税と地方税の税負担軽減措置の区別は後述するとして，一般的に税負担軽減措置には次のような議論があり，問題視されている。

　第一に，税負担軽減措置が租税原則から逸脱することである。租税原則には，中立の原則，公平の原則，簡素の原則があるが，税負担軽減措置はいずれの原則からも逸脱する可能性が高い。

　租税の中立原則は，家計や企業などの経済主体の経済行動に対し，租税がひずみを与えないことを求める原則である。税制そのものが，経済行動へのひずみをもたらす可能性があるが，税負担軽減措置が追加的なひずみをもたらすならば，中立の原則からの逸脱となる。

　租税の公平原則は，応益負担の原則と応能負担の原則に分けられる。応益負担の原則は，公共サービスの受益に対する負担の公平を求める。税負担軽減措

置は，公共サービスの受益に対応した負担の公平から逸脱する可能性が高い。たとえば，受益と負担が明確な公共サービスに関して，特定の家計や企業だけが税負担軽減措置を適用されている場合は，応益原則の負担の公平からの逸脱となる。

　一方，応能負担の原則は，公共サービスの受益との対応は考えず，「等しい人の等しい取り扱い（異なる人の異なる取り扱い）」を求める原則である。応能負担の原則には，垂直的公平と水平的公平がある。税負担軽減措置が垂直的公平に及ぼす影響としては，たとえば低所得者などへの軽減措置が考えられる。垂直的公平については，社会的な価値判断によって，その程度が決められるべきであることから，税負担軽減措置が公平性を逸脱しているかどうかについては，簡単に判断することはできない。

　ただし，水平的公平については異なる。同じ状況にある家計または企業に対して，一方は税負担軽減措置を受けることができ，他方が受けることができないならば，それは水平的公平が達成された状況とは言えない。したがって，税負担軽減措置は，少なくとも水平的公平を逸脱する可能性が高い。

　租税の簡素の原則は，税制は簡素であることを求める原則である。税負担軽減措置は，標準的な税制に対して追加的に加わる措置であることから，税制は複雑化する[2]。そのため，税負担軽減措置は簡素の原則からも逸脱する。

　第二に，税負担軽減措置は税収減をもたらし，それが「負の補助金」だと解釈できることである。通常，補助金は，何らかの政策目的を実現するために設けられる。この意味では，税負担軽減措置もまた，補助金と同じように政策目的をもつことになる。

　むしろ，税負担軽減措置は，何らかの政策目的をもつことが，その存在理由となっているから，政策目的を持たねばならない。逆に言えば，政策目的がない，もしくははっきりしない税負担軽減措置に存在意義はなく，そのような税負担軽減措置は解消すべきである。

　補助金と税負担軽減措置は，政策目的をもつ点は同じだが，政策目的を達成するための手法が異なる。この観点から，税負担軽減措置は「負の補助金」だ

と考えることができる[3]。「負の補助金」として税負担軽減措置をとらえた場合，予算における取り扱いが，税負担軽減措置と補助金では異なっている。

　すべての補助金は，国または地方自治体の予算の歳出に計上されている。その予算は，国ならば国会，地方自治体ならば地方議会によって，議決されて執行される。このため，予算には民主主義的な統制がなされている。しかしながら，税負担軽減措置は税収減をもたらすことから，その金額は予算の歳入にも歳出にも登場しない。したがって，税負担軽減措置は，予算の明瞭性の原則や総計予算の原則から逸脱し，議会による民主主義的な統制から外れた存在となっている。

　以上の２点から考えるべきことは，税負担軽減措置は租税や予算の原則からの逸脱であることから，税負担軽減措置の政策評価について周到に検討することは必然である。すなわち，政策目的の達成については，原則は補助金で実施されるべきであり，税負担軽減措置が適用されるならば，それが必要な理由について検討することが不可欠である。

　とはいえ，これまで多くの税負担軽減措置が採用されてきたことには，何らかの理由があるに違いない。まず，税負担軽減措置が政策手段として簡便であることが挙げられよう。補助金の場合は，申請や審査といった手続きが必要だが，税負担軽減措置は税負担を軽減するだけであり，行政側の手続きコストが低い。税負担軽減措置を利用する家計や企業にとっても，補助金申請に比べれば，手続き上のメリットが大きい。

　手続きにメリットが大きいからといって，税負担軽減措置をますます拡大することは，やはり問題が大きい。ここで重要なのは，各種の税負担軽減措置が，それぞれの政策目的を達成しているかどうかの評価，すなわち政策評価である。

　こういった観点から，総務省行政評価局では，租税特別措置等の政策評価が実施されてきた。しかしながら，本章でも指摘するように，特に地方税の税負担軽減措置については，充分に政策評価が行えている状況ではない。特に個々の地方自治体の取り組みは緒に就いたばかりである。本章の目的は，地方税の税負担軽減措置の政策評価について検討することである。本章の構成は次の通

りである。

 2節では地方税における税負担軽減措置の範囲について述べる。3節では，総務省行政評価局における租税特別措置等の政策評価について，その現状と課題を整理する。4節では，租税特別措置等の政策評価において減収額の提示が重要であることを述べ，「租税特別措置等に係る政策の事前（事後）評価書」にある減収額の現状と課題を指摘する。第5節では，「地方税における税負担軽減措置等の適用状況等に関する報告書」の内容についての現状と課題を示す。第6節では，税負担軽減措置の減収額を租税支出レポートとしてまとめているアメリカの州政府と市政府の事例を紹介する。第7節では，地方自治体独自の税負担軽減措置等の見直しについて大阪市の事例を紹介する。最後の8節では，本章での議論をまとめ，地方税の税負担軽減措置に関する政策評価の課題を指摘することでむすびとする。

2．地方税における税負担軽減措置の範囲

 具体的に税負担軽減措置とは，どのような制度であろうか。もっとも広く「税負担軽減措置」をとらえるならば，税額控除，所得控除，免税，ゼロ税率，軽減税率，課税の繰延べといった制度を想定することができる。しかしながら，たとえば所得控除が，税負担軽減措置に当たるかどうかは，議論の余地がある。多くの所得控除が，税法の本則に規定されているからである。

 本章では，どの制度が税負担軽減措置に該当するかの議論をひとまず避け，単純に法律または条例上の区別としてとらえる。すなわち，租税特別措置法と地方税法上の特別措置によって規定されている制度については，本章で扱う税負担軽減措置とする[4]。また，個々の地方自治体の条例によって独自に規定されている税負担軽減措置も，本章で扱う税負担軽減措置であるとする。

 2010年に成立した「租税特別措置の適用状況の透明化等に関する法律（租特透明化法）」において，国税の租税特別措置と地方税の税負担軽減措置等が定義づけられた。租特透明化法によって，租税特別措置や税負担軽減措置の透明

化に進展があったことは，望ましいことであった。

　しかしながら，国税が租税特別措置法で規定されている一方で，地方税の税負担軽減措置等はやや曖昧である。国税の租税特別措置によって，地方税の税負担軽減措置等が連動する部分がある一方で，連動しない部分も存在する。特に，地方自治体の条例によって，税負担軽減措置が独自に適用されているケースはその典型である。

　国は，国税の租税特別措置と，それに連動する地方税の税負担軽減措置等については，ある程度の関心をもってはいるが，地方自治体による独自の税負担軽減措置については，ほとんど興味をもってこなかった[5]。租特透明化法が施行された後，租税特別措置については，政策評価が行われるようになった。次節にて，租税特別措置の政策評価の現状について考察する。

3．総務省行政評価局における租税特別措置等の政策評価

　租税特別措置等については，「平成22年度税制改正大綱」（2009年12月22日閣議決定）において，「今後4年間で抜本的に見直す」ことが明記された。これを受け，「行政機関が行う政策の評価に関する法律施行令」「政策評価に関する基本方針」が一部改正となり（2010年5月25日閣議決定），法人税，法人住民税及び法人事業税の租税特別措置等の政策評価が義務づけられた。

　これによって各省庁は，法人税，法人住民税及び法人事業税の租税特別措置等について，政策評価を実施することになった。具体的には，表1にあるような「租税特別措置等に係る政策の事前（事後）評価書（以下，政策評価書）」が作成された。各省庁による自己評価である。

　総務省行政評価局は，各省庁からの「政策評価書」を内部評価として，合理性，有効性，相当性の観点から点検し，点検結果について税制調査会や税制当局に報告している。なお，各省庁の「政策評価書」は総務省行政評価局の「政策評価ポータルサイト」に掲載されている。

　表1にある「政策評価書」には，租税特別措置等を評価する上で必要な項目

表 1　「租税特別措置等に係る政策の事前（事後）評価書」の項目

1	政策評価の対象とした租税特別措置の名称	
2	対象税目	
3	租税特別措置の内容	（内容）
		（関連条項）
4	担当部局	
5	評価実施時期及び分析対象期間	
6	租税特別措置等の創設年度及び改正経緯	
7	適用又は延長期間	
8	必要性	①政策目的及びその根拠 ≪租税特別措置等により実現しようとする政策目的≫ ≪政策目的の根拠≫
		②政策体系における政策目的の位置付け
		③達成目標及び測定指標（達成目標及びその実現による寄与） （租税特別措置等により達成しようとする目標） （租税特別措置等による達成目標に係る測定指数） （政策目的に対する租税特別措置等の達成目標実現による寄与）
9	有効性等	①適用数等
		②減収額
		③効果・税収減是認効果 （効果） （税収減を是認するような効果の有無）
10	相当性	①租税特別措置等によるべき妥当性等
		②他の支援措置や義務付け等との役割分担
		③地方公共団体が協力する相当性
11	有識者の見解	
12	前回の事前評価又は事後評価の実施時期	

が網羅されている。特に，「8　必要性」「①政策目的及びその根拠」では，その租税特別措置等の政策目的が明らかになり，「③達成目標及び測定指標」においては，成果指標が示されている。さらには，「9　有効性等」「②減収額」においては，当該租税特別措置等がもたらしている減収額の試算が示されている。

　問題は，この「政策評価書」によって，租税特別措置等の政策評価が十分に実施できているかどうかである。その点について，租税特別措置等の減収額を

取り上げることで，次節にて検証しよう。

4．「政策評価書」による租税特別措置等の減収額

　租税特別措置等を評価する際に，減収額を示すことは特に重要である。それには次のような理由がある。

　第一に，租税特別措置等は税収の減額，すなわち減収をともなうものであるから，それを政府として示す必要があるという価値判断である。予算の明瞭性の原則は，予算が国民や住民にとって分かりやすいことを求めており，総計予算の原則はすべての収入と支出を表記することを求めている。

　第二に，租税特別措置等による減収額は，補助金と比較することが重要であるという考え方である。すなわち，補助金は歳出予算に計上され，議会の承認という民主主義的な手続きを経るのに対し，租税特別措置等は歳入の減収であるがゆえに予算には計上されない。だからこそ，政府は租税特別措置の減収額を示すことが必要だという考え方である。

　第三に，租税特別措置等が存在するのは，何らかの政策目的の達成のためであるが，それは同じ政策目的の達成のためになされる補助金と比較することが重要であるという考え方である。租税特別措置等も補助金も，存在理由は政策目的の達成である。補助金は，その政策目的の達成に必要な金額が予算書より明確だが，租税特別措置等は必ずしも明らかではない。そのため，租税特別措置等と補助金を，政策目的の達成という同じ観点から評価するために，租税特別措置等の減収額が示されるべきだということである。

　第四は，第三の点から派生することであるが，同じ政策目的の達成のために，租税特別措置等と補助金の双方が同じ効果を持つ場合は，補助金が優先されるべきであり，その判断のために租税特別措置等の減収額が必要であるという考え方である。この場合に租税特別措置等よりも補助金が優先されるべきとの価値判断は，先述したように，租税特別措置等は租税原則からの逸脱であり，本来は採るべき政策手段ではない。このような判断を行うためにも，租税特別措

置等の減収額の情報が必要になる。

　先に示した「政策評価書」には，租税特別措置の減収額の情報が掲載されている。表2では，2016年の総務省行政評価局による事前評価において，「政策評価書」に示された内閣府の租税特別措置等の減収額を抽出した。もちろん，内閣府だけでなく，他の省庁にも租税特別措置等は数多く存在するが，ひとつの事例として掲げている。この表から分かることは，以下の通りである。

　第一に，租税特別措置等によって，減収額の試算時期に統一性がないことである。拡充や延長となっている租税特別措置等のなかには，過去の減収額の実績が数年間しか示されていないものや，将来の見込みの減収額が示されていないものもある。新設の租税特別措置等の場合は実績がないために，将来の見込みの減収額しか示されないのは仕方ないとしても，拡充や延長となる租税特別措置等は，過去の実績があるにも関わらず，将来の見込みがまったく示されていないものもある。

　第二に，租税特別措置等は国税と地方税に分けられるが，国税と地方税，さらには税目別に減収額が示されているものもあれば，示されていないものあり，この点でも統一性がない。地方税の租税特別措置等について，減収額が示されていたとしても，都道府県や市町村といった地方自治体ごとの内訳は示されていない。

　「政策評価書」に租税特別措置等の減収額が示されていることは望ましいことではある。しかしながら，同じ政策目的の達成のために，租税特別措置等と補助金の双方が同じ効果を持つ場合は，補助金が優先されるべきであり，その判断のために租税特別措置等の減収額が必要であるという考え方を踏まえるならば，「政策評価書」にある減収額の情報は，政策評価を行うには十分であるとは到底言えない状況にある。この点は，今後に改善してゆく必要がある。

地方税における税負担軽減措置の政策評価　75

表2　内閣府の租税特別措置等の減収額（平成28年の事前評価）

租税特別措置等の名称	対象税目	減収額（実績と見込み）									
		H24	H25	H26	H27	H28	H29	H30	H31	H32	H33
（内閣府）民間資金等活用事業推進機構の法人事業税の資本割に係る課税標準特例の創設【新設】	（国税）－ （地方税）法人事業税	－	－	－	－	－	－	同左	同左	同左	同左
（内閣府）沖縄の観光地形成促進地域における課税の特例の拡充・延長	（国税）法人税 （地方税）法人住民税、事業所税	－	－	－	－	－	172,524千円	62,736千円	78,420千円	62,736千円	31,368千円
（内閣府）沖縄の産業高度化・事業革新促進地域における課税の特例の拡充・延長	（国税）法人税、所得税 （地方税）法人住民税、事業税、個人住民税、事業所税	208百万円	598百万円	376百万円	430百万円	約8.6億円	同左	同左	同左	同左	同左
（内閣府）沖縄の経済金融活性化特別地区における課税の特例の創設	（地方税）法人税、所得税 （地方税）法人住民税、事業税、個人住民税	－	－	0百万円	70百万円	87百万円程度	同左	同左	同左	同左	同左
（内閣府）沖縄の国際物流拠点産業集積地域における課税の特例の延長	（国税）法人税、所得税 （地方税）法人住民税、事業税、個人住民税、事業所税	16百万円	13百万円	10百万円	11百万円	58百万円程度	同左	同左	同左	同左	同左
（内閣府）沖縄の情報通信産業振興地域・地域における課税の特例の延長	（国税）法人税、所得税 （地方税）法人住民税、事業税、個人住民税、事業所税	853百万円	680百万円	693百万円	532百万円	約2億円	－	－	－	－	－
（内閣府）沖縄の離島における旅館業用建物等の課税の特例の延長	（国税）法人税、所得税 （地方税）法人住民税、事業税、個人住民税	－	－	－	－	－	1,786千円	同左	同左	同左	同左
（内閣府）沖縄路線の航空機に係る航空機燃料税の軽減措置の延長	（国税）航空機燃料税	9,245百万円	10,089百万円	11,614百万円	おょそ10.0億円	同左	同左	同左	同左	同左	同左
（内閣府）沖縄型特定免税店制度における関税の軽減措置の延長	（国税）関税	3.2億円	3.7億円	3.4億円	2.9億円	同左	同左	同左	同左	同左	同左
（内閣府）沖縄県産酒類に係る酒税の軽減措置の延長	（国税）酒税	3,369百万円	3,306百万円	3,125百万円	3,116百万円	同左	同左	同左	同左	同左	同左
（内閣府）地方における企業拠点の強化を促進する税制措置の拡充	（国税）法人税、所得税 （地方税）法人住民税、事業税、個人住民税	－	－	－	106.8百万円[1)]	12,080百万円[1)]	13,130百万円[1)]	－	－	－	－
（内閣府）国家戦略特別区域における国家戦略民間都市再生事業に対する課税の特例措置の延長	（国税）法人税、所得税 （地方税）登録免許税	－	－	573百万円	573百万円	573百万円	573百万円	573百万円	－	－	－
（内閣府）国家戦略特別区域における民間の再開発事業のための土地等を譲渡した場合の特別措置の延長	（国税）法人税、所得税 （地方税）法人住民税、個人住民税	－	－	－	法：0 所：0 住：0	法：0 所：0 住：0	法：1,175 所：2 住：0.4	法：247.5 所：2 住：0.4	法：2,050 所：1 住：0.2	－	－
（内閣府）国家戦略特別区域において地方税の減免した場合の国税における所得の調整措置の創設【新設】	（国税）法人税 （地方税）法人住民税、法人事業税	－	－	－	－	－	100.4百万円	56.2百万円	50.5百万円	34.6百万円	20.9百万円
（内閣府）厚生労働省（公共施設等運営権制度（コンセッション制度）を活用した水道事業等の経営安定化のための準備金に対する税制上の特例措置の創設）【新設】	（国税）法人税 （地方税）法人住民税、法人事業税	－	－	－	－	－	－	－	－	－	－
（内閣府）雨水貯留利用施設に係る割増償却制度の延長	（国税）法人税	6,186千円	16,861千円	0千円	12,080百万円	13,130百万円	－	－	－	－	－
（内閣府）防災街区整備事業に係る事業用資産の買換特例等の延長	（国税）法人税	42.4百万円	26.3百万円	639.3百万円	約236百万円	同左	同左	同左	同左	同左	同左

注1）内訳（単位：百万円）はH27：国税94.6＋地方税12.2, H28：国税10,700＋地方税1,380, H29：国税11,630＋地方税1,500。

5．地方税における税負担軽減措置等の適用状況等に関する報告書

　総務省は「政策評価書」とは別に，地方税における税負担軽減措置等に関する資料を提示している。その理由として，地方税法第758条には，次のような条文が示されている。

（引用開始）

> 第七百五十八条　総務大臣は，毎年度，次に掲げる事項を記載した報告書を作成しなければならない。
> 一　税負担軽減措置等に該当する措置又は特例ごとの適用額の総額
> 二　適用実態調査情報に基づき推計した租税特別措置（所得税又は法人税に係るもので財務大臣が適用実態調査を実施したものに限る。次号及び次条において同じ。）ごとの道府県民税，事業税又は市町村民税への影響額
> 三　その他税負担軽減措置等の適用の状況及び租税特別措置の道府県民税，事業税又は市町村民税への影響の状況の透明化を図るために必要な事項
> 　2　総務大臣は，前項の規定により作成した報告書を国会に提出しなければならない。この場合において，当該報告書は，作成した年度に開会される国会の常会に提出することを常例とする。

（引用終わり）

　この条文にもとづいて提出されているのが「地方税における税負担軽減措置等の適用状況等に関する報告書」である。これまでに2011年度（平成23年度）から2014年度（平成26年度）の４年間の「報告書」が示されている。
　「政策評価書」には，個々の税負担軽減措置等についての情報が示されていたが，それらをまとめた総合的な情報が掲載されている資料が「報告書」である。日本における地方税の税負担軽減措置等の情報を知る上で重要な資料だと

表3 地方税における税負担軽減措置等の数(上段)と適用額の総額(下段)の推移

税目	種類	H23年度 2011年度	H24年度 2012年度	H25年度 2013年度	H26年度 2014年度
個人事業税	課税標準 (所得：億円)	1	1 (→)	1 (→)	1 (→)
		13,360	13,281 (↓)	13,476 (↑)	12,994
法人事業税	課税標準 (資本金等の額：億円)	10	12 (↑)	11 (↓)	9 (↓)
		38,270	38,923 (↑)	33,422 (↓)	18,361 (↓)
	課税標準 (収入金額：億円)	4	4 (→)	3 (↓)	3 (→)
		259	348 (↑)	281 (↓)	396 (↑)
	課税標準 (所得：億円)	1	1 (→)	1 (→)	1 (→)
		7,533	7,747	7,051 (↓)	5,936 (↓)
	税額 (億円)	2	2 (→)	2 (→)	2 (→)
		18	17 (↓)	20 (↑)	17 (↓)
不動産取得税	課税標準 (不動産の価格：億円)	36	22 (↓)	22 (→)	22 (→)
		69,141	71,174	76,654 (↑)	76,957 (↑)
	税額 (億円)	22	10 (↓)	10 (→)	11 (↑)
		1,123	1,102 (↓)	1,234 (↑)	831 (↓)
自動車取得税	課税標準 (自動車の取得価額：億円)	1	3 (↑)	3 (→)	3 (→)
		473	630 (↑)	1,300 (↑)	1,573 (↑)
	税額 (億円)	5	3 (↓)	3 (→)	3 (→)
		2,343	2,319 (↓)	3,124 (↑)	2,095 (↓)
軽油引取税	税額 (億円)	1	1 (→)	1 (→)	1 (→)
		913	944 (↑)	894 (↓)	882 (↓)
自動車税	税額 (億円)	1	1 (→)	1 (→)	1 (→)
		75	96 (↑)	53 (↓)	111 (↑)
鉱区税	税額 (億円)	1	1 (→)	1 (→)	1 (→)
		0.6	0.6 (→)	0.6 (→)	0.6 (→)
狩猟税	税額 (億円)	3	3 (→)	3 (→)	3 (→)
		0.1	0.4 (↑)	0.8 (↑)	1 (↑)
個人住民税	税額 (億円)	1	1 (→)	0 (↓)	0 (→)
		133	126 (↓)	0 (↓)	0 (→)
固定資産税	課税標準 (固定資産の価格：億円)	88	69 (↓)	69 (→)	71 (↑)
		75,392	77,490 (↑)	74,942 (↓)	75,697 (↑)
	税額 (億円)	14	12 (↓)	10 (↓)	11 (↑)
		1,354	1,148 (↓)	1,152 (↑)	1,203 (↑)
事業所税	課税標準 (事業所床面積：万 m^2)	25	25 (→)	25 (→)	25 (→)
		4,150	4,212 (↑)	4,249 (↑)	4,314 (↑)
	課税標準 (従業者給与総額：億円)	(10)[1]	(10)[1] (→)	(10)[1] (→)	(10)[1] (→)
		6,230	6,222 (↓)	6,144 (↓)	6,211 (↑)
都市計画税	課税標準 (固定資産の価格：億円)	30	25 (↓)	26 (↑)	25 (↓)
		10,490	9,857 (↓)	8,110 (↓)	8,309 (↑)
	税額 (億円)	3	1 (↓)	0 (↓)	0 (→)
		0.1	0.1 (→)	0 (↓)	0 (→)
合計 (数)	―		249	197 (↓)	193 (↓)	193 (→)

注1) 事業所税の下段の税負担軽減措置は，上段の税負担軽減措置と同一の条文で規定されているため，( ) 内で表記している。

言える。

　表3には，これまでに示された「報告書」より作成した地方税における税負担軽減措置等の数と適用額の総額の推移を示した。それぞれの税目の上段が税負担軽減措置等の数であり，下段が適用額の総額である。

　適用額の総額は「課税標準」と「税額」に分けられている。「課税標準」とは，課税標準の特例であり，所得，資本金等の額，固定資産の価格などの課税標準の内容が示されている。「税額」は税額控除や税額を上乗せする規定である。表3には，それぞれの適用金額の総額が示されている。　表3には，2011年度から2014年度までの税負担軽減措置等の数と適用額の総額の推移について，その増減を矢印（増加↑，減少↓，変化なし→）で表現した。ただ，適用額の総額の推移については，それぞれに課税標準が異なるために比較することが困難である。推移の比較可能性を確保するためには，本来は減収額を用いることが望ましいだろう。

　税負担軽減措置等の規模を評価する上では十分ではないが，税負担軽減措置等の数の合計に着目する。2011年度に合計249だったのが，2012年度には合計197にまで激減している。2013年度と2014年度は合計193で一定である。

　2012年度の激減の理由は定かではないが，2012年12月まで政権を担当した民主党は，租税特別措置等の透明化に積極的であったことが，影響しているかもしれない。租特透明化法の成立も，民主党政権による成果である。もちろん，どのような政権になったとしても，税負担軽減措置等の情報を開示し，いかにコントロールし，政策評価を行うかは，租税政策として重要である。

6．アメリカの地方政府における租税支出レポートの内容

　これまで本章では，日本の地方税における税負担軽減措置等の政策評価の現状について記述してきた。日本の地方税における税負担軽減措置等も政策の一種として実施されているにも関わらず，それを評価するための減収額などの情報が，決定的に不足していることが指摘できる。

表4 マサチューセッツ州の租税支出レポート（抜粋，単位：百万ドル）

	2014年度	2015年度	2016年度
所得税　Personal Income tax			
Exclusions from Gross Income	3,909.2	4,072.5	4,242.6
Deferrals of Gross Income	936.4	1,080.5	1,305.6
Deductions from Gross Income	0.1	0.1	0.1
Accelerated Deductions from Gross Income	107.8	105.8	104.8
Deductions from Adjusted Gross Income	855.8	870.1	886.6
Preferential Rate of Taxation	0.1	0.7	2.3
Credit Against Tax	249.0	255.8	263.7
所得税計	6,058.4	6,385.5	6,805.5
法人税　Corporate Excise			
Exclusions from Gross Income	99.6	97.2	100.3
Deferrals of Gross Income	0.8	0.8	0.8
Deductions from Gross Income	200.1	193.2	199.5
Accelerated Deductions from Gross Income	353.9	346.6	369.0
Adjustment to Apportionment Formula	405.3	390.9	403.6
Exclusions from Property Component	233.4	225.1	232.4
Credit Against Tax	454.3	509.1	540.9
Entity Exempt from Taxation	5.9	6.6	6.8
法人税計	1,753.1	1,769.5	1,853.2
売上税および使用税　Sales and Use Tax			
Exempt Entities	397.6	417.3	441.0
Exempt Products/Services	1,526.9	1,581.3	1,648.2
Exempt, Taxed Under Another Excise	829.8	813.4	799.6
Exempt Component of a Product or Consumed in Production	853.0	867.7	880.8
Exemptions for Specified Uses of Production/Services	966.4	1,000.1	1,036.4
Miscellaneous Exemptions	144.8	149.9	155.4
売上税及び使用税計　Sales and Use Tax	4,718.3	4,829.7	4,961.4
総合計　Grand Total	12,529.8	12,984.7	13,620.2

備考）Executive Office for Administration and Finance Commonwealth of Massachusetts（2015）より引用。合計の端数は合わない。

一方，租税支出の概念を生み出したアメリカでは，地方自治体においても，地方税の税負担軽減措置等の減収額，すなわち租税支出を報告することが一般化している[6]。アメリカにおいて，租税支出レポートを公表しているのは，州政府のみではない。租税支出レポートは公表する都市も存在する。

それでは，アメリカの地方政府が公表している租税支出レポートとは，どのような内容なのだろうか。以下では，アメリカ州政府の代表としてマサチューセッツ州，市政府の代表としてニューヨーク市の租税支出レポートの内容について紹介する。

表4は，マサチューセッツ州の租税支出レポートである Executive Office for Administration and Finance Commonwealth of Massachusetts (2015) からの抜粋である。アメリカの州政府がもつ主な地方税には，所得税，法人税，売上税があるため，これらの租税支出の金額が示されている。

2015年3月に公表された租税支出レポートであるが，2016年の租税支出の金額が表示されている。このことは，租税支出が予算として推計されていることを意味している。

表5は，ニューヨーク市の租税支出レポートである The City of New York Department of Finance Tax Policy Division (2016) の抜粋である。ここでは，住宅向け，商業向け，個人向けに租税支出を分類している。日本の市町村と同様に，アメリカの都市でも基幹的な地方税は固定資産税である。固定資産税の減免は，租税支出に該当する。

表6にあるように，ニューヨーク市の租税支出レポートには，固定資産税の租税支出について，自治区別，さらに政策プログラム別に金額が示されている。

表5 ニューヨーク市の目的別の租税支出（2016年度）

租税支出の目的	金額（百万ドル）	割合（%）
住宅 Residential (housing benefit)	2,864.2	51.2
商業 Commercial	1,983.7	35.5
個人 Individual Assistance	746.4	13.3
合計	5,594.3	100.0

備考）The City of New York Department of Finance Tax Policy Division (2016) より引用。

表6　ニューヨーク市の固定資産税にかかる自治区別・政策プログラム別の租税支出（2016年度）

自治区	住宅関連プログラム	個人補助プログラム	経済開発プログラム	その他	合計
マンハッタン	38,614件	174,663件	1,194件	529件	215,000件
	933.0百万ドル	398.5百万ドル	239.1百万ドル	26.3百万ドル	1,596.9百万ドル
ブロンクス	84,180件	41,659件	802件	47件	126,688件
	172.4百万ドル	42.8百万ドル	84.2百万ドル	0.3百万ドル	299.8百万ドル
ブルックリン	53,180件	78,510件	2,704件	150件	134,544件
	433.8百万ドル	121.7百万ドル	153.1百万ドル	0.5百万ドル	709.1百万ドル
クィーンズ	23,039件	137,040件	2,445件	280件	162,804件
	207.5百万ドル	160.8百万ドル	266.8百万ドル	1.3百万ドル	636.4百万ドル
スタテン島	1,382件	23,572件	569件	1,181件	26,704件
	4.7百万ドル	22.6百万ドル	26.2百万ドル	2.4百万ドル	55.8百万ドル

備考）The City of New York Department of Finance Tax Policy Division（2016）より引用。上段は件数，下段は租税支出額。

　ニューヨーク市は，5つの自治区に分けられるが，自治区によって固定資産税の減免措置に違いがある。マンハッタンのような繁華街には事務所などを誘致し，マンハッタン周辺の自治区に住民を居住させるという地域開発に，固定資産税の減免措置が利用されているのである。

7．地方自治体独自の税負担軽減措置等の見直し：大阪市の事例

　マサチューセッツ州もニューヨーク市も，地方税の独自の税負担軽減措置等の情報を，租税支出レポートとしてまとめている。それでは，日本の地方自治体は，どのような取り組みを行っているだろうか。
　日本においても，地方自治体が独自に地方税の税負担減免措置等を条例によって決定できる。この種の税負担軽減措置等は，地方自治体ごとに異なるために，国が日本全体の税負担軽減措置等の情報として提供することは難しい。本来は，個々の地方自治体によって情報提供がなされるべきだろう。
　アメリカ州政府の租税支出レポートが掲げる理念に近い問題意識をもち，独自の地方税の減免措置について，先進的な取り組みを行っている地方自治体に

大阪市がある。大阪市の取り組みは，他の地方自治体の参考になると考えられるため，本節にて概要を紹介しよう[7]。

大阪市財政局は，2012年度の市政改革プランにおいて，「隠れた支援や見えにくい支援の排除」を掲げ，「市税及び使用料等の減免措置の見直し」を行うとした。

大阪市が市税の減免措置の目的と減免額を公表する視点は，アメリカ州政府の租税支出レポートと同じ問題意識である。実際，大阪市では，個人市民税，法人市民税，軽自動車税，事業所税，固定資産税・都市計画税の減免措置による減免額（行政コスト）が公開されるようになった。減免額とは，すなわち減収額である。

大阪市では，市税の減免措置の見直しにおける基本的な考え方も提示している。第一にA「天災その他特別な事情のある場合」およびB「貧困により生活のため公私の扶助を受けている場合」については，減免を継続するとした。第二に，C「その他特別の事情がある場合」については，C①「上記A，B以外の事由で客観的にみて担税力を喪失した場合」とC②「公益上の必要があると認められる場合」の2つに分けている。

前者のC①「担税力を喪失した場合」については，低所得者や特定非営利法人，公益社団法人・財団法人については，原則的に減免を継続し，その他は廃止または基準の見直しを行っている。後者のC②「公益上の必要があると

表7　大阪市の市税の減免理由別の減免額（2011年度　単位：千円）

税目	A 災害減免	B 生活保護等	C① 担税力考慮	C② 公益性	合計
固定資産税・都市計画税	4,508	16,026	81,774	949,669	1,051,977
個人市民税	1,658	18,260	61,104	0	81,022
法人市民税			66,378		66,378
軽自動車税	0			21,809	21,809
事業所税				365,303	365,303
合計	6,166	34,286	209,256	1,336,781	1,586,489

備考）大阪市（2012）より引用。

認められる場合」については，原則的に減免を廃止している。以上のA，B，C①，C②の減免理由に沿って，2011年度の減免額を分類したものが表7である。

　大阪市では，2012年の見直し以後，毎年の予算案とともに，市税の減免措置による減免額，そして適用期限が到来する減免措置のリストが，Web上で公開されている。次年度の減免措置の見込額が予算案とともに示されることは，予算編成プロセスを意識していることの現れでもある。さらに大阪市では，減免額の総額のみならず，特に法人については，どの法人がどれだけの減免を受けているかの情報も公開している。

　このような取り組みは，アメリカ州政府による租税支出レポートの公開と，相当の類似性をもっており，他の日本の地方自治体にとっても参考になる。今後，日本の地方自治体にとって，税負担軽減措置等の減収額を情報開示する動きが広まることを期待したい。

8．むすび：地方税における税負担軽減措置等の政策評価に向けて

　本章では，地方税における税負担軽減措置の政策評価の現状と課題について検討した。

　第一に，法人税，法人住民税及び法人事業税の租税特別措置等については，総務省行政評価局によって政策評価がなされており，その内容について検討した。「租税特別措置等に係る政策の事前（事後）評価書」には，政策目的，成果指標，減収額といった，租税特別措置を評価する上で必要な項目が網羅されている。

　ところが，同じ政策目的をもつ補助金との比較において重要な減収額について，「政策評価書」の内容には記述の統一性がない。国税と地方税の内訳，税目別の内訳が示されていないものも多い。地方自治体ごとの内訳も示されていない。そのため，補助金との比較は困難である。

　第二に，「地方税における税負担軽減措置等の適用状況等に関する報告書」

も同様に検討した。「報告書」には，税負担軽減措置等の個数，適用額，概要は示されているものの，目的の記載がなく，減収額も掲載されていない。そのため，やはり補助金との比較は不可能である。

以上の「政策評価書」と「報告書」は，地方税の税負担軽減措置の情報提供としては部分的に貢献しているものの，補助金との比較において，税負担軽減措置の政策評価を行うためのツールとしては不十分である。さらには，法人税，法人住民税及び法人事業税の租税特別措置等に限定されていることも，十分でないことは付け加えておきたい。

一方，本章にて紹介したアメリカの地方自治体の租税支出レポートおよび大阪市の事例は，地方自治体独自の税負担軽減措置を対象にしていることが特徴的である。いずれの取り組みも，見える化が重要であるという認識をもっており，その対象が地方自治体の全ての税目が網羅されていることも，「政策評価書」「報告書」とは異なる姿勢だと言えよう。

以上を踏まえるならば，地方税の税負担軽減措置の政策評価を進めるにあたっては，1) すべての地方税の税負担軽減措置を網羅して減収額を統一的に示すこと，2) 地方自治体独自の税負担軽減措置の見える化を推進してゆくこと，以上の2点が重要である。これらの取り組みが浸透しなければ，地方税の税負担軽減措置等の政策評価の進展は困難だろう。

【参考文献】
上村敏之（2008）「所得税における租税支出の推計：財政の透明性の観点から」『会計検査研究』第38号。
上村敏之（2017）「地方自治体の税負担軽減措置について：アメリカ州政府の租税支出レポートを中心に」『会計検査研究』（近刊）。
上村敏之・青木孝浩（2009）『アメリカ連邦政府と地方政府における租税支出レポートの現状と日本財政への適用に関する考察』平成20年度海外行政実態調査報告書，会計検査院。
大阪市（2012）「市税の減免措置の見直しについて」（http://www.city.osaka.lg.jp/zaisei/page/0000173855.html）閲覧日：2016.8.16。
総務省（各年度版）「地方税における税負担軽減措置等の適用状況等に関する報告書」。
立岡健二郎（2014）「租税特別措置の実態と分析」『JRIレビュー』No.14, pp.73-91。

渡瀬義男 (2008)「租税優遇措置：米国におけるその実態と統制を中心として」『レファレンス』第695号.
Brooks, N. (2016) "Policy Forum: The Case against Boutique Tax Credits and Similar Tax Expenditures," *Canadian Tax Journal 64(1)*, pp.65-133.
Executive Office for Administration and Finance Commonwealth of Massachusetts (2015) *Tax Expenditure Budget Fiscal Year 2016*.
Surrey, S.S. (1973) *Pathways to Tax Reform: the Concept of Tax Expenditure*, Harvard University Press.
The City of New York Department of Finance Tax Policy Division (2016) *Annual Report on Tax Expenditures*.

---

(1) 一般的には，税負担軽減措置の方が租税特別措置よりも広い概念であると考えられるので，本章では租税特別措置は税負担軽減措置に含まれるとして記述している．
(2) ただし，何が税制の標準なのかという議論が存在するが，ここでは深入りしない．
(3) 税負担軽減措置を「負の補助金」としてとらえる考え方に「租税支出（もしくは租税歳出）」がある．オリジナルの考え方はSurrey (1973) であり，近年の研究としてBrooks (2016) がある．
(4) 租税特別措置の範囲については立岡 (2014) の整理が参考になる．
(5) 上村 (2017) では，過去の政府税制調査会の答申を振り返ることで，国においては，地方税の税負担軽減措置等の関心が，それほど高くなかったことを指摘している．
(6) 上村 (2017) はアメリカ州政府の租税支出レポートの現状について報告している．2016年現在，50州のうちアラバマ州，サウスダコタ州，ワイオミング州の3州の租税支出レポートは存在しないが，残る47州の租税支出レポートの存在は確認されている．ただし，都市のレベルになると，租税支出レポートの存在を確認することは困難になってくる．
(7) 本節の内容の詳細は上村 (2017) を参照されたい．

地方税に関する納税意識の特徴
―地方税のあるべき方向性―

大阪産業大学経済学部教授
横山 直子
Naoko Yokoyama

はじめに

　地方税のあるべき方向性，そして自主的な税制について検討する際に，納税意識[1]という視点は重要な手がかりの一つになるといえる。特に地方税においては，納税者の納税意識を高めるということがより一層重要である。地方税に関する納税意識については，特有の性質を有している側面が見られ，それぞれの特徴の違いは，徴税制度・納税制度の特徴から生まれるものや，地方税のもつ特質から生じるものであるといえる。地方税全体の納税意識の特徴も地方税特有のものであるといえるが，税ごとにみるとさらに納税意識の特徴がより際立って浮かび上がってくる。例えば，個人住民税に関する納税意識は，納税者にとって国の所得税の納税意識と合わさっている部分が多くあり，地方消費税についても消費税負担者にとって消費税の納税意識に重なり合っている部分があると考えられる。一方，固定資産税については，税負担感の大きさという観点にも注目すべきである。筆者（横山直子）も，例えば横山直子（2008a），横山直子（2016a），横山直子（2016b）などこれまで地方税の納税意識に関する研究をおこなってきている。

　本稿は，地方税の納税意識に着目してその特徴を明らかにするとともに，徴税・納税方法の方向性を検討し，自主的な税制，地方税のあるべき方向性について検討を深めるものである。

1. 地方税の納税意識の意義

1.1 地方税の推移

　地方税の納税意識の特徴を明らかにしていくにあたって，ここではまず税目別の税収の推移をみておきたい。税収の推移を税目別にみることによって，納税意識の特徴を探るための糸口の一つを得ることができると考えるからである。図1-1は，地方税における道府県税に関して道府県民税，事業税，地方消費税，自動車税，不動産取得税に関する税収の推移を2008年から2012年についてみたものである。図1-1によると道府県民税の税収が大きく，2008年では約6兆2,387億円で，その後やや低下傾向となり，2012年ではおよそ約5兆6,288億円である。

　税収の推移の傾向をよりわかりやすくとらえるために，道府県税について道府県税全体のうちで占める割合の推移を税ごとにみたものが図1-2，税収の伸び率の推移をみたものが図1-3である。図1-2より，道府県民税割合は約35％から約40％と高い割合で推移しており，また，2010年から2012年でみると，

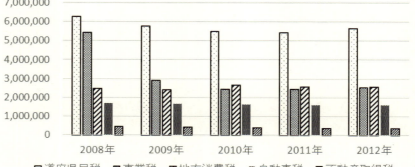

図1-1　地方税（道府県税）の税目別税収推移（単位：百万円）

出所）総務省『地方財政統計年報』（各年度版）より，作成。

図1-2 地方税（道府県税）の税目別割合推移（単位：%）

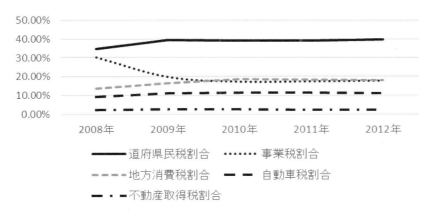

出所）総務省『地方財政統計年報』（各年度版）より，作成。

図1-3 地方税（道府県税）の税目別伸び率の推移

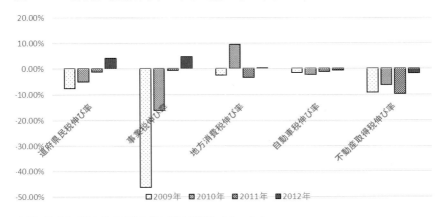

出所）総務省『地方財政統計年報』（各年度版）より，作成。

事業税と地方消費税はいずれも約18％の割合であることがみてとれる。一方，自動車税の割合はおよそ10％から12％くらいで推移し，不動産取得税の割合については約2％から約3％であることがわかる。各税の税収の伸び率に注目してみると，図1-3から自動車税の税収はかなり安定的に推移し，道府県民税，

図1-4　地方税（市町村税）税目別税収推移（単位：百万円）

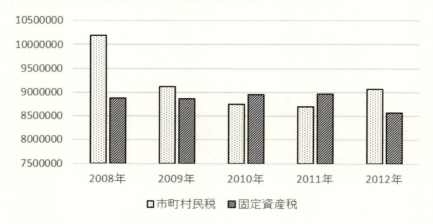

出所）総務省『地方財政統計年報』（各年度版）より，作成。

図1-5　地方税（市町村税）税目別割合推移

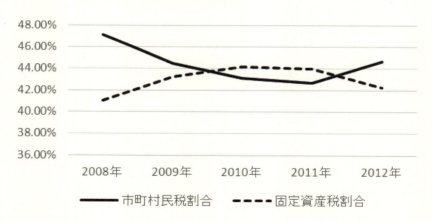

出所）総務省『地方財政統計年報』（各年度版）より，作成。

地方消費税の税収についても比較的安定的に推移するという特徴を有していることがわかる。

　同様に，地方税における市町村税に関して，市町村民税，固定資産税に関す

図1-6 地方税（市町村税）税目別伸び率推移

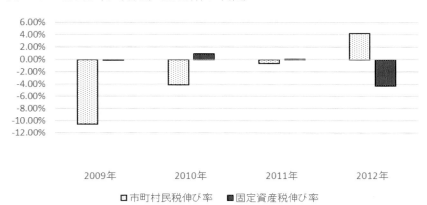

出所）総務省『地方財政統計年報』（各年度版）より，作成。

る税収の推移そして税収割合，伸び率の推移を2008年から2012年についてみたものが，図1-4，図1-5，そして図1-6である。図1-4は，市町村民税と固定資産税の税収の推移を示したものであり，図1-4によると，市町村民税は2008年に約10兆1,969億円であり，その後2011年までは少しずつ低下傾向にあり2012年には約9兆708億円となっており，固定資産税の税収は，2012年に約8兆5,804億円となっている。

市町村税に関する税収の推移の傾向の特徴について，市町村民税と固定資産税の市町村税全体のうちで占める割合の推移（2008年から2012年）を示した図1-5によると，市町村民税の割合は約43％から約47％，固定資産税の割合は，約41％から約44％となっており，いずれも大きな割合で推移していることがわかる。税収の伸び率に着目すると，図1-6より，市町村民税の方が固定資産税よりも若干変動が大きい傾向があるということがわかる。

1.2　納税意識の視点からみた地方税の特徴

ここでは上述1.1でみたことを踏まえて，地方税に関する税目別の税収の推移から，地方税の納税意識の特徴について道府県税，市町村税それぞれの納税

意識の特徴としてどのようなことがいえるかについて検討することとする。なお，本稿において納税意識について，税に真面目に向き合い，税に正しく取り組む姿勢というようにとらえている[2]。

第一に，道府県においては道府県民税，市町村においては市町村民税について税収が大きく，また税収割合でみても大きいため，道府県民税，市町村民税に関する納税意識が高くなる要因となっている可能性があるという点である。ただし，本稿において後に（本稿2，3において）触れるように，国税と合わせた納税意識となっている側面がみられることに注目する必要があり，道府県民税，市町村民税それぞれの納税意識の大きさがどのくらいかであるのかについてしっかりと考察することが重要である。なお，国税の納税意識と合わせた納税意識となっているという点でみれば，地方消費税についても消費税の納税意識と合わせた意識となっている部分がみられることに注目する必要がある[3]。

第二の特徴は，道府県税における自動車税は，税収の伸び率でみると，道府県民税，事業税と比較して増減幅が小さく，安定的に推移していることから，自動車税に関する納税意識は道府県民税，事業税と比べると少し低くなる傾向があると考えられるという点である。

第三に，市町村税における市町村民税と固定資産税の税収の推移からみられる特徴に注目したい。市町村民税と固定資産税を合わせると，市町村税全体のうちで占める割合は約80％を超える大きさで推移しており，市町村税に関する納税意識の特徴として，これら2つの税に納税意識が集まってくる可能性が高いということがいえる。一方，道府県税に関しては，道府県民税，事業税，地方消費税，自動車税を合わせることによって道府県税全体のうちで占める割合が約80％を超える大きさとなり，道府県税に関する納税意識は市町村税の納税意識と比べると，より多くの様々な性質を有しているといえる[4]。

2．地方税の納税意識に関する視点－各税の納税意識の特徴

納税意識そのものは，税によって多彩な特徴を有しているが，ここでは特に

地方税の納税意識に焦点をあて，これまでの貴重な地方税の納税意識に関する研究を概観することによって，地方税そのものに関する納税意識とともにさらに掘り下げて考察するために地方税における各税の納税意識に関する重要な視点について明確にしたい[5]。いずれの研究も本論文にとってきわめて有益であり，本論文において参考にしている。

2.1 地方税の納税意識に関する重要な視点

地方税の納税意識が特有の性質をもっていることの素地となるものが，地方税に備わっているといえる。地方税の納税意識の特質を究明するために，ここでは，特に碓井光明（2001）と，丸山高満（1972b）を参考にしながら地方税の納税意識について考察する。

碓井光明（2001）[6]において，地方税に関する重要な視点についてきわめて詳細に検討がおこなわれており，碓井光明（2001）は，「これまでの地方税制度は，きわめて精緻な制度として組み立てられてきた。それらは，たとえば固定資産税の負担調整のように納税者の急激な負担の増加を緩和するなど，目的においては合理性を有するものがあったが，納税者の理解を超える制度になってしまったといわざるをえない。これは一例であるが，地方税法の本法と附則との関係においても，通常の人が現状の制度を理解することを困難にしている。」[7]と述べられている。また碓井光明（2001）において，「地方税に関しては，複数のアクターが登場する。納税義務者，特別徴収義務者は当然として，直接の課税事務にあたる地方団体の職員，条例の制定にあたる議会（その議員），その提案をする長とそれを補助する職員が存在する。」[8]とされている。

これらのことから，納税意識との関連でみると，納税者にとって（国税と比較しても）地方税を理解することが難しいために地方税に関する納税意識が低くなるという側面と，一方で，実際の地方税の姿をとらえた上での税に対する気持ちというよりも，地方税全体を理解することが難しいため理解が小さくなり，かえって地方税のことが気になることから生じる納税意識が増大するといった側面という両面の特徴を備えているということができる。さらに，地方

税は，賦課課税[9]であるものもあって，地方税の納税意識が低くなるという側面と納税意識が高くなるという側面の両面の性質をもっているということもできる。

　また，丸山高満（1972b）[10]において，租税意識についてきめ細かく述べられており，丸山高満（1972b）は，「公共支出の資金は結局は誰かによって調達されなければならないとする認識は，市民の納税者としての良き意志に支えられ，納税義務に真剣であれとする租税倫理を構築する。しかし，この租税倫理はもっぱら市民の理性によって認識されるものであって感情的には容易に体得されないものである。」[11]と述べられている。

　このことからも，地方税を納税することについて，同じ納税者の意識の中に，税に進んで向き合う姿勢，前向きな気持ちと，一方で税に対する心配や不安に思う気持ちなど様々な気持ちが複雑に合わさって存在しているといえる。以下では，地方税の納税意識についてさらに掘り下げて検討をおこなうために，貴重な地方税の納税意識に関する研究を概観することによって地方税における各税の納税意識に関する重要な視点について考察する。

2.2　地方税における各税の納税意識に関する視点

(1)　個人住民税の納税意識

　個人住民税に関する納税意識に関する重要な視点に注目すると，まず，国税の所得税の納税意識と合わさってとらえられている部分があるということが挙げられる。特別徴収住民税納税者，普通徴収住民税納税者，特別徴収義務者によって意識の大きさ，特徴は様々であるといえるが，いずれも所得税の納税意識と重なりあってとらえられている部分があるということである。個人住民税の納税意識の視点をみるために，ここでは，特に丸山高満（1972c）を参考にしながら考察する。

　個人住民税の納税意識に関連する重要な視点の1つは，前年所得課税であるという点である[12]。丸山高満（1972c）[13]において，前年所得課税の問題について詳細に述べられており，丸山高満（1972c）は，「前年所得課税が課税技術上

採用されている便宜的なものであり，租税哲学から設けられているものではないのであるとすれば，納税者とのコミュニケーションについては，特別の工夫が要請されるものであろう。つまり，租税制度としての必然性を強調するのではなく，より一般利益に合致するものであるとする租税経済効率論が主眼とならざるをえないからである。」[14]とされている。また，2つ目の重要な視点は，課税最低限に関する点である[15]。これらのことから個人住民税の納税意識の関連でみてみると，国税の所得税の納税意識と合わさってとらえられている部分があるといえる一方で，納税者にとっては前年所得課税や課税最低限に関することなど，住民税のもつ特徴について理解しながらも気になっていることが多く，住民税特有の納税意識が存在しているといえる。住民税の納税意識について，住民税には特有の性質があるということを積極的に理解することから生じる税に対して進んで向き合う前向きな気持ちと，一方で税に対する心配や不安に思う気持ちなどが複雑に合わさっているという特徴がみられるのである。

(2) 地方消費税の納税意識

次に，地方消費税に関する納税意識に関する重要な視点に注目すると，住民税と同様，国税の消費税の納税意識と合わさってとらえられている部分があるといえる。また消費税負担者，納税義務者によって，それぞれの意識の特徴があるが，いずれも消費税の納税意識と重なりあってとらえられている部分があるということがいえる。地方消費税の納税意識の視点をみるために，ここでは，特に持田信樹・堀場勇夫・望月正光（2010）を参考にしながら考察する。持田信樹・堀場勇夫・望月正光（2010）[16]において地方消費税の論点について詳細に述べられており，持田信樹・堀場勇夫・望月正光（2010）は，「地方消費税は地方税であるが，その運用はあたかも国税の消費税の「一部」であるかのようになされている。」[17]とされている。

地方消費税の納税意識は，消費税負担者の意識，納税義務者の意識ともに消費税の意識と合わさっている部分が大きいといえるが，地方消費税という存在はしっかりと意識の中に定着しているものであるといえる。さらに言うと，消

費税の納税意識と地方消費税の納税意識は重なり合いながらも，それぞれの納税意識の大きさや形があり，つまり地方消費税部分に対する納税者の感情というものがしっかりと存在しているものといえるが，地方消費税の根本的な特徴は消費税の納税意識の特徴にきわめて近いものであるといえる。

(3) 固定資産税の納税意識

続いて固定資産税に関する納税意識に関する重要な視点に注目すると，地方税の中でも，納税者にとって税の負担感が大きく，納税意識も高くなる特徴を備えているといえる。その理由の1つは，上述1.1，1.2でみたように，固定資産税は税収が大きく，市町村税全体のうちで占める割合でみても大きい割合で推移しているということからである。固定資産税の納税意識の視点をみるために，ここでは，特に山本栄一（1989），森信茂樹（2015）を参考にしながら考察する。山本栄一（1989）[18]では，固定資産税の応益性について詳しく述べられており，山本栄一（1989）は，「土地がすべての市町村に存在し，移動も消耗も生じないという特質は，地域的に細分化された市町村に固有の課税として，いっそう好都合である。固定資産税が市町村の財源であると共に，市町村からの公共サービスの受益に対する負担を意識させる税として，住民による地方自治という点からも，好ましいとされるゆえんである。」[19]とされている。また，森信茂樹（2015）[20]において資産格差と税制について述べられ，森信茂樹（2015）は，「市町村税である固定資産税は，大きな家屋に住んでいる住民は，その分，警察や消防，ごみ処理などのサービスを享受しているので，それに応じて税負担をするべきという応益的な観点から構築されている。このような考え方は，公平性の観点から住民の支持を得やすいものである。」[21]と述べられている。

これらから固定資産税に関する納税意識との関連でみると，固定資産税は，納税者の中に，税に対する意識，感情，気持ちが明確に表れやすい税であるということができる。納税者にとって関心が強くなり，税負担の感度が高くなりやすい税ということもいえる。また固定資産税は地方消費税などと比較しても，

税負担額がはっきりしている税の1つでもあるため,税負担の感度が高くなり,納税意識が明確な形で表れるという特質をもつ税であるということができる。

3. 納税意識と地方税の方向性

3.1 地方税の納税意識の特徴

地方税の納税意識を深く掘り下げてみるためにここで納税協力費[22]について注目したい。納税協力費の大きさをみることで地方税の納税意識の特徴をより一層究明するための端緒をつかむことできると考える。納税協力費に注目する理由は,納税協力費の値が大きいということは納税意識を高める要素を多く含んでいる可能性が大きい税であるということができ,納税協力費の大きさが,測定することが困難である納税意識の大きさを把握する重要な手がかりとなると考えるからである。

(1) 地方税に関する納税協力費の比較

納税協力費の値をみるにあたって,ここでは『税理士報酬規定』[23](近畿税理士会)(以下,税理士報酬規定)より,1件あたりでみた納税協力費について税ごとに計算をおこない,納税協力費の大きさを比較しながら納税意識の特徴を探る。まず,納税意識が比較的高い税であると考えている住民税(普通徴収),住民税(特別徴収),地方消費税,固定資産税に関する納税協力費について着目する。納税協力費として税理士報酬規定における税務代理報酬と税務書類作成報酬を合わせた値(1件あたりでみた値)をそれぞれの税ごとに測定する。なお,住民税(特別徴収)については,特別徴収義務者に関する納税協力費,地方消費税については納税義務者についての納税協力費を測定する。各税の納税協力費の大きさを比較するにあたって基準をそろえてみる必要があるので,ここでは住民税,地方消費税について年取引金額5,000万円未満の水準,固定資産税について固定資産価格5,000万円未満の水準における報酬について測定することとする。

税理士報酬規定より税務代理報酬について，所得税について年取引金額5,000万円未満の水準でみて100,000円であり，住民税に関しては所得税の報酬額の30％相当額とされているので，住民税（普通徴収）についてはその30％である30,000円となる。地方消費税についても住民税の場合と同様に消費税の納税協力費の30％と考えることとし，税理士報酬規定より税務代理報酬について消費税に関して期間取引金額5,000万円未満の水準でみて80,000円であり，地方消費税についてはその30％の24,000円となる。一方，固定資産税に関しては，税理士報酬規定より税務代理報酬について，固定資産価格5,000万円未満の水準でみて65,000円である。

　税理士報酬規定より税務書類作成報酬について，住民税に関して税務代理報酬額の30％相当額，固定資産税に関しては税務代理報酬額の50％相当額とされているので，住民税（普通徴収）については9,000円，固定資産税については32,500円となる。地方消費税については，税務代理報酬の場合と同様に消費税の納税協力費の30％と考えることとし，税理士報酬規定より税務書類作成報酬について消費税に関して税務代理報酬額の50％相当額（40,000円）とされているので，地方消費税についてはその30％の12,000円となる。一方，住民税（特別徴収）については，住民税（普通徴収）の場合と同様，源泉所得税の納税協力費の30％相当額と考えることとし，税理士報酬規定より税務書類作成報酬について源泉所得税に関しては，年末調整関係書類及び給与所得の源泉徴収票（給与支払報告書を含む。）等について1事案につき20,000円とされているので80,000円であり，住民税（特別徴収）についてはその30％である24,000円となる[24]。

　住民税（普通徴収，特別徴収），地方消費税，固定資産税の各税について税理士報酬規定より税務代理報酬と税務書類作成報酬について上記のように測定して合わせた値をそれぞれの納税協力費（1件あたりでみた大きさ）としてみているものが図3-1である。（1件あたり）納税協力費は，大きい順に，固定資産税は97,500円，住民税（普通徴収）は39,000円，地方消費税は36,000円，住民税（特別徴収）は24,000円となっている。

図 3-1　地方税に関する（1件あたり）納税協力費（単位：円）

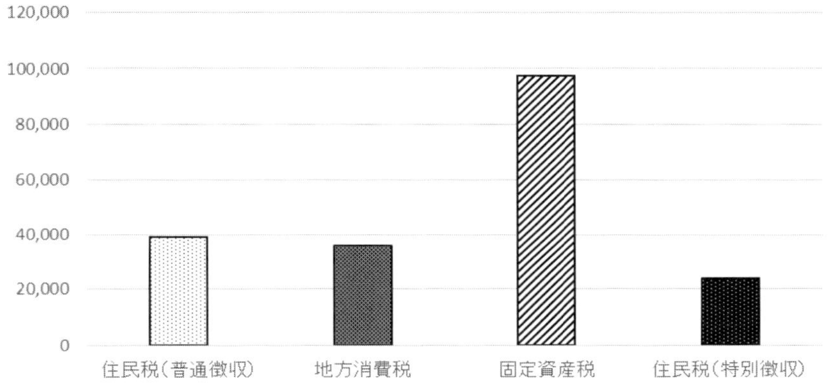

[図：棒グラフ。住民税（普通徴収）約40,000円、地方消費税約36,000円、固定資産税約98,000円、住民税（特別徴収）約24,000円]

出所）近畿税理士会（昭和55年10月制定　平成6年6月一部改正）『税理士報酬規定』，日本税理士連合会　近畿税理士会（平成8年再訂版発行）『税理士報酬規定解説書』（再訂版）によって納税協力費を算出し作成したもの。

　各税の納税協力費の大きさから，各税の納税意識の特徴や大きさを把握するための手がかりとしてどのようなことがいえるだろうか。上記，図3-1から，各税の納税協力費の大きさについて比較すると，このなかで最も納税協力費の値が小さい住民税（特別徴収）と比較して，固定資産税は4.0625倍，住民税（普通徴収）は1.625倍，地方消費税は1.5倍である。固定資産税の納税意識が大きくなる要因の1つとして，固定資産税の納税意識は地方税特有の納税意識の特徴を有しているという点が挙げられる。一方，住民税（普通徴収），地方消費税，住民税（特別徴収）の納税意識は，国税の所得税，消費税と納税意識が合わさっている部分があるといえる。また，納税協力費について，住民税（特別徴収）は特別徴収義務者の納税協力費，地方消費税は納税義務者の納税協力費をみているので，特別徴収住民税，地方消費税の税負担者の納税意識についても考え合わせることが重要である。つまり特別徴収住民税については特別徴収義務者と税負担者の意識，地方消費税に関しても納税義務者と税負担者の意識がそれぞれの特徴を有しながら存在しているということである。

納税意識については税を負担するにあたっての感情が納税意識を形成する重要な要素となってくるといえるため，次に，心理的側面も考慮に入れた上での納税協力費をみることによって納税意識に関する検討を一層深めることとする。

(2)　心理的側面を含めた納税協力費
　上述(1)と同様に，ここで心理的側面を考慮に入れた納税協力費についてみる際にも，『税理士報酬規定』（近畿税理士会）（以下，税理士報酬規定）より測定をおこなう。なお，心理的側面を考慮に入れるので，納税協力費として税理士報酬規定における税務顧問報酬（月額）と税務書類作成報酬を合わせた値（1件あたりでみた値）をそれぞれの税ごとに測定することとする。税理士報酬規定より税務顧問報酬（月額）について税務代理及び税務相談を含むとされており，納税者からみると税務顧問報酬（月額）によって税に対する安心感がかなり増すことになるといえる。上述と同様，納税協力費の大きさを比較するにあたって基準をそろえてみる必要があるので，住民税，地方消費税について年取引金額5,000万円未満の水準における報酬について測定する。
　税理士報酬規定より税務顧問報酬（月額）について，所得税について年取引金額5,000万円未満の水準でみて45,000円であり，住民税に関しては所得税の報酬額の10％相当額とされているので，住民税（普通徴収）についてはその10％である4,500円となる。地方消費税についても住民税の場合と同様に消費税の納税協力費の10％と考えることとし，税理士報酬規定より税務顧問報酬（月額）について消費税に関して所得税の報酬額[25]の50％相当額とされており22,500円であり，地方消費税についてはその10％の2,250円となる。さらに住民税（特別徴収）についても，住民税（普通徴収）の場合と同様，源泉所得税の納税協力費の10％相当額と考えることとし，税理士報酬規定より税務顧問報酬（月額）について源泉所得税に関して所得税の報酬額[26]の30％相当額とされており13,500円であり，住民税（特別徴収）についてはその10％の1,350円となる。一方，税務書類作成報酬については上述(1)[27]によって測定した値と同様とし，住民税（普通徴収）については9,000円，地方消費税については

図3-2　心理的側面を考慮に入れた（1件あたり）納税協力費（月額）（単位：円）

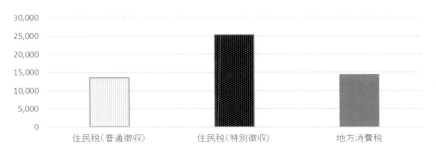

出所）近畿税理士会（昭和55年10月制定　平成6年6月一部改正）『税理士報酬規定』、日本税理士連合会　近畿税理士会（平成8年再訂版発行）『税理士報酬規定解説書』（再訂版）によって納税協力費を算出し作成したもの。

12,000円，住民税（特別徴収）については24,000円である。

　住民税（普通徴収，特別徴収），地方消費税について税理士報酬規定より税務顧問報酬（月額）と税務書類作成報酬について上記のように測定して合わせた値を，心理的側面を考慮に入れた各納税協力費（1件あたりでみた大きさ）としてみているものが図3-2である。心理的側面を考慮に入れた上でみた（1件あたり）納税協力費（月額）は，住民税（普通徴収）は13,500円，地方消費税は14,250円，住民税（特別徴収）は25,350円となっている。

　ここで，心理的側面を考慮に入れた各税の納税協力費の大きさから納税意識の特徴の究明への端緒としてどのようなことがいえるかについて考察しておきたい。上記，図3-2から，心理的側面を考慮に入れた各税の納税協力費の大きさについて比べると，住民税（普通徴収）と比較して，住民税（特別徴収）は1.88倍，地方消費税は1.06倍となっており，上記(1)でみた納税協力費と比較すると違った特質が浮かび上がる。心理的側面を考慮に入れた納税協力費については特別徴収住民税の納税協力費が大きくなっているという特徴がみられ，納税意識の視点からみると，特別徴収義務者における心理的側面からみた負担がかなり大きく，税にかかわる計算に関することなど税のことを常々考えているという特質があり，特別徴収住民税に関する納税意識は高いということがで

きるといえる。また，心理的側面を考慮に入れた納税協力費についても，住民税（特別徴収）は特別徴収義務者，地方消費税は納税義務者についてみているので，特別徴収住民税，地方消費税の税負担者の納税意識についても考え合わせることが重要である。

3.2　納税意識と地方税の方向性

地方税税収の傾向に関する特徴をより幅広い視点からみるために国税について，申告所得税，源泉所得税，法人税，消費税，相続税の税収の推移と税収の伸び率の推移（2008年から2012年）について表したものが図3-3，図3-4である。図3-3によると，税目別の税収推移について，申告所得税，源泉所得税については2008年から2010年までは少しずつ税収が低下傾向にあり，2011年，2012年にかけて増加傾向にあり，法人税の税収は，2008年から2009年は低下傾向，2009年から2012年にかけては増加傾向であり，2011年，2012年においては，税収が多い順に源泉所得税，法人税，消費税，申告所得税，相続税の順となっている。また，図3-3より，源泉所得税の税収が圧倒的に大きく，法人税，消費税についても申告所得税，相続税と比較するとかなり大きいという特徴が

図3-3　国税の税目別税収推移（単位：百万円）

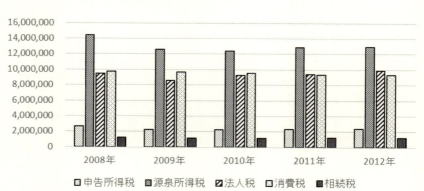

出所）国税庁編『国税庁統計年報書（各年度版）』大蔵財務協会，より作成。

図3-4 国税の税目別伸び率推移

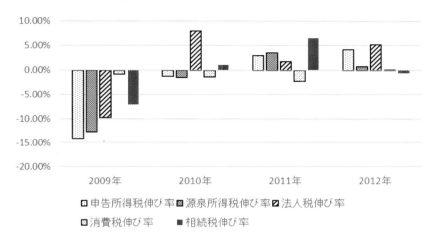

出所）国税庁編『国税庁統計年報書（各年度版）』大蔵財務協会，より作成。

あるといえる。一方，税目別伸び率の推移について注目すると，図3-4から，消費税がかなり安定的に推移していることがわかる。

　国税の税収の推移から，地方税の税収の傾向との関連，また地方税の納税意識について考察すると，以下のようなことがいえる。第一に，国税では源泉所得税，法人税，消費税の税収がかなり大きく，地方税では，上述1.1，1.2でみたように，市町村税において市町村民税と固定資産税について市町村税全体のうちで占める割合が多く，道府県税に関しては，道府県民税，事業税，地方消費税，自動車税を合わせると道府県税全体のうちで占める割合が大きい。納税意識の特徴として，市町村は市町村民税と固定資産税の2つの税に納税意識が集まってくるという特有の性質を有していると考えられ，道府県税に関しては，（また国税に関しても）納税意識は市町村税の納税意識と比べると，より多くの様々な性質を有しているといえる。

　第二に，所得税や消費税，また，道府県民税，市町村民税や地方消費税は税収が比較的大きいのであるが，上述2でみたように所得税と住民税，消費税と地方消費税など国税と地方税で納税意識が合わさってとらえられている部分

があるということに関する点である。源泉所得税では税負担者と源泉徴収義務者，特別徴収住民税では税負担者と特別徴収義務者，また，消費税，地方消費税では税負担者と納税義務者について，いずれも国税と地方税の納税意識が重なりあってとらえられている部分がありつつ，各々の意識の特徴がある。その中でも，上述2でもみたように，例えば，住民税に関する前年所得課税や課税最低限に関する観点など，住民税については納税者，税負担者にとって気になっていることが多く，住民税特有の納税意識として明確な形で存在しているといえる。

　さらに，第三に，地方税には固定資産税のような特有の性質をもつ税が存在しているということである。固定資産税については，受益と負担というものに関する観点から，納税者の中に，税に対する意識，感情，気持ちが明確に表れやすい税であり，納税者の関心が強くなりやすい税といえる。また，固定資産税など，地方税においては税負担額がはっきりしている税があることから，納税意識が明確な形で表れるという特質をもっているということができる。

　これらのことから，納税意識と地方税の方向性をみると，国税と比較して，地方税に関する納税意識は明確ではっきりした形をもっており，納税意識の大きさも高くなるという側面があり，納税意識という観点からみると地方税は望ましいものであるという素地を有しているものといえる。

　納税意識が明確であり，また意識が高くなるという特質をもつことから，徴税制度・納税制度の方向性についても，着実に望ましい方向へ進むための工夫をおこなうことがより一層重要になる。また，納税意識の特徴は税によってそれぞれ特有の性質を有しているため，各税の納税意識の特質をしっかりと把握することがきわめて重要である。税ごとにどのような観点が納税者にとって気になる点であるかをしっかりとらえること，どのようにして納税者の税に対する心配，不安に思う気持ち，感情を低くすることができるのかを税ごとに検討するということが重要なのである。地方税について，納税者の意識の中に税に対して進んで積極的に向き合う姿勢や気持ちと，税に対する心配や不安に思う気持ちなどが複雑に合わさって存在しているので，納税意識の中で，税に対し

て進んで積極的に向き合うという気持ちが増大するという方向での納税意識の高まりの実現を可能にすることの重要性が大きい。例えば，市町村税では市町村民税，固定資産税，道府県税では道府県民税，事業税，地方消費税，自動車税，不動産取得税など，それぞれの税について着実に納税協力費を低く抑えるための方策の検討など，一層よりよい方向へ進むために地道な，きめ細かな工夫が必要になってくる。

むすび

本稿は地方税における納税意識に焦点をあて，地方税全体の納税意識の特徴や地方税における税ごとの納税意識に注目してその特徴を明らかにしながら，自主的な税制，地方税のあるべき方向性について検討を深めているものである。地方税に関する納税意識については，国税の納税意識と比較しても特有の性質を有している側面が見られ，その特徴の違いは，徴税制度・納税制度における特徴から生まれるものや，地方税そのものがもつ特質から生じるものである。本稿において，地方税の税収の推移から，地方税の納税意識の特徴について道府県税，市町村税それぞれの納税意識の特徴としてどのようなことがいえるかについて探った上で，地方税そのものに関する納税意識とともに，各税の納税意識に関する重要な視点について明確にし，さらに納税協力費の観点も考え合わせながら，納税意識と地方税のあるべき方向性について明らかにしている。

本稿の考察，検討から特に強調したい点は，第一に，国税と比較して，地方税に関する納税意識は明確でくっきりとした性質をもつものであり，さらに言えば納税意識の大きさも高くなる傾向があるという点である。第二に，税ごとに様々な特徴をもつ地方税における各税の納税意識の特質をしっかりと丁寧に把握することが重要であるということである。納税者の意識の中に，税に対する積極的に向き合う姿勢と，心配や不安に思う気持ちが複雑に合わさりながら存在しているので，税に対して進んで向き合うという気持ちが増大するという方向での納税意識の高まりを実現することが重要である。地方税の納税意識は

このような特質を有しているということを考え合わせながら，地方税の方向性について検討するにあたって，着実により望ましい方向へ進むため地道できめ細かな工夫をおこなうことが一層重要になる。

【主要参考文献】
Lewis, A.（1982），*The Psychology of Taxation*, Martin Robertson, Oxford.
Schmölders, G.（1970），*Finanzpolitik, Dritte, neu überarbeitete Auflage*, Springer-Verlag, Berlin・Heidelberg・New York.
Sandford, C., M. Godwin and P. Hardwick（1989），*Administrative and Compliance Costs of Taxation*, Fiscal Publications, Bath.
Sandford, C.（2000），*Why Tax Systems Differ; A Comparative Study of the Political Economy of Taxation*, Fiscal Publications, Bath.
Torgler, B.（2007），*Tax Compliance and Tax Morale; A Theoretical and Empirical Analysis*, Edward Elgar Publishing Limited.
石田和之（2015）『地方税の安定性』成文堂．
碓井光明（2001）『要説　地方税のしくみと法』学陽書房．
大原一三（1954）「租税の心理」（日本応用心理学会編集『心理学講座』中山書店（伊吹山太郎・大原一三・菅原教造（1954）『経営心理学における諸問題；租税の心理；衣服心理学』）．
近畿税理士会（昭和55年10月制定　平成6年6月一部改正）『税理士報酬規定』．
国税庁編『国税庁統計年報書』大蔵財務協会．
市町村税務研究会編（2016）『平成28年度版　要説住民税』ぎょうせい．
シュメルダース，G. 山口忠夫・中村英雄・里中恆志・平井源治訳（1981）『財政政策〔第3版〕』中央大学出版部．
総務省『地方財政統計年報』（各年度版）
http://www.soumu.go.jp/iken/zaisei/toukei.html
2016.11.19
田口和夫（1978）「租税心理学について」『税務大学校論叢』12号．
奈良県税制調査会（2014）『望ましい地方税のありかた―奈良県税制調査会からの発信―』奈良県　発行（発売所 清文社）（「地方税に関する徴税・納税制度と納税協力費に関する研究」pp.77-97．（横山直子論文））．
日本税理士連合会　近畿税理士会（平成8年再訂版発行）『税理士報酬規定解説書』（再訂版）．
林健久（2003）『地方財政読本〔第5版〕』東洋経済新報社．
林宏昭（2001）『これからの地方税システム　分権社会への構造改革指針』中央経済社．

松岡章夫・秋山友宏・嵯峨ゆかり・山下章夫共著（2013）『平成25年12月改訂　所得税・個人住民税ガイドブック』大蔵財務協会．
丸山高満（1971）「租税意識とその形成についての一考察(1)」『自治研究』第47巻第11号．
丸山高満（1972a）「租税意識とその形成についての一考察(5)」『自治研究』第48巻第4号．
丸山高満（1972b）「租税意識とその形成についての一考察(6)」『自治研究』第48巻第5号．
丸山高満（1972c）「租税意識とその形成についての一考察(7)」『自治研究』第48巻第6号．
丸山高満（1972d）「租税意識とその形成についての一考察(11)」『自治研究』第48巻第12号．
持田信樹・堀場勇夫・望月正光（2010）『地方消費税の経済学』有斐閣．
森信茂樹（2015）『税で日本はよみがえる—成長力を高める改革—』日本経済新聞出版社．
山本栄一（1989）『都市の財政負担』有斐閣．
横山直子（2008a）「地方財政における効率性と納税意識」『経済情報学論集』第26号．
横山直子（2008b）「納税協力費と納税意識」『経済学論究』第62巻第1号（関西学院大学経済学部研究会）．
横山直子（2009）「所得税と住民税に関する徴税制度・納税制度」『経済情報学論集』第28号．
横山直子（2011）「住民税の前年・現年課税をめぐる問題と納税協力費」『経済情報学論集』第32号．
横山直子（2015）「徴税・納税制度と納税意識に関する研究—所得税・消費税を中心に—」『大阪産業大学経済論集』第16巻第1・2合併号．
横山直子（2016a）『徴税と納税制度の経済分析』中央経済社．
横山直子（2016b）「所得税と住民税に関する納税意識と納税協力費の根拠」『大阪産業大学経済論集』第17巻第2号．
横山直子（2016c）「わが国における納税意識の特徴と徴税・納税制度の方向性—所得税・消費税・住民税を中心に—」2016第73回日本財政学会報告論文．
吉川宏延（2013）『源泉所得税と個人住民税の徴収納付—しくみと制度—』税務経理協会．

---

(1) 納税意識に関して，Schmölders, G. (1970)，Lewis, A. (1982)，Torgler, B. (2007) を参考．本論文の2において，これまでの貴重な納税意識に関する研究についてみているので参考．また，横山直子（2008a），(2008b)，(2015)，(2016a)，(2016b)，(2016c) についても参考．
(2) 納税意識に関して，Schmölders, G. (1970)，Torgler, B. (2007)，横山直子（2016c）を参考．
(3) 地方消費税に関して林健久（2003）pp.154-156参考．
(4) 地方税制度の特徴に関して石田和之（2015）第1章pp.1-19についても参考．
(5) ここで納税意識などに関して，Schmölders, G. (1970)，碓井光明（2001），大原一三（1954），田口和夫（1978），林健久（2003），丸山高満（1971），(1972a)，(1972b)，(1972c)，(1972d)，持田信樹・堀場勇夫・望月正光（2010），森信茂樹（2015），山本栄

一（1989），横山直子（2016a），（2016b），（2016c）について参考。
(6)　碓井光明（2001）pp.279-283.参考。
(7)　碓井光明（2001）p.279.
(8)　碓井光明（2001）p.280.
(9)　市町村税務研究会編（2016）pp.267-288.参考。
(10)　丸山高満（1972b）pp.93-106.参考。
(11)　丸山高満（1972b）p.93.
(12)　市町村税務研究会編（2016）より「所得に対して課する税は，所得発生の時と税の徴収の時が近いことは望ましいものとされているが，所得割においては課税手続の便宜の見地からいわゆる前年所得課税主義がとられている。（市町村税務研究会編（2016）p.25）」また，横山直子（2009），（2011），林宏昭（2001），吉川宏延（2013），松岡章夫・秋山友宏・嵯峨ゆかり・山下章夫共著（2013），も参照。また，林健久（2003）pp.126-134についても参考。
(13)　丸山高満（1972c）pp.133-142.参考。
(14)　丸山高満（1972c）p.135
(15)　市町村税務研究会編（2016）より「雑損控除，医療費控除，社会保険料控除及び小規模企業共済等掛金控除は所得税と原則として同額であるが，その他の控除は所得税よりも低い金額となっている。これによって個人住民税がより広い範囲の住民に負担を求めようとするものであるということがいえる。（市町村税務研究会編（2016）p.142）」また，丸山高満（1972c），横山直子（2009），（2011），林宏昭（2001），吉川宏延（2013），松岡章夫・秋山友宏・嵯峨ゆかり・山下章夫共著（2013），も参照。また，林健久（2003）pp.126-134についても参考。
(16)　持田信樹・堀場勇夫・望月正光（2010）pp.15-23.参考。
(17)　持田信樹・堀場勇夫・望月正光（2010）p.16
(18)　山本栄一（1989）pp.242-243.参考。
(19)　山本栄一（1989）p.242.
(20)　森信茂樹（2015）pp.277-286.参考。
(21)　森信茂樹（2015）p.283.
(22)　納税協力費に関する研究について，サンフォード教授（Sandford. C.）を中心とした研究が有名で多くの研究がある。納税協力費に関して，Sandford, C., M. Godwin and P. Hardwick（1989），Sandford, C.（2000）を参考。
(23)　近畿税理士会『税理士報酬規定』（報酬に関する最高限度額について定められているもの。）なお，現在は用いられていないものであるが，納税協力費測定にあたり基準となる額として参考になると考えられる。また，日本税理士連合会近畿税理士会『税理士報酬規定解説書』（再訂版）についても参考にしている。
(24)　前掲注23にある『税理士報酬規定解説書』（再訂版）と『税理士報酬規定』より，源泉所得税に関しては，税理士報酬規定における税務書類作成報酬について，源泉徴収につい

て（従業員数10人以内として），給与等の源泉徴収票等の法定調書合計表，各支払調書，給与支払報告書（総括表），個人別の源泉徴収票（給与支払報告書を含む）それぞれ20,000円で，20,000円×4＝80,000円となる。

(25) 消費税に関して，税理士報酬規定において所得税又は法人税の報酬額の50％相当額となっているが所得税の基準としてみている（『税理士報酬規定』，『税理士報酬規定解説書』（再訂版）を参照）。

(26) 源泉所得税に関して，税理士報酬規定において所得税又は法人税の報酬額の30％相当額となっているが所得税の基準としてみている（『税理士報酬規定』，『税理士報酬規定解説書』（再訂版）を参照）。

(27) 本論文3.1の(1)における測定方法で算出した値を参照。

地方税総額に対する徴収率という指標の問題点

帝塚山大学経済学部教授

竹本 亨
Toru Takemoto

1. はじめに

　2014年度の地方税の調停額は地方消費税を除いて35兆845億円、徴収率は96％で1兆4,055億円もの税が14年度末では未収となっている。消費税の増税を控え、公平性の点からもできるだけ未収額を減らす必要があるだろう[1]。寺崎（2006）は歳入確保という視点において、徴収率が「地方税がどれだけ収納されているかについての状況を把握するための指標として」これまで利用されてきたと述べている。歳入を増やしていく上で現状を把握・分析することは重要であり、現状を的確に表した指標を選ぶ事がその第一歩と言える。それでは、徴収率という指標、特に固定資産税などの個別の税ではなく地方税総額といった集計された値に対する徴収率は、歳入確保（＝徴税力）という視点において適切な指標と言えるのだろうか。つまり、徴収率の上昇を徴税力の向上または徴税の外部環境の改善と捉えてよいのだろうか、本稿はその点について考えてみたい。

　徴収率は、一見そのわかりやすさもあって、良く目にする指標と言えるだろう（藤木（2016）など）。同時に、誤解も多い指標ではないだろうか。例えば、徴収率の低下はその年度の税収の減少につながるが、必ずしも「1－徴収率」の分の税収が失われたわけではない（寺崎（2006）を参照）。この点について林（2008）は、「滞納分には後年度に回収される部分もあるが、時効による税債権の消滅や滞納処分の執行停止という形で、不納欠損処理される部分も少な

くない」として，不納欠損処理額を「失われた地方税収」と呼んでいる。さらに，失われた地方税収の増加につながる「不納欠損処理すれば表面的には徴収率は上昇する」とも指摘し，不納欠損処理額の対税収比率という指標を分析に使用している。まずは2節で徴収率とそれに関連する指標について整理する。

　実務上はよく目にする一方で，徴収率を利用した学術論文は少ない（西川・横山（2004）や西川（2006），伊藤（2011），石田（2014）など）。これは，地方税の滞納や徴税力を扱った研究があまり多くはない（梅村・小川（2006）や伊多波・壁谷（2011）など）ことと関係しているのかもしれないが，理由は本当にそれだけであろうか。もしかしたら，徴収率という指標の変化や違いからはあまり多くのことがわからないからなのではないだろうか。この疑問が徴収率について筆者が考えはじめた出発点である。

　本稿が主に議論するのは，個人住民税や事業税といった個別の税に対する徴収率ではなく，それら異なる税からの収入を合計した地方税総額に対する徴収率についてである。例えば，リーマンショック後に道府県税の徴収率が前年度より低下したとして，そこから企業の経営環境の悪化と法人二税の徴収率の低下を導き出すことができるのだろうか。3節以降で，地方税総額に対する徴収率という指標が，総合的な徴税力や経済状況といった徴税の外部環境を表しているのかを考えていく。

　マクロ経済学ではGDPや物価といった複数の財・サービスについて集計した変数を扱うことは一般的である。複雑な経済を単一の指標で読み解くことには有意義な面がある。それでは，同様に複数の税から成り立っている地方税総額に対する徴収率という単一の指標を，自治体の徴税力を図る道具として利用してよいのだろうか。GDPに関しては，名目GDPだけを見ていては経済を見誤る場合があるため，実質GDPという指標が生み出された。この徴収率という指標にも同様の問題点がないだろうか。

　ただし，本稿は学術論文で徴収率という指標を使用する場合というよりも，もっと実際的もしくは実務的な面で使用する場合に問題はないかということを議論していきたい。なぜならば，理論的には問題があっても，実際にはある種

の仮定が概ね満たされていて，使用に耐えられるということが考えられる。例えば，一般的には地方税総額に対する徴収率が前年度より下がっていても，特定の税の徴収率も前年度より下がったなどということは言えないだろう。しかし，仮にほとんどの税の調定額と税収が毎年ほぼ一定であり，法人二税の税収のみが上下しているという実態があれば，地方税総額に対する徴収率の下落から法人二税の動きを類推して，景気の悪化を地方税総額に対する徴収率の下落の原因と読み解いてもあまり問題はないかもしれない[2]。

　本稿の構成は以下のとおりである。2節で徴収率の定義を詳述してから，3節で現年課税分と滞納繰越分の合計に対する徴収率について検討を行う。次に，4節では道府県税を対象にして現年課税分と滞納繰越分のそれぞれの徴収率について検討を行い，5節では市町村税を対象に同様の分析を行う。最後に，6節でまとめを述べる。

2．徴収率という指標の定義と問題点

　最初に，徴収率とそれに関連する滞納率等の定義について整理をし，定義から明らかな徴収率という指標の限界について言及したい。表1は2014年度の個人住民税を除いた道府県民税の滞納額などをまとめたものである。現年課税分の調定額は7兆8,559億円，そのうち納期内に収められた納期内収入額が6兆9,723億円で，この差が滞納額8,836億円となる。この滞納額を調定額で除した割合が滞納率11.2％である。そして，滞納額のうち2014年度内に納期を過ぎてから収められたり差し押さえによって徴収されたりしたものが，整理済額8,428億円である。この整理済額を滞納額で除した割合が滞納整理率95.4％である。最後に，現年課税分の納期内収入額と整理済額の合計（＝収入額）を調定額で除した割合が現年課税分の徴収率99.5％である。本稿ではこれを徴収率（現年課税分）と表記する。

　この現年課税分の収入額に還付未済額を加えて欠損処分額を除いた額が，翌年度（この場合は2015年度）の滞納繰越分の調定額となる。2014年度の滞納繰

表1 2014年度の道府県税（個人住民税除く）の滞納率と徴収率　　　　　（単位：百万円）

区分	調定額 ①	納期内収入額 ②	滞納額 ③ (①-②)	滞納率 (③/①)	整理済額 ④	滞納整理率 (④/③)	収入額 ⑥ (②+④)	徴収率 (⑥/①)
現年課税分	7,855,914	6,972,322	883,592	11.2%	842,764	95.4%	7,815,086	99.5%
滞納繰越分	97,929	-	97,929	-	36,915	37.7%	36,915	37.7%
合計	7,953,843	6,972,322	981,521	-	879,679	89.6%	7,852,001	98.7%

（出所）『平成26年度　道府県税の課税状況等に関する調』より筆者作成

越分の調定額979億円のうち年度内に徴収された整理済額は369億円で，これを滞納繰越分の調定額で除した割合が滞納繰越分の徴収率37.7％である。本稿ではこれを徴収率（滞納繰越分）と表記する。なお，滞納繰越分については滞納整理率と徴収率は等しくなる。

　一般に徴収率と呼ばれているものは，現年課税分の収入額と滞納繰越分の収入額の合計（以下では，これを現滞合計の収入額と呼ぶ）を，現年課税分の調定額と滞納繰越分の調定額の合計（以下では，これを現滞合計の調定額と呼ぶ）で除した割合（表1では98.7％）のことである。本稿ではこれを徴収率（現滞合計）と表記する。

　前述からもわかるように，滞納率は「1-徴収率（現年課税分）」ではなく，この2つの指標は徴税活動の異なる面を表している。そのため，梅村・小川（2006）は徴収率のみで自治体の徴税活動を評価するのでは不十分であると指摘している。梅村・小川（2006）によると徴税活動は，①税を滞納させない，②滞納したものを整理する，③滞納繰越したものを整理する，の3つに分類でき，それぞれの状況を示す指標として，①滞納率，②滞納整理率，③徴収率（滞納繰越分）の3つが重要となる。仮に徴収率（現年課税分）が同じAとBという2つの自治体があったとしても，AがBよりも滞納率と滞納整理率の両方が高いという場合があり得る。この場合は，Aは「税を滞納させない」という点ではBよりも問題があるが，「滞納したものを整理する」という点では逆に優れているとなるだろう。当然ながら問題点が異なれば，徴収率を上げる処方箋は違ったものとなるはずである。徴収率（現年課税分）という指標の

みでは，適切な処方箋を見いだせない場合も起こり得るということである。

　さらに，徴収率（滞納繰越分）にも問題点がある。林（2009）は，「滞納繰越分徴収率の分母の調定額が，前年度までに調定された金額のうち収入未済額の総額となっていることから，何年度に課税されたものがどれだけ未済となり残高として分母に残っているのか，また，分子は滞納繰越額のうち何年度課税の税額が収納されたのかが明らかではない」と指摘している。そのため，林（2009）は後年度の徴収も含めた課税年度別の累積徴収額を分子とした徴収率という新たな指標を提案している。

　以上のことから，徴収率（現年課税分）や徴収率（滞納繰越分）といった徴収率という指標だけでは自治体の徴税力やその変動要因を分析するには不十分であり，滞納率や滞納整理率，課税年度別の累積徴収額に対する徴収率といった指標も重要であることがわかった。それでは，不十分であるとしても，徴収率という指標の推移を見ることで何かが読み取れるのかということを考えていきたい。

3．地方税の徴収率の推移

3.1　徴収率の推移

　道府県税の徴収率（現滞合計）について2000～14年度の15年間の推移を表したのが，図1の「道府県税（現滞合計）」のグラフである。同じく市町村税について表したものが「市町村税（現滞合計）」のグラフである。2つのグラフとも，低下していた徴収率（現滞合計）は2002年度を底として上昇している。そして，2007年度をピークとして再び低下していく。この原因として，2006年度税制改正による税源移譲とリーマンショックが考えられるが，詳細については4節で議論する。その後，市町村税については2009年度，道府県税も2010年度を底として上昇していき，両方とも2014年度の徴収率（現滞合計）が過去15年間で最高の値となっている。

　このような徴収率（現滞合計）の変動は，まずは金額の大きい現年課税分の

徴収率の変動が大きく影響していると考えられる。図１の「道府県税（現年課税分）」のグラフが，道府県税の徴収率（現年課税分）の推移を表したものである。同じく市町村税について表したものが「市町村税（現年課税分）」のグラフである。これらのグラフを見てまず気が付くことは，道府県税と市町村税の両方とも現滞合計と現年課税分では変動幅が大きく違うということである。道府県税では最大と最小の差は現滞合計の1.8ポイントに対して現年課税分は0.7ポイント，市町村税では現滞合計の3.7ポイントに対して現年課税分は1.1ポイントである。そして，中盤のピークが徴収率（現滞合計）では2007年度であるのに対して，徴収率（現年課税分）では2006年度と１年早くなっている。また，道府県税については中盤の底も2009年度と１年早くなっている。これらの点から，現滞合計の変動要因の全部もしくは大部分を現年課税分の変動に求めるのは難しいと考えられる。

　ただし，変動幅が違ったり時期がずれていたりするがグラフの上下する形状は似ており，現年課税分の変動に滞納繰越分の変動が影響してこのようになったという可能性はある。そこで，次に滞納繰越分の徴収率の推移について見てみる。図２の「道府県税（滞納繰越分）」のグラフが，道府県税に関する徴収率（滞納繰越分）の推移を表したものである。同じく市町村税について表したものが「市町村税（滞納繰越分）」のグラフである。確かに滞納繰越分の変動幅は大きいが，道府県税と市町村税ともに一時的に下がることはあっても基本的に上昇しており，グラフの形が現滞合計のものとは異なっていると言える。例えば，道府県税の徴収率（滞納繰越分）の2010年度は2008年度から低下しているが2002年度の水準までは下がっていないのに対して，徴収率（現滞合計）の2010年度は2002年度と同水準まで低下している。徴収率（現年課税分）の2010年度は2008年度と同水準であり，滞納繰越分の影響だけでは徴収率（現滞合計）がここまで低下した説明がつかない。市町村税についても，徴収率（現滞合計）の2009年度は前年度より0.3ポイント低下しているが，徴収率（現年課税分）は0.1ポイントの低下で，徴収率（滞納繰越分）は逆に0.3ポイントの上昇となっており，やはり徴収率（現滞合計）の変動の説明がつかない。

図1　地方税の徴収率（現滞合計・現年課税分）の推移（2000～14年度）

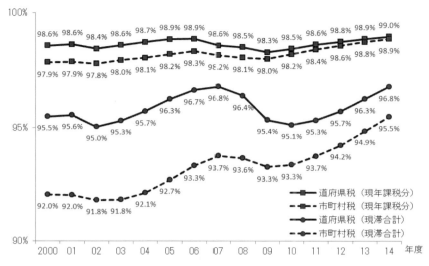

（出所）『地方財政統計年報（平成12～26年度）』の掲載データより筆者作成

図2　地方税の徴収率（滞納繰越分）の推移（2000～14年度）

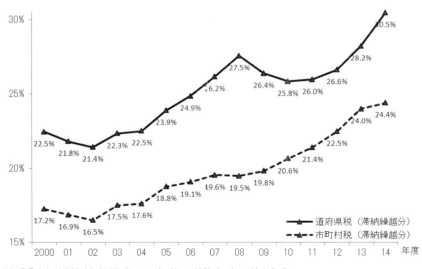

（出所）『地方財政統計年報（平成12～26年度）』の掲載データより筆者作成

3.2 徴収率（現滞合計）の変動要因

それでは，他に何が徴収率（現滞合計）の変動要因となっているのであろうか。図3は現滞合計の調定額に占める現年課税分の割合の推移を表したものである。これを見ると，徴収率（現滞合計）のグラフと形状が似ていることがわかる。例えば，道府県税に関して2007年度から08年度にかけて，この割合がピークである97.5%から97.0%に低下しているが，徴収率（現滞合計）もピークである96.8%から96.4%に低下している。一方で，同時期の徴収率（現年課税分）は0.1ポイントの減少，徴収率（滞納繰越分）は逆に1.3ポイントの上昇となっている。これらからは，現年課税分や滞納繰越分の徴収率の変動が現滞合計の徴収率の変動に影響しただけでなく，現滞合計の調定額に占めるそれぞれの割合の変動も影響したと推測される。つまり，徴収率の高い現年課税分の割合が減少し，徴収率の低い滞納繰越分の割合が増加したことが，現滞合計の

図3　現滞合計の調定額に占める現年課税分の割合の推移（2000～14年度）

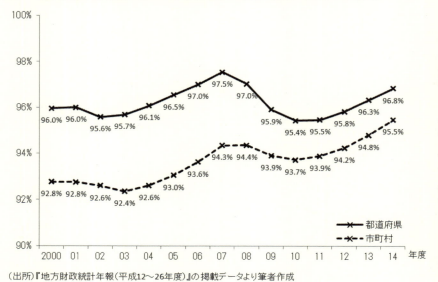

（出所）『地方財政統計年報（平成12～26年度）』の掲載データより筆者作成

徴収率を低下させる要因となったのではないだろうか。

この仮説を検証するために，現年課税分と滞納繰越分の占める割合を15年間の平均に固定した場合の現滞合計の徴収率（以下では，これを修正徴収率（現滞合計）と呼ぶ）$\tilde{r_s^t}$ を以下の式のように算出する。

$$\tilde{r_s^t} = r_c^t \times \overline{w} + r_o^t \times (1 - \overline{w})$$

ここで，r_c^t は t 年度の現年課税分の徴収率，r_o^t は t 年度の滞納繰越分の徴収率，$\overline{w}$ は2000～14年度における現滞合計の調定額に占める現年課税分の割合の平均である。例えば，2007年度の道府県税の修正徴収率（現滞合計）は，2007年度の徴収率（現年課税分）98.6％に現年課税分の平均割合0.962を掛けたものに，徴収率（滞納繰越分）26.2％に滞納繰越分の平均割合0.038を掛けたものを足し合わせて算出する。

図4は，道府県税の修正徴収率（現滞合計）と市町村税の修正徴収率（現滞合計）のグラフを図1に追記したものである。この2つのグラフは，ほとんどの期間でそれぞれの徴収率（現滞合計）のグラフと乖離していることがわかる。さらに，それぞれの徴収率（現滞合計）のグラフと比べて変動が小さいこともわかる。道府県税の修正徴収率（現滞合計）の最大と最小の差は0.9ポイント，市町村税は1.5ポイントである。これは徴収率（現滞合計）の変動幅よりも徴収率（現年課税分）の変動幅に近い。その結果，徴収率（現滞合計）のグラフが修正徴収率（現滞合計）のグラフの上にきたり下にきたりしている。このことから，徴収率（現滞合計）の変動が大きかった要因は，現滞合計の調定額に占める現年課税分と滞納繰越分の割合の変動にあったと言える。さらに，2007年度の徴収率（現年課税分）は前年度よりも低下しているが，これは徴収率（現滞合計）とは異なるが，修正徴収率（現滞合計）とは同じ動きになっている。これも現滞合計の調定額に占める現年課税分の割合の変動が影響していることを示している。

以上の点は，徴税力を分析する場合に徴収率（現滞合計）を指標とすることの危険性を示している。なぜならば，徴収率（現滞合計）が上昇したとしても，必ずしも現年課税分や滞納繰越分の徴収率が上昇したとは限らず，徴税力が上

図4　地方税の修正徴収率（現滞合計）の推移（2000〜14年度）

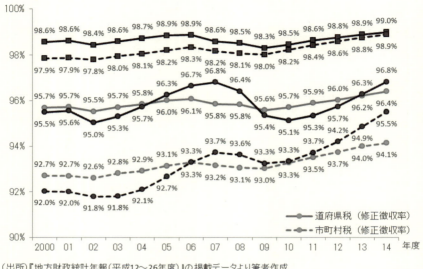

（出所）『地方財政統計年報（平成12〜26年度）』の掲載データより筆者作成

がった結果とは言えない場合があるからである。例えば，道府県税の2007年度を見てみると，徴収率（現滞合計）は前年度より0.1ポイント上昇している。一方で，徴収率（現年課税分）は前年度より0.3ポイント低下して98.6％となり，徴収率（滞納繰越分）は1.3ポイント上昇して26.2％となっている。これを「滞納繰越分の徴収率が上がったために全体としても徴税力が向上した」と捉えるのは早計である。2007年度の現滞合計の調定額に占める滞納繰越分の割合は2.5％しかなく，1.3ポイント程度の上昇では現年課税分の0.3ポイントの低下を上回ることはできない。実際，修正徴収率（現滞合計）では前年度より0.3ポイント低下している。徴収率（現滞合計）が上昇した要因のほとんどは，現滞合計の調定額に占める現年課税分の割合が0.5ポイント上昇したためである。

　徴収率（現滞合計）の変動には，徴収率（現年課税分）と徴収率（滞納繰越分）の変動に加え，現滞合計の調定額に占める現年課税分と滞納繰越分の割合

の変動も影響を与えており，その変動要因は非常に複雑である。よって，徴税力の経年変化の分析や現滞合計の調定額に占める現年課税分と滞納繰越分の割合が異なる自治体間の徴税力の比較を行う場合には，徴収率（現滞合計）を指標として使用することは適切でない場合があると言える。それでは，徴収率（現年課税分）と徴収率（滞納繰越分）は指標として問題がないのだろうか。次にこれらについて詳しく見てみる。

4．道府県税の徴収率

4.1　主な税目の徴収率の推移

最初に道府県税を対象にして徴収率（現年課税分）について見てみる。なお，ここからは各税目の徴収率（現年課税分）も出てくるため，混乱を防ぐためにこれまで単に道府県税の徴収率（現年課税分）と表記していたのを道府県税合計の徴収率（現年課税分）と表記する。さらに，本小節では特に断らない限りは徴収率とは徴収率（現年課税分）のこととする。道府県税合計の徴収率は徴収率（現滞合計）と比べると変動幅は小さいが，徴収率が逓増もしくは逓減しているというわけではなく，何か周期的に変動しているようにも見える（図1）。この変動から何かを読み取ることは可能なのだろうか。もしこれが経済動向の影響を受けた結果なのだとしたら，特定の税目，例えば法人二税が大きく影響を受けている可能性がある。もしくは，柏木（2009）などが指摘する[3]ように2007年度に実施された所得税から住民税への税源移譲が個人住民税に何らかの影響を与えている可能性もある。そして，そのことが道府県税合計の徴収率の変動に影響しているのかもしれない。それらの点を検証するために，まずは主な税目についてそれぞれの徴収率を見てみる。

道府県税の主な税目の徴収率について2000～14年度の推移を表したものが，図5である。これらは，地方消費税を除いて2014年度の道府県税合計[4]の調定額に占める割合の高い5つの税目である。この中で最も徴収率が高いのが法人二税（＝道府県民税法人均等割と同法人税割，事業税の合計）である。一時期

を除いて，その次に高いのが自動車税である。それに続くのが軽油引取税と個人住民税（＝道府県民税個人均等割と同所得割の合計）で，不動産取得税がこの中では一番低い徴収率となっている。

　まず1つ目は経済動向の影響である。図4の道府県税合計の徴収率を見ると，2009年度には前年度よりも0.2ポイント低下しておりリーマンショックの影響を受けたようにも見える。しかし，図5の法人二税の徴収率は0.1ポイント下がっただけであり，そもそも法人二税は5つの税目の中で最も変動幅が小さく最大と最小の差は0.4ポイントしかない。仮に法人二税がリーマンショックなどの経済動向の影響を受けていたとしても，道府県税合計の変動よりも小さく，道府県税合計の変動の主要な要因をリーマンショックの影響を受けた法人二税の変動に求めるのは無理がある。さらに，不動産取得税の徴収率は逓増しており，自動車税も2002年度以降は逓増している。軽油引取税のグラフは上下に波打っているが，2009年度は前年度よりも徴収率が上昇しており，逆に2011年度から14年度にかけては逓減しており，リーマンショックとその後の回復という経済状況と一致しない。詳細な分析，例えば都道府県別の統計分析などを行わずに徴収率が経済動向の影響を受けていないと断定することはできないが，道府県税合計の徴収率の変動のみからリーマンショックなどの経済動向の影響を読み取ることには無理があると言わざるを得ない。

　次に，図4の道府県税合計の徴収率は2007年度から逓減しており，これは所得税から住民税への税源移譲の影響かもしれない。図5の個人住民税の徴収率は2007年度に前年度より0.6ポイント下がっており，税源移譲が個人住民税の徴収率に影響を与えた可能性はある。しかし，そのことが道府県税合計の徴収率にどれだけ影響したかはわからない。なぜならば，他の税目の徴収率が上昇しているにもかかわらず，税収に占める割合が30％程度の個人住民税の徴収率が0.6ポイント下がっただけでは，道府県税合計の徴収率が0.3ポイントも下がらない。さらに，個人住民税の徴収率が2009年度には回復しているにも関わらず，道府県税合計の徴収率はさらに0.3ポイント下がっており，動きが一致していない。この間の道府県税合計の徴収率の変動を，税源移譲による個人住民

図5 主な道府県税の徴収率（現年課税分）の推移（2000～14年度）

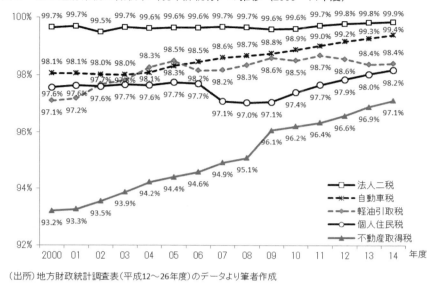

（出所）地方財政統計調査表（平成12～26年度）のデータより筆者作成

税の徴収率の低下の影響として読み取ることは難しいと言える。

　さらに，2009年度は法人二税を除いて徴収率は上昇しており，法人二税も前年度より0.1ポイント下がっただけであるが，道府県税合計の徴収率は0.2ポイントも下がっており，個々の税目の動きからは説明がつかない。このことは，ほとんどの税目で徴収率が上昇しているにもかかわらず，道府県税合計の徴収率からはそのことが読み取れないということでもある。

4.2　徴収率（現年課税分）の変動要因

　前小節では，道府県税の主な税目に関する徴収率（現年課税分）を見たが，道府県税合計の徴収率（現年課税分）の変動をリーマンショックなどの経済動向や税源移譲の影響として読み取ることは正当化できなかった。さらに，個々の税目の徴収率の変動だけからは道府県税合計の徴収率の変動を説明することが難しい場合もあることがわかった。それでは，他のどのような要因が徴収率

の変動に影響しているのであろうか。なお，本小節では特に断らない限りは徴収率とは徴収率（現年課税分）のこととする。

3.2節で示した現滞合計の徴収率の場合と同様に，徴収率の異なる各税目の道府県税合計に占める割合が変化するとそれだけで道府県税合計の徴収率も変化する可能性がある。図6は，道府県税合計の調定額に占める主な税目の割合の推移を表している。2006年度から09年度にかけて大きく変動していることがわかる。これは所得税から住民税への税源移譲によって個人住民税が増加したためである。2006年度に18.3％であった個人住民税が，2009年度には39.9％まで上昇している。逆に，2006年度に48.8％であった法人二税が，2009年度には29.2％に減少している。

そこで，各税目の割合の変動が与える影響を除いた指標として，道府県税合計の調定額に占める主な税目の割合を2000年度の値に固定した場合の道府県税合計の徴収率（以下では，これを修正徴収率（現年課税分）と呼ぶ）$\tilde{r}_c^t$を以下の式のように算出する。

$$\tilde{r}_c^t = \sum_{i \in I} r_{c,i}^t \times w_{c,i}^{2000}$$

ここで，$r_{c,i}^t$はt年度の税目iの徴収率，$w_{c,i}^{2000}$は2000年度における道府県税合計の現年課税分の調定額に占める税目iの割合である。

修正徴収率（現年課税分）は，道府県税合計に占める各税目の割合が変動することの影響を除いた指標である。これと徴収率の動きに違いがあるならば，各税目の割合が変動したことが徴収率の変動に影響を与えていたことを示している。図7は，修正徴収率（現年課税分）のグラフを図1の道府県税の徴収率のグラフに重ねたものである。修正徴収率（現年課税分）の最大と最小の差は0.7ポイントで，徴収率のグラフの変動幅とほぼ同じである。しかし，徴収率のグラフが上下に波打っているのに対して，修正徴収率（現年課税分）のグラフは概ね右上がりと言える。特に，2007年度から09年度にかけて乖離が大きい。これは徴収率の低い個人住民税の道府県税合計の調定額に占める割合が逓増し，徴収率の高い法人二税の割合が逓減したためと考えられる。

個人住民税は都道府県でなく市町村が徴収しており，必ずしも都道府県の徴

図6 道府県税に占める各税目の割合の推移(2000〜14年度,調定額(現年課税分))

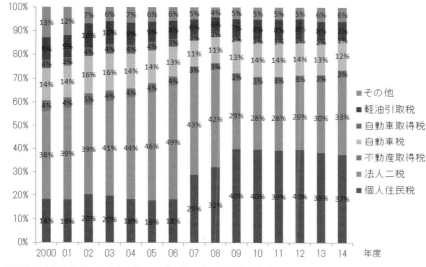

(出所)地方財政統計調査表(平成12〜26年度)のデータより筆者作成

図7 道府県税の修正徴収率(現年課税分)の推移(2000〜14年度)

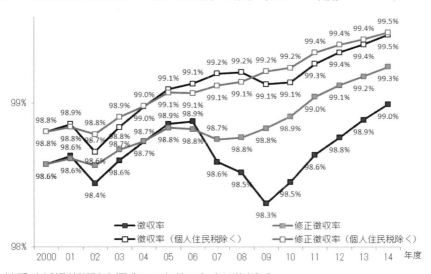

(出所)地方財政統計調査表(平成12〜26年度)のデータより筆者作成

税力とは言えない。そこで，個人住民税を除いた徴収率の推移を見てみる。図7の「徴収率（個人住民税除く）」と「修正徴収率（個人住民税除く）」は，それぞれ個人住民税を除いた道府県税合計の徴収率（現年課税分）と修正徴収率（現年課税分）のグラフである。個人住民税を除いた場合についても，徴収率と修正徴収率に乖離が見られる。

　個人住民税を含めた場合と除いた場合の両方で，2009年度は道府県税合計の徴収率が下がっており，その動きからはリーマンショックで法人二税の徴収率が低下した影響のように見える。しかし，修正徴収率が低下していないことから，少なくとも徴収率の高い法人二税の割合が低下したことが影響しているとわかる。そのため，法人二税の徴収率とその割合の両方が低下した可能性と，徴収率は下がらずにその割合のみ低下した可能性の2つが考えられる。それにもかかわらず，道府県税合計の徴収率の低下だけを見て，リーマンショックにより法人二税の徴税力が低下したと判断するのは早計なのである。詳細に他のデータも見てみると，確かに法人二税の徴収率は0.1ポイント低下しているが，同時に法人二税の現年課税分の調定額が前年度の6兆4,920億円から3兆5,928億円に激減している。これらの複合した結果が道府県税合計の徴収率の低下につながっているのであるが，逆にそのことを道府県税合計の徴収率の低下から読み取ることは不可能である。

4.3　徴収率（滞納繰越分）の変動要因

　本小節では，道府県税を対象にして徴収率（滞納繰越分）について見てみる。ここでの主眼も徴収率（滞納繰越分）の変動から何かを読み取ることは可能かという点である。なお，本小節では特に断らない限りは徴収率とは徴収率（滞納繰越分）のこととする。

　道府県税の主な税目の徴収率について2000～14年度の推移を表したものが，図8である。これらは，地方消費税を除いて2014年度の道府県税合計[5]の調定額に占める割合の高い5つの税目である。ただし，軽油引取税は2005年度から急激に徴収率が上昇して，2014年度には84.9％に達したため，グラフが途中か

ら枠外となって表示できていない。軽油引取税の次に徴収率が高いのが法人税である。一時期を除いて，その次に高いのが不動産取得税である。それに続くのが個人住民税で，法人二税がこの中では一番低い徴収率となっている。

　4.2節の徴収率（現年課税分）の場合と同様に，徴収率の異なる各税目の道府県税合計に占める割合が変動したことによる影響を見てみる。道府県税合計の調定額に占める主な税目の割合を2000年度の値に固定した場合の道府県税合計の徴収率（以下では，これを修正徴収率（滞納繰越分）と呼ぶ）$\tilde{r}_o^t$を以下の式のように算出する。

$$\tilde{r}_o^t = \sum_{i \in I} r_{o,i}^t \times w_{o,i}^{2000}$$

　ここで，$r_{o,i}^t$はt年度の税目iの徴収率，$w_{o,i}^{2000}$は2000年度における道府県税合計の滞納繰越分の調定額に占める税目iの割合である。

　図9が，道府県税合計の修正徴収率（滞納繰越分）の推移をグラフにしたものである。税源移譲によって道府県税合計の調定額に占める個人住民税の割合は，2007年度の46.2％が2008年度に55.6％に上昇し，その後も年々上昇していき2014年度には76.2％になっている。この影響によって，2009年度から14年度にかけて徴収率と修正徴収率（滞納繰越分）は乖離し，徴収率のグラフがU字型になっているのに対して，修正徴収率（滞納繰越分）は右上がりのままである。このことから，徴収率が2009年度から下落しているのは，税源移譲によって徴収率の低い個人住民税の割合が増加したことも影響しており，必ずしも個人住民税の徴収率が低下したためだけではないことがわかる。

　さらに，個人住民税を除いた道府県税の徴収率と修正徴収率（滞納繰越分）のグラフが図9の「徴収率（個人住民税除く）」と「修正徴収率（個人住民税除く）」である。この場合も，徴収率と修正徴収率に乖離が見られ，2009年度は徴収率が前年よりも下がっているのに対して，修正徴収率は上昇している。

　以上から，現年課税分の場合と同様に，2009年度における道府県税合計の徴収率の低下を，税源移譲による個人住民税の徴収率の低下やリーマンショックによる法人住民税の徴収率の低下の影響として読み取ることには無理があると言える。

図8 主な道府県税の徴収率（滞納繰越分）の推移（2000〜14年度）

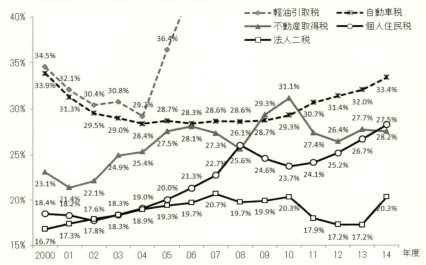

(出所)地方財政統計調査表(平成12〜26年度)のデータより筆者作成

図9 道府県税の修正徴収率（滞納繰越分）の推移（2000〜14年度）

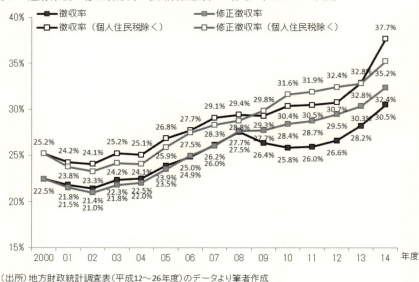

(出所)地方財政統計調査表(平成12〜26年度)のデータより筆者作成

5．市町村税の徴収率

5.1　徴収率（現年課税分）の変動要因

　本節では市町村税について見てみる。なお，ここからは各税目の徴収率（現年課税分）も出てくるため，混乱を防ぐためにこれまで単に市町村税の徴収率（現年課税分）と表記していたのを市町村税合計の徴収率（現年課税分）と表記する。なお，本小節では特に断らない限りは徴収率とは徴収率（現年課税分），修正徴収率とは修正徴収率（現年課税分）のこととする。市町村税の場合も，徴収率は道府県税とよく似た変動を示している。つまり，2002年度を1つ目の底としてU字型のグラフを描き，2007年度をピークとして再び低下し，2009年度を2つ目の底として再び上昇している（図1）。

　道府県税の場合と同様に，まずは主な税目についてそれぞれの徴収率を見てみる。市町村税の主な税目の徴収率について2000〜14年度の推移を表したものが，図10である。これらは，2014年度の市町村税合計[6]の調定額に占める割合の高い5つの税目である。この中で最も徴収率が高いのが法人住民税（＝市町村民税法人均等割と同法人税割の合計）である。その次に高いのは，2004年度以前は個人住民税（＝市町村民税均等割と同所得割の合計），2005年度以降は固定資産税と都市計画税である。そして，軽自動車税がこの中では一番低い徴収率となっている。

　1つ目の検証点である経済動向の影響であるが，図4の市町村税合計の徴収率によると，2009年度には前年度よりも0.05ポイント低下しておりリーマンショックの影響を受けたように見える。そこで図10を確認すると，法人住民税も0.04ポイント下がっており，さらに法人住民税以外の税はすべて徴収率が上昇している。よって，この市町村税合計の徴収率の低下は，リーマンショックによる法人住民税の徴収率低下が原因かもしれない。

　さらに，税源移譲の影響についてであるが，市町村税合計の徴収率は税源移譲実施の2007年度より逓減している。そして，個人住民税の徴収率も前年度よ

図10 主な市町村税の徴収率（現年課税分）の推移（2000〜14年度）

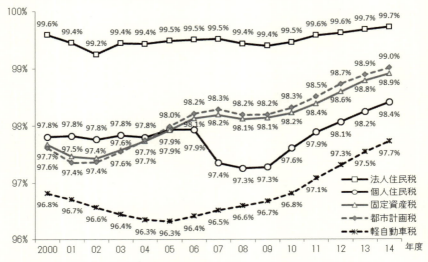

（出所）地方財政統計調査表および東京都税務統計年報（平成12〜26年度）のデータより筆者作成

り0.5ポイント下がっており，税源移譲が個人住民税の徴収率に影響を与えた可能性がある。さらに，他の税はすべて徴収率が上昇しているにもかかわらず，市町村税合計の徴収率が低下しており，これは税源移譲による個人住民税の徴収率低下の影響と考えてよいかもしれない。

ただし，4節の道府県税の場合と同様に，徴収率の異なる各税目の市町村税合計に占める割合が変動したことによる影響の可能性もあるので，前節と同様の分析を行う。図11は，市町村税合計の調定額に占める主な税目の割合の推移を表したものである。2007年度に実施された税源移譲によって個人住民税が増加しているが，2006年度の31.0％が2009年度に36.0％になっているだけで，都道府県ほどの変化ではない。一方で，法人住民税は2006年度の14.0％が2009年度に8.6％に減少している。

次に，市町村税合計の調定額に占める主な税目の割合を2000年度の値に固定した場合の市町村税合計の徴収率である修正徴収率を算出する。図12は，修正

図11　市町村税に占める各税目の割合の推移（2000〜14年度，調定額（現年課税分））

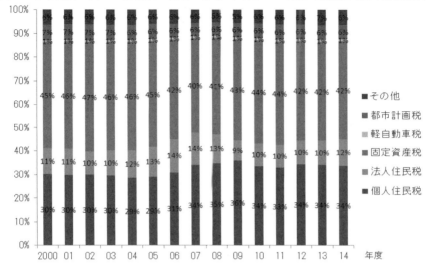

(出所)地方財政統計調査表および東京都税務統計年報(平成12〜26年度)のデータより筆者作成

図12　市町村税の修正徴収率（現年課税分）の推移（2000〜14年度）

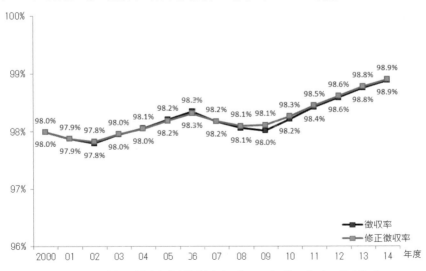

(出所)地方財政統計調査表および東京都税務統計年報(平成12〜26年度)のデータより筆者作成

徴収率のグラフを図1の市町村税の徴収率のグラフに重ねたものである。図11が示すように，市町村税合計の調定額に占める各税目の割合は道府県税ほどには変動していないため，修正徴収率は徴収率とほとんど乖離していない。よって，2007年度の市町村税合計の徴収率低下は，税源移譲による個人住民税の徴収率の低下が原因であると考えてよいかもしれない。しかし，2009年度の修正徴収率は徴収率と異なり前年度より上昇しており，そもそもリーマンショックによる影響が見いだせない。

5.2 徴収率（滞納繰越分）の変動要因

次に，市町村税合計の徴収率（滞納繰越分）について見てみる。なお，本小節では特に断らない限りは徴収率とは徴収率（滞納繰越分），修正徴収率とは修正徴収率（滞納繰越分）のこととする。市町村税の主な税目の徴収率について2000〜14年度の推移を表したものが，図13である。これらは，2014年度の市町村税合計[7]の調定額に占める割合の高い5つの税目である。一時期を除いて，徴収率が最も高いのが都市計画税である。それに続くのが個人住民税と軽自動車税，固定資産税で，法人住民税がこの中では一番低い徴収率となっている。

税源移譲によって市町村税合計の調定額に占める個人住民税の割合は，2007年度の33.7％が2008年度に37.8％に上昇し，その後も年々上昇していき2014年度には44.1％になっている。これまでの場合と同様に，徴収率の異なる各税目の市町村税合計に占める割合が変動したことによる影響が考えられるので，同様の分析を行う。図14が，市町村税合計の調定額に占める主な税目の割合を2000年度の値に固定した場合の市町村税合計の徴収率である修正徴収率の推移をグラフにしたものである。2008年度から14年度にかけて徴収率と修正徴収率は乖離している。しかし，現年課税分とは異なり修正徴収率の方が徴収率を下回っている。図13を見ると，市町村税合計の調定額に占める割合が上昇している個人住民税の徴収率は，2005年度以降は1番もしくは2番目に高い値となっており，そのことが現年課税分とは異なる乖離を生んでいる。

修正徴収率でも2008年度は前年度よりも値が低下しているため，市町村税合

地方税総額に対する徴収率という指標の問題点　133

図13　主な市町村税の徴収率（滞納繰越分）の推移（2000～14年度）

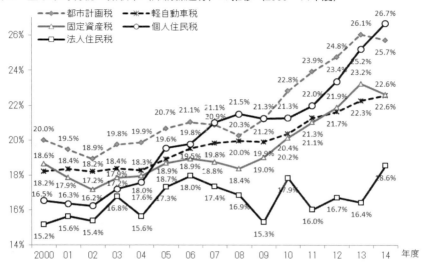

（出所）地方財政統計調査表および東京都税務統計年報（平成12～26年度）のデータより筆者作成

図14　市町村税の修正徴収率（滞納繰越分）の推移（2000～14年度）

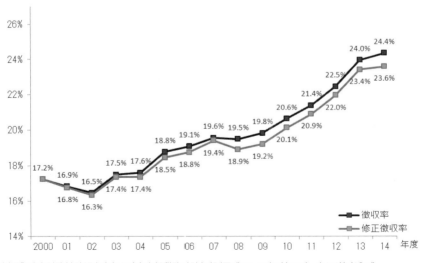

（出所）地方財政統計調査表および東京都税務統計年報（平成12～26年度）のデータより筆者作成

計の徴収率の動きを税源移譲による個人住民税の徴収率の低下が主因と読み取ってもよいように思える。ところが，図13を確認すると，2008年度の個人住民税の徴収率は前年度よりも上昇しているのである。逆に，市町村税合計の徴収率が上昇している2009年度に，個人住民税の徴収率は低下しており，これこそ税源移譲の影響かもしれない。今回も，安易に市町村税合計の徴収率の変動のみから税源移譲による個人住民税の徴収率の低下を読み取ることは危険であることを示した例と言える。

6．おわりに

　徴税力を向上させて歳入確保を進めるためには，第一に現状を把握・分析することが必要であり，そのための指標として何を選ぶかは重要である。従来は，徴収率が歳入確保の点で重要な指標として捉えられてきた。その中には，固定資産税などの個別の税に対する徴収率だけでなく，地方税総額に対する徴収率についても取り上げられることが多々見受けられる。しかし，複数の異なる税からの収入を合計した地方税総額には様々な要因が関係しており，そこから何らかの情報を得ることが可能であるかは自明とは言えない。本稿では，地方税総額に対する徴収率という指標が，総合的な徴税力や経済状況といった徴税の外部環境を表しているのかを検討した。

　まず，現年課税分と滞納繰越分を合わせた現滞合計に対する徴収率の推移は，構成要素である現年課税分と滞納繰越分のそれぞれの徴収率の変動に加え，現滞合計の調定額に占める現年課税分と滞納繰越分の割合の変動からも影響を受けていることが明らかとなった。つまり，現滞合計の徴収率の変動要因は非常に複雑であり，徴税力の推移を分析する場合の指標として現滞合計の徴収率は適切ではないと言える。そして，そのことを無視すれば，例えば次のような誤った政策を生む可能性もある。それは，前年度よりも滞納繰越分が増加し，当該年度に努力して滞納繰越分の徴収率を上昇させたようなケースである。担当者は努力が数字に結びつくことを願うだろうが，この場合には調定額に占め

る滞納繰越分の割合が増加した効果の方が滞納繰越分の徴収率の改善効果よりも大きく影響して，現滞合計の徴収率は前年度よりもかえって低下する可能性が高い。この数字を信じて，さらに滞納繰越の徴収を強化しようと人員を増やせば，過大なコスト増となり徴税の効率性を下げる結果となりかねない。誤った現状認識が，誤った処方箋を導き出すのである。

次に，道府県税合計の現年課税分と滞納繰越分のそれぞれの徴収率の推移は，各税目の徴収率の変動に加え，道府県税合計の調定額に占める各税目の割合の変動からも影響を受けていることが明らかとなった。そのため，道府県税合計の徴収率の動きを分析しただけで，それがリーマンショックによる法人二税の徴収率の低下の結果であるとか，税源移譲による個人住民税の徴収率の低下の結果であるとかを判断することは不可能であることがわかった。

市町村税については，以下の理由から少し違うケースがあった。第1に市町村税合計の調定額に占める各税目の割合の変動が，2000～14年度の15年間については道府県税よりも小さかった。第2に，個人住民税と固定資産税の占める割合が高いため，この2つの徴収率の変動が全体に大きく影響していた。そのため，現年課税分については市町村税合計の徴収率の動きから税源移譲の影響を読み取れたと考えてもよいかもしれない。しかし，滞納繰越分については同様のことは言えなかった。

以上のことから，道府県税にしても市町村税にしても，その地方税総額の徴収率の動きから，徴税の外部環境の変化とそれによる該当する税の徴収率の変動を読み取ることは，多くの場合は実際上も難しいと言えるだろう。そのため，そのような分析はやってはいけない不適切なものと言えるだろう。

それでは，現滞合計の徴収率は役に立たない指標だとしても，現年課税分と滞納繰越分に分けた徴収率も同様に役に立たない指標なのだろうか。必ずしもそうとは言えない。これらの指標を使った分析は，健康診断のようなスクリーニング検査であると考えてはどうだろうか。つまり，現年課税分や滞納繰越分の徴収率で問題があるかもしれない年度や自治体を見つけ出し，個々の税収の徴収率や徴収額といった詳細なデータで確定診断を行うというように考えれば

これらの指標も有用ではないだろうか。その場合も気を付けなければいけないのは，健康診断と同じくスクリーニングに引っかからない病気もあるということであろう。

【参考文献】
石田三成（2014）「地方交付税制度が徴収率に与える効果の推定：行革インセンティブ算定の効果と交付税制度に内在する歪みの検証」『経済分析』第188号，22-43頁。
伊多波良雄・壁谷順之（2011）「滞納と脱税を考慮する時の地方税滞納対策に関する研究」『経済学論叢』第63巻第1号，29-63頁。
伊藤敏安（2011）「都道府県別にみた地方税の徴収・不納欠損・滞納繰越の状況」『地域経済研究』第22号，41-81頁。
梅村竜也・小川光（2006）「都道府県税の滞納と不納欠損」『会計検査研究』第33号，51-69頁。
獺口浩一（2010）「地方税徴収効率の数量分析―地方団体間比較可能なベンチマーク的手法の検討と生産性評価」『琉球大学経済研究』第80号，81-104頁。
柏木恵（2009）「地方自治体の共同徴収の現状と今後の方向性」『税』第64巻第7号，20-38頁。
壁谷順之・伊多波良雄（2008）「地方税の徴税効率性とその変動要因分析」『同志社政策科学研究』第10巻第1号，15-31頁。
寺﨑秀俊（2006）「地方税の徴収対策の現状と課題」『地方税』第57巻第10号，43-67頁。
西川雅史（2006）「徴税の費用対効果」『税に関する論文入選論文集』第2号，1-31頁。
西川雅史・横山彰（2004）「地方政府の徴税インセンティブ―徴収率の格差と地方交付税制度」『日本経済研究』第50号，165-179頁。
林智子（2005）「わが国の滞納の実態と税務行政」『関西学院経済学研究』第36号，153-173頁。
林智子（2007）「固定資産税の徴税効率に関する地域間格差と要因分析」『地方税』第58巻第2号，147-159頁。
林智子（2009）「租税徴収率指標の再検討と地方税徴収率格差の要因分析―アンケート調査と実態調査から」『経済学論究』第62巻第4号，97-124頁。
林宜嗣（2008）「分権時代における地方税の効率化とその意義―財政的観点からその問題点と今後の行方を考える―」『税』第63巻第5号，4-19頁。
藤木暢人（2016）「平成26年度市町村税徴収実績の概要」『地方税』第67巻第4号，30-59頁。

(1) ただし，徴収率を上げるために人員を無制限に増やして徴税コストを大幅に増加させることは避けるべきである。寺崎（2006）は，地方税の徴収対策は歳入確保と効率化に分類でき，この2つのバランスを取るのは難しい問題であると指摘している。なお，徴税の効率性を分析した研究としては西川（2006）や梅村・小川（2006），林（2007），壁谷・伊多波（2008），鑓口（2010）がある。
(2) 林（2005）は国税について滞納の回収率と景気との関係を1983～2002年のデータを使用して分析し，源泉所得税と申告所得税，法人税，消費税について景気が上昇すれば滞納の回収率が増加することを示した。
(3) 柏木（2009）は個人住民税の滞納額が2007年度に1,300億円増加したことを挙げて，税源移譲により個人住民税の調定額が増加すると滞納額自体も増加することの危険性を指摘している。
(4) 本小節では，特に言及しない限りは，道府県税合計とは現年課税分のみの道府県税の合計を指す。
(5) 本小節では，特に言及しない限りは，道府県税合計とは滞納繰越分のみの道府県税の合計を指す。
(6) 本小節では，特に言及しない限りは，市町村税合計とは現年課税分のみの市町村税の合計を指す。
(7) 本小節では，特に言及しない限りは，市町村税合計とは滞納繰越分のみの市町村税の合計を指す。

地方独自課税（法定外税）導入をめぐる国と地方の関係
～関空連絡橋税を事例に～

奈良県立大学講師

鶴谷 将彦
Masahiko Tsuruya

はじめに

　地方自治体が，地方独自課税制度に関する要件を緩和されて十数年が経過した。この要件緩和は，1999年の地方分権一括法成立に伴い，国と地方自治体は対等な関係になったと位置づけられたとみなされ導入された。これを契機として都道府県や基礎自治体では，ユニークな法定外課税を検討し導入する自治体が増えている。2016年4月現在で，超過課税を含まず，地方独自課税におけるいわゆる法定外税を導入している自治体は，都道府県で33都道府県，市区町村で13市区町村にのぼる。

　このように，自治体にとって人口減少時代における税収が減少傾向にある中で，課税自主権を行使し，地方独自課税をすることは，一見すると魅力的ではあるが，導入に向けたハードルが非常に高いというのも事実である。そのため，現実的に導入を検討しては，あきらめている自治体が多いというのも事実である。その中で，何年もの検討を重ね，2013年から法定外税として導入されているのが，大阪府泉佐野市の空港連絡橋利用税（以下では関空連絡橋税と略す。）である。

　この税は，2009年に国有化された関西国際空港にかかる連絡橋に対し，自動車で通行する運転手に税金をかける方法をとっている。果たして，泉佐野市は，どのように地方独自課税である関空連絡橋税を導入したのであろうか。本稿は，

この事例を通じて，地方独自課税の導入過程における国と地方自治体の関係について，改めて検討していくこととする。

なお，本稿の構成は，以下のとおりである。1で地方独自課税における法定外税の現状とその導入に必要な仕組みを紹介する。次に2では，地方独自課税における法定外税をめぐる論点について，先行研究の整理を行いながら紹介し，本稿が取り上げる大阪府泉佐野市の関空連絡橋税について，注目する理由を述べる。それを受けて3では，関空連絡橋税導入過程について時系列的に紹介し，導入の要因を説明する。そして4では，本稿の結びとして地方独自課税の導入過程における国と地方自治体の関係について，改めて論じることとする。

1　地方独自課税：法定外税の現状

ここではまず，地方独自課税の現状について説明していきたい。

地方独自課税には，大きく分けて二つの課税方式が存在する。一つは，法人二税とりわけ法人都道府県民税等の超過課税である。そしてもう一つが，要件緩和以降注目を集め2000年代以降，導入が目立つ法定外税である。

1999年の地方分権一括法の成立に伴い，国と地方は対等となった。本稿が注目する税制の分野に関しても，2000年4月に，法定外税制定の要件として定められていた二つの積極要件と三つの消極事由が大幅に見直しされることとなった。まず，二つの積極要件が，この国の意向が入り込み，地方自治を推進する観点からそぐわないとして，削除された。そもそもこの積極要件は，従来法定外税の制定には，税制がまちまちになることで生じる税負担の不均衡を防ぐために，総務大臣の許可が必要とされていた[1]（林2013：85）。そして地方税法671条に定められていた三つの消極事由が，総務大臣の同意制となった。消極事由は，①関税やほかの地方税と課税基準を同じくし，かつ住民の負担が過重にならないこと，②地方政府間における物の流通に重大な障害を生じさせないこと，③国の経済政策との整合性を損なわないこと，の三つである（林2013：85）。

法定外税の導入状況に関しては，法定外普通税と法定外目的税の二つが存在するため，それぞれの状況について紹介する。法定外普通税として代表的なものは，1970年代に沖縄県で導入された「石油価格調整税」である。これは，離島における石油製品の価格を安定させるために設けられた税金である。そして，青森県や福井県など原子力発電所が存在する12道県で導入され，核燃料の取扱いに応じ，原子力事業者に対する「核燃料税」「核燃料（物質）等取扱税」である[2]。市町村レベルでは，神奈川県山北町の砂利採取税や静岡県熱海市の別荘等所有税，鹿児島県薩摩川内市の使用済核燃料税，東京都豊島区のワンルームマンションの建設時に課税する狭小住戸集合住宅税，福岡県太宰府市の一時有料駐車場利用者に対する歴史と文化の環境税，そして大阪府泉佐野市による空港連絡橋利用税が導入されている。

　法定外目的税として，都道府県レベルでは，三重県など27の道府県で導入されている，産業廃棄物税がある。ユニークな税もこの項目ではあり，東京都の宿泊税や岐阜県の乗鞍環境保全税がある。市町村レベルで導入されている法定外目的税としては，6つの税[3]が存在する。それは①京都府城陽市の山砂利採取税[4]，②山梨県富士河口湖町の遊漁税，③福岡県北九州市の環境未来税，④新潟県柏崎市の使用済核燃料税，⑤大阪府箕面市の開発事業等緑化負担税，そして⑥環境協力税の名で行われているが，実質「入島税」として島へ入る度に税を課される制度であり，沖縄県伊是名村・伊平屋村・渡嘉敷村の3村で導入されている。

　これら法定外税の導入状況をみれば，一見すると導入に関して各自治体は積極的なように見えるかもしれないが，導入に関して問題になった法定外税も存在する。2004年，神奈川県横浜市がJRA場外馬券場への課税として導入を検討したいわゆる勝馬投票券発売税であった。このケースは，総務大臣が国の経済施策に照らして適当でないと同意せず，国と地方が対等であるということを制度的に保障している国地方係争処理委員会に議論が委ねられた。この委員会は，地方公共団体に対する国の関与について国と地方公共団体間の争いを処理することを目的に，総務省に置かれる合議制の第三者機関であり，この委員会

の判断[5]が注目されたが，最終的に横浜市が撤回することとなった。

　地方独自課税の法定外税は，2000年以降，国による地方自治体の独自課税に対する要件緩和の影響もあり，徐々に全国的に広がりを見せている。しかし，すべての自治体が導入出来るほどの要件緩和ではなく，都道府県レベルの極めて限定された領域（原子力発電所関係や産業廃棄物関係）にとどめられている。また市町村レベルを見ても，観光地や島など特殊な事情を背景に，極めて限定化された課税対象層（富裕者層や観光客等）への課税に限定されているといってよい状況である。

2　法定外税をめぐる論点（先行研究の整理）

　ここでは，地方独自課税をめぐる論点について，これまでの先行研究を整理し，本稿が注目する議論について述べる。

　地方独自課税の論点は，主に2つある。一つは，例えば関空連絡橋税などを素材に，課税の妥当性を議論している林（2013）の議論がある。その多くが，租税学からのアプローチであり，受益者負担の範囲など，どこの範囲まで地方自治体は課税が認められているのかというものである。もう一点は，都道府県レベルの地方独自課税を素材に税導入の過程を追いながら，都道府県内での負担者と受益者や行政提案の税導入に対して，議会内での同意をどのような過程で取り付けたのかといった，2元代表制に注目する議論である（高井2013）。

　これまでの地方独自課税をめぐる議論の特徴は，課税そのものに注目し，その妥当性や導入過程など極めて限定された領域内である印象が強い[6]。確かに，課税主体である地方自治体が，その自治体領域内において課税するという内容であるため，その課税そのものに注目するのであるが，今回本稿が議論の残された課題として指摘するのは，1999年の地方分権一括法導入に基づいたものである。それは，国と地方の関係という視点で，地方の独自課税に関し対等な関係を築くことが出来たのかということを論点に絞ったものはほとんど見当たらないということである。そのため，本稿が議論する視点としては国と地方が地

方独自課税をめぐり，活発な議論を展開しているものを素材として取り扱うこととする。

また，前節で述べたこの地方独自課税については，法定外普通税・目的税であれ，自治体は，課税導入に積極的なのであるが，課税対象は，比較的裕福でかつ特定の人々を課税対象としている点が多い。その中で，唯一例外的に，不特定多数への課税対象として設定され，かつ自治体の範囲に収まらないのが，泉佐野市の関空連絡橋税の事例である。

ただ，関空連絡橋税に対しては，林は，①課税競争，②課税輸出，③課税の公平，④対価性の4つの問題を指摘している。①租税競争の問題とは，域内に有料道路がある他の自治体において，交通対策など新たに発生した財政需要のため道路の通行に新たな課税を誘発するということが考えられる。②租税輸出の問題とは，連絡橋税は，都市インフラ・病院・消防等その受益は利用者にも及ぶが，その多くは市民が受けるものとなっているうえ，負担者の多くは市外の住民や事業者であり，かつ税収の使途が不特定という点である。③の課税の公平性とは，道路及び鉄道利用者が空港関連インフラからの受益を受けるにもかかわらず，負担面で異なることが課税の公平の観点から問題という点である。④の対価性の問題とは通行と税の間には，税を払わなければ通行できないという対価関係が成立しているという点である（林2013：93）。

このように関空連絡橋税は，いろいろな指摘[7]を抱えているにもかかわらず，国と地方の関係上，対等を貫き，課税が認められた事例である。果たして泉佐野市は，どのような背景と過程をたどりながら，関空連絡橋税の導入に至ったのか，以下ではその過程を紹介する。

3　事例分析　関空連絡橋税導入過程

3－1　関空連絡橋税導入の過程

関西国際空港は，大阪湾の泉州沖に1994年9月に開港された海上島型国際空港である。その海上島と対岸を結ぶ連絡橋は，泉佐野市内に作られた道路とい

うことになった。このことが開港前後から約20年近く,関空会社,国,地方自治体(泉佐野市など)の間で以下に紹介する問題を生じることとなった。

(1) 関空問題の発生

　大阪・泉州沖の関西新空港と対岸の泉佐野市を結ぶ連絡橋を巡って,関西国際空港会社と泉佐野市は,建設当初から固定資産税徴収をめぐって,対立していた。そして空港開港前の1993年5月頃に,「公私道論争」が発生していた。関西国際空港を利用するためには,必ず関空連絡橋を使わなければならない。そのため関空連絡橋は,公道なのか,私道なのかという点が,関西国際空港会社と泉佐野市の間で論争となった。結果として,私道という扱いとなり,関西国際空港会社が,固定資産税を泉佐野市へ払うこととなった。

　1994年の開港後しばらくは,国際化・グローバル化の影響もあり関空を取り巻く状況は良好であった。そのため,泉佐野市は,国際空港を持つ都市として関西国際空港の対岸に,大阪府が造成した「りんくうタウン」を整備するとともに様々なインフラ整備を行っていった。平成元年から平成10年にかけて,毎年約100億円を超える投資が行われた[8](柏木2015：169)。しかし,時代はバブル経済の崩壊に伴い,この地域への進出企業も少なかった。平成11年段階において,泉佐野市全体の負債総額は,一般会計や特別会計を合わせると1,632億円に及んだ(柏木2015：170)。

　泉佐野市の財政危機と同様に,関西国際空港を取り巻く状況も悪化していった。兼ねてから懸念していた伊丹空港が閉港とならず,国際線は関西唯一の空港という地位を保っていたものの,国内線の需要は,ハブ空港の役割を期待していたが,思った以上に利用客が増加しない状況であった。また,2006年2月には,当初から懸念されていた関西で3つ目の空港となる神戸空港が開港となった。そのため,日本初の海上空港として開港した関西国際空港会社は,利用客の増加を見込めないまま,開港時からの有利子負債と海上空港ゆえの空港島の維持などのメンテナンスに費用を要することとなった。

　そのため2007年頃から,関西国際空港会社の経営改善と二期島工事による利

用客増加のために，空港島と対岸を結ぶ関空連絡橋の国有化を政府が検討し始めた。いわゆる関空連絡橋国有化問題の発生である。この影響を受けたのが泉佐野市であった。基礎自治体にとって貴重な税収源であるのが，固定資産税である。泉佐野市にとって，関西国際空港会社からの年間約8億円の固定資産税となっており，財政非常事態の台所状況を考慮すれば，欠くことのできない財源であった。しかし，その泉佐野市の状況を顧みず，政府は2007年12月に連絡橋の国有化方針を決定した。

(2) 一回目の関空連絡橋税導入過程

　泉佐野市は，この状況に速やかに反応した。新田谷市長は，関空連絡橋を通行する場合150円の関空連絡橋税を取る方針を固めた。これは泉佐野市による国への事実上の報復措置である。2008年8月になると，連絡橋税条例が泉佐野市議会で可決され，あとは，総務大臣の同意を得るのみとなった。この動きに危機感を示したのが，国土交通省（以下では国交省と略す。）であった。2009年2月に入ると国交省が「二期島の10年以内の完成」を約束する文書を，泉佐野市に提出した。これは，関空連絡橋の固定資産税の代わりに，二期島を建設することで，泉佐野市が損失している固定資産税の補てんとなるものであった。この交渉を，国交省は粘り強く続け，2009年3月，総務省から減収分を補填する財政支援策を受け，泉佐野市は，総務省との協議を取下げることとなった。そこで政府は，同年4月，関空連絡橋を国有化したのである。

(3) 政権交代と関空施策の停滞

　2009年9月になると，日本の航空政策と地方自治への考え方がこれまでとは異なる政治勢力への政権交代が行われた。それは，自民・公明の連立政権から民主党を中心とした政治勢力への政権交代であった。民主党は，地域主権をマニフェスト（政権公約）に掲げた政権であり，これまでの自民党とは違う対応を示した。国土交通大臣に就任した民主党の前原誠司は，日本の航空政策の一つであり，自公政権では自重していた羽田空港（東京国際空港）の国際化とハ

ブ空港化を宣言していった[9]。また同年11月，政権交代によって発足した民主党政権の行政刷新会議の事業仕分けで，関西国際空港の二期島工事への見直しが議題に上がった。このため，大阪府など，関空関連の事業費がストップする形となっていった。そして，2010年11月になると国交省が，「10年以内の2期島完成は困難で，代替案を検討する」と泉佐野市に回答する形となり，泉佐野市の自助努力は，水泡に帰すこととなった。

(4) 二回目の関空連絡橋税導入過程

　二回目の関空連絡橋税導入過程は，2011年2月，泉佐野市の課税再検討から始まった。この時期は新田谷市長が，大阪府議選挙への転身[10]時期で任期終了の時期でもあり，この対応は同年4月に誕生する新市長への課題となった。同年4月に元市議の千代松大耕が市長に就任した。就任した千代松市長は，関空連絡橋税導入の流れを強硬に推し進めていった。同年6月に「国は約束違反」として，泉佐野市が利用税を課す条例案提案の方針を決定した。そして同年9月に泉佐野市は，政府からの財政支援策の不調をうけ，総務大臣に協議書を再提出した。そして前回の導入過程と違ったのは，泉佐野市の行動を大阪府に理解を得たことであった。同年10月6日，千代松市長は，大阪府庁に橋下徹大阪府知事を訪ね，経緯と今後の手続きについて説明した。千代松市長は，橋下知事から，「国と泉佐野市の問題であり，府として，反対はしないとの趣旨の発言をもらった。これまで，泉佐野市の行動に表立って支持を表明しなかった大阪府知事の橋下が鮮やかに泉佐野市側へ立った瞬間でもあった[11]。

　この動きは，泉佐野市にとって国との協議で一歩も引かない姿勢を展開するに充分であった。2012年2月，地方財政審議会が，市，国交省に個別に意見聴取したが，両者の意見は平行線となった。そこで総務省が，市，国交省に事態の打開に向けて協議を尽くすように要請するほどであった。また同年3月，泉佐野市は，国交省との協議について「実施に至らなかった」とする報告書を総務省に提出した。この結果，総務省は政治的決断をする必要性に迫られることとなった。同年4月11日，総務大臣の諮問機関・地方財政審議会[12]は，税額が

少額であることから，地方税法で総務大臣が同意しないケースとなる(1)住民の負担が著しく重くなる，(2)物流に重大な障害を与える，(3)国の経済政策に照らして適当ではない———に該当しないとし，「同意することが適当」と結論づけた[13]。松井知事もこの総務省の決定に対し，「(泉佐野)市財政立て直しのために背に腹は代えられない状況で，私たちも理解しなければならない。関空がさらに発展して利用者が増えれば，将来的には利用税も不要になるのではないか」と理解を示した。

この結果，2013年3月に泉佐野市の関空連絡橋税の条例施行となり，100円の連絡橋税を導入するに至ったのである。

3-2　導入の要因について

3-1では，泉佐野市の関空連絡橋税の導入過程を説明したが，ここからは，導入の要因について，以下の3つの点から分析する。

第一に，関空連絡橋税の徴収コストの低さがある。これは，これまで関空連絡橋で通行料金を徴収している西日本高速道路株式会社にお願いする形であるため，新たに職員や料金所を設ける必要性は少ない。また，税額も100円と極めて少額であることから収益は低いものの，年間では約3億円程度の収入が見込めた。したがって，徴収コストの低さが，総務省の同意も得ることとなり，導入へと導いたのである。

第二に，関空連絡橋の国有化と泉佐野市の財政危機があった点も見逃すことが出来ない。関西国際空港連絡橋の国有化は，同空港会社の経営危機が発端であった。世界に通用するハブ空港建設は，国策によって推進されてきたため，国（政府）もメンツがかかっていたといえる。一方で本来なら我慢を強いられる基礎自治体の泉佐野市も，極めて厳しい財政状況下にあり，再建に向けて待ったなしの状況であった。泉州地域の自治体は，バブル経済崩壊後の税収不足が深刻化する一方で，関空の開港に伴い過剰なインフラ整備を求められた経緯があった。関西空港会社と泉佐野市ともに国（政府）に翻弄された経緯を持っている以上，国（政府）が一定程度，泉佐野市へ譲歩することはやむを得

ない状況であったとみることもできる。そのため，関空連絡橋税は，泉佐野市だから特別認められたという認識が広がっている。

　ただ，泉佐野市だからという理由だけで，全国的に異例な課税は認められるのであろうか。また，2008年から2009年には認められず，2011年から2012年で認められたという説明としては十分ではない。3－1の過程を詳細に見ていけば次のことがいえるのではないだろうか。それは，第三に，大阪府知事の動向と泉佐野市への支持表明であったといえる。2008年の導入時も当然橋下知事誕生時であったが，泉佐野市の行動に強い理解を示しているとはいいがたかった[14]。またその当時，関空を担当する政権は，2008年1月の橋下大阪府知事誕生に協力的であった自民党・公明党の連立政権であった。そのため，泉佐野市が大阪府へいくら働きかけても，大阪府が泉佐野市の立場を理解することは難しかった。しかし泉佐野市の二回目の導入検討時は，これまでの状況とは大幅に異なっていた。それは，2009年9月に自民・公明党の連立政権から民主党を中心とした連立政権[15]への政権交代に伴い，関西国際空港を所管する国土交通省の大臣は，京都府第2区[16]選出の前原誠司となった。前原は，同年10月には，羽田のハブ空港化を推し進め，首都圏空港の整備を優先する考えを示した[17]。関空のこれまでの位置づけまで変更される事態に，橋下知事は，強い不満を示していた。さらにその行動は，政治勢力の結成へと少なからず影響を与えている。大阪都構想を発端にしているが，2010年4月には，「地域政党大阪維新の会」を結党し，千代松市長が大阪府知事に理解を求めに行った頃は，同年翌月に大阪W選挙と呼ばれる，大阪府知事・大阪市長選挙で「地域政党大阪維新の会」公認候補の松井一郎・橋下徹が初当選する時期でもあった。この「地域政党大阪維新の会」は，国政の停滞状況や民主党政権への強い不満から結党された背景を持つ。そのため，国政・民主党政権が，だらしない行動をとっている関西国際空港の案件は，「地域政党大阪維新の会」にとっては，同会の主張に通じるものがあり，泉佐野市の行動に賛意を示しやすい状況にあったといえる。

4 結びに代えて

　本稿は，泉佐野市の関空連絡橋税の導入過程を素材に，地方独自課税の導入過程における国と地方自治体の関係について，改めて検討していくことを目的としていた。そこで簡単ではあるがこの泉佐野市の事例から何がいえるのかを示したうえで，本稿の課題を述べたい。

　まず関空連絡橋税を泉佐野市はなぜ導入できたのかという問いに答えるとすれば，それは，課税の論理的説明の鮮やかさではなく，課税コストが低く，泉佐野市の財政的危機状況があったからというこれまでの説明に加え，政治的背景である。多くの自治体が泉佐野市の行動に理解を示し，(特に府の支援表明) さらに国の政権交代と国対地方自治体（民主党政権対大阪府・泉佐野市）という構図を作りやすかったことも要因の一つであるといえよう。

　この事例から指摘できる事柄は，基礎自治体が国（政府）を相手に，地方独自課税で議論を仕掛けるなどは容易ではないといえるが，政権交代期など国政の対応変化時には，基礎自治体（下位政府）による国家レベルの問題への投げ掛けへとつながる可能性があることを示唆する。また，2011年の東日本大震災以降，自治体間連携の重要性は増しているといえる。この場合も都道府県と市町村の連携によって，直接的な当事者ではない大阪府の取り込みに泉佐野市は成功し，国（政府）に対して協調して議論を仕掛けることができた。

　今後の地方独自課税の研究上の課題としては，各自治体の個別事例を詳細に検討することで，様々な課税可能性のパターンを探ることであるが，それは後稿に譲りたい。

＜参考文献＞
伊川正樹（2010）「税源確保としての法定外税，独自課税のあり方」『税』2010年1月号 pp48-53。
奥山善之（2009）「泉佐野市法定外税「関空連絡橋利用税」の法的検証」『大阪府立大學経済研究』第55巻1号 p75-99。

柏木恵（2015）「財政再建の道のり―どん底からどう抜け出したのか　第2回大阪府泉佐野市」『地方財務』2015年5月号 pp168-179。

北井弘（2012）「空港連絡橋利用税や税外収入確保で，早期財政健全化団体脱却を目指す大阪府泉佐野市」『ガバナンス』2012年6月号，pp30-32。

久保慶明（2009）「地方政治の対立軸と知事―議会間関係――神奈川県水源環境保全税を事例として――」『選挙研究』第25巻1号，pp47-60。

高井正（2013）『地方独自課税の理論と現実―神奈川水源環境税を事例に』日本経済評論社

人羅格（2014）「課税自主権はどこまで―――独自課税に高いハードル」『地方議会人』第44巻12号 pp44-48。

林幸一（2013）「関西空港連絡橋利用税の是非」『税理』2013年12月号，pp83-95。

---

(1)　この積極要件は，第一に，地方政府にその税収確保を出来る税源があること。第二に，地方政府にその税収入を必要とする財政需要があることであった。

(2)　神奈川県「臨時特例企業税」：法人税法上の繰越欠損金控除制度（7年間にかぎり年度を越えてある年度に生じた欠損金を他の年度の利益と損益通算できる制度）により課税されなかった利益分について課税する。

(3)　平成28年4月1日現在。

(4)　この税は平成28年5月31日に廃止された。

(5)　この委員会の判断は横浜市の事例だけではなく，その後2009年新潟県による北陸新幹線建設問題，2015年沖縄県による米軍基地問題で設置され，協議された。ただ，横浜の事例以降税制をめぐる課題は議論されていない。

(6)　例えば久保（2009）。

(7)　関空連絡橋を扱った分析は，伊川（2010），奥山（2009），北井（2012）がある。

(8)　泉佐野市は，この地域に市立泉佐野病院の移転も行った。

(9)　毎日新聞2011年10月7日朝刊付。

(10)　維新の会からの出馬であった。

(11)　毎日新聞2011年10月7日朝刊付。

(12)　会長は，神野直彦東京大学名誉教授。

(13)　朝日新聞2012年4月12日朝刊付。

(14)　朝日新聞2008年8月22日朝刊大阪面参照。

(15)　民主党・社会民主党，国民新党の連立政権である。

(16)　京都府第2区は，京都市左京区，東山区，山科区が選出区域である。

(17)　毎日新聞2009年10月13日夕刊付。

軽減税率・インボイスと地方消費税

専修大学経済学部教授

鈴木 将覚
Masaaki Suzuki

1．はじめに

　平成28年度税制改正において，消費税が10％に引き上げられる際に軽減税率が導入されることになった。それに伴い，インボイス制度の導入も決まり，簡易方式が認められる経過期間を経た後，課税事業者番号がついた本格的なインボイス制度が始まる。2016年6月に安倍晋三首相が世界経済のリスクを理由に消費税率の引き上げを2年半延期したことから，軽減税率やインボイスの導入も同じだけ延期され，それによって消費税の設計に関する大きな改革も一旦遠のいてしまった。しかし，平成28年度税制改正の議論のなかで消費税の設計に関わる今後の大きな方向性が定められたことは確かであり，我々は一定期間を経た後に消費税の新たな可能性を感じるとともに，制度変更に伴う実務的な問題に直面することになろう。

　消費税率の10％への引き上げ自体は，社会保障・税一体改革のなかで決められたものであるから，随分前に決められた印象がある。振り返れば，2009年度税制改正法の附則第104条において増大する社会保障費を賄うために消費税増税を含む抜本改革を2011年度までに講ずることの必要性が明記され，これを踏まえて自民党政権を引き継いだ民主党政権において社会保障・税一体改革の議論が続けられた。2012年2月には「社会保障・税一体改革大綱」が閣議決定され，その後衆参両院における集中審議等を経て，2013年12月5日に社会保障充

実策の具体的なスケジュールを定めた「社会保障改革プログラム法」が成立した。

消費税率の引き上げは、当初2014年4月と2015年10月の2回に分けて行われる予定であった。このうち、2014年4月の5％から8％への引き上げは実施されたものの、2015年10月の10％への引き上げは景気悪化への懸念から実現せず、一旦2017年4月まで延期された。消費税率引き上げの延期を決断した安倍晋三首相は、2014年11月の記者会見で消費税率引き上げを「再び延期することはない。景気判断条項を付すことなく確実に実施する」と語り、2017年4月には景気動向にかかわらず消費税率引き上げを実施することを約束した。しかし、前述のとおり、2016年6月になると再び世界経済のリスクを理由に、消費税率引き上げが再び延期されることになった。これについて、安倍首相は「これまでのお約束とは異なる、新しい判断だ」と述べたことから、もはや次の消費税率引き上げがいつ行われるかさえ自信を持って判断することができない状況となった。消費税率引き上げに対する及び腰の姿勢は、与党だけでなく野党も同じであった。2016年7月に行われた参院選では、与野党が消費税率10％への引き上げを延期することで足並みを揃えることになり、与野党ともに社会保障・税一体改革を完遂する意思に欠けることが明らかになった。このように、消費税改革は政治的な思惑に翻弄されているが、社会保障費の増大を考えると消費税率をいつまでも現在の水準にとどめておくわけにはいかず、数年内に10％への消費税率引き上げを実現しなければ、その後の国家財政は見通せない。

本稿が注目する地方消費税は、消費税の一部として消費税の動きに連動していることから、消費税率引き上げの遅れの影響を直接被ることになる。一般に消費税率と呼ばれている8％の税率は、正確に言えば国税としての消費税率が6.3％、地方消費税率が1.7％である。これが、いわゆる消費税率が10％に引き上げられる段階では、国の消費税率が7.8％、地方消費税率が2.2％となる。当然、税率引き上げが遅れれば、それだけ地方消費税の充実も遅れることになり、地方財政にも影響が生じる。税率引き上げとともに社会保障・税一体改革を当初の計画通りに進めることは、地方にとっても少子高齢化社会に対応するため

に重要である。

　しかし，ここで考察したいのは，単なる国の消費税率の変化に伴う地方消費税率の変化ではなく，軽減税率導入という消費税の質的変化を伴う改革が地方消費税に及ぼす影響である。現在のところ，消費税率が10％に引き上げられる際に，酒類を除く飲食料品に対して軽減税率が導入され，続いて段階的にインボイス制度が導入されることになっている。本稿では，こうした制度変更が地方消費税にどのような影響が生じるかを考えたい。消費税率の10％への引き上げをいつ実施するかという問題は，ある意味でタイミングのみの問題と言えようが，軽減税率・インボイスの導入という消費税の質的変化は今後長い期間にわたって地方消費税に影響を及ぼす可能性がある。軽減税率というと，消費税の逆進性緩和という観点からのみ語られることが多いが，本稿ではそれを地方消費税まで視野を広げて今回の消費税改革の意味を考えてみたい。

　以下では，次節でまず平成28年度税制改正における消費税の軽減税率に対する議論を紹介し，軽減税率が導入されることになった政治的経緯を述べる。第3節では，軽減税率とともに導入されることになったインボイス制度について，その内容を確認する。第4節では軽減税率・インボイス導入といった今回の消費税改革が地方消費税に及ぼす影響を考える。第5節で結論を述べる。

2．消費税に対する軽減税率導入の経緯

　平成28年度税制改正では，消費税の軽減税率の対象が酒類を除く飲食料品と新聞に決まったが，軽減税率の導入とその対象品目を決める過程では紆余曲折があり，政治的な思惑が多分に交錯した。軽減税率の効果があらゆる角度から検討されたというよりも，政治的な動きによって直線的に軽減税率の導入が決められた印象がある。このため，軽減税率制度やそれに関する今後のあり方を展望するにあたっても，それらを巡る政治的な考察が欠かせない。そこで，まず今回の軽減税率導入に関する政治的な経緯を振り返ってみる。

　そもそも，消費税の軽減税率は連立与党の一角をなす公明党の強い要請から

始まったものである。公明党は，かねてから軽減税率の導入を選挙公約に掲げており，その実現は同党の与党としての存在意義を示す重要な政策と考えられていた。その一方で，同じく連立与党を組む自民党では，必ずしも軽減税率の導入が逆進性対策として望ましいとは考えられておらず，平成28年度税制改正の議論においても当初は軽減税率を導入することに対して否定的な意見が強かった。また，自民党内では軽減税率を導入するとしても，その対象品目を精米もしくは生鮮品に限定するなど，比較的狭い範囲に絞るべきとの見方が多かった。

　このため，2015年春には軽減税率の導入を巡って自民党と公明党の意見が対立し，一時は議論が棚上げにされる事態に陥った。そこで，与党は膠着状態にある議論を前に進めるための案を財務省に要請し，財務省からは2015年9月に「日本型軽減税率制度」が提案された。「日本型軽減税率制度」とは，欧州諸国を中心にみられる通常の軽減税率制度とは異なり，軽減税率が購入時に適用されるのではなく，マイナンバー・カードを用いて事後的に軽減税率が適用される制度である。例えば，「日本型軽減税率制度」では消費税10％時に食料品に対する軽減税率が8％であるとき，消費者は店頭で一旦10％の消費税を支払い，後で食料品にかかる2％分の消費税が還付される。

　こうした提案は，当初2015年秋以降に行われる軽減税率の議論の柱になると目されていたが，消費者が支払いのたびにマイナンバーを使用しなければならない点などが制度的な欠点として批判され，与党税制協議会では「日本型軽減税率制度」の導入は現実的ではないと判断された。「日本型軽減税率制度」は秋以降の税制論議から早々に外されてしまい，軽減税率に関する議論は財務省案が提出される以前の状態に戻ってしまった。こうした事態に対して，公明党との選挙協力の観点から軽減税率の議論を前に進めたいと考えていた官邸は，10月に入ると与党税制協議会の調整に乗り出した。そして，与党税制協議会の人事に荒療治を加えるなどして，軽減税率の導入を半ば強引に決めてしまった。この様子から判断すれば，消費税の逆進性対策として軽減税率を導入すべきか，またはその他の方法で対処すべきかといった点が与党内で議論し尽くされた結

果というよりも，選挙を控えた政治的な理由によって軽減税率導入が決められたと言うことができる。

　軽減税率導入に関して政治決着がなされた後は，与党は軽減税率の対象品目をどうするかという課題に直面した。軽減税率の線引きは，広い範囲に設定すると大きな財源が必要になり，一方で狭い範囲に限定すると消費者が負担軽減の実感が得られないうえ，軽減税率の対象品目とそれ以外を分ける際に実務的な困難が生じるというジレンマがある。軽減税率導入の財源との関係については，消費税率を一律税率のまま10％まで引き上げた場合に得られる財源の使い道が既に社会保障・税一体改革で決められていたため，実質的に軽減税率導入による財源として利用できるのは低所得者向けの社会保障支出軽減策である「総合合算制度」（4,000億円）の導入見送りに限られていた。そうした財源の制約があるため，自民党では生鮮食品（減収額3,400億円）を軸とした範囲で対象品目の設定を検討すべきとの意見が強かった。しかし，公明党は軽減税率の対象範囲が狭すぎるとして，酒類を除く飲食料品の全て（減収額１兆3,000億円）を対象品目とすることを主張した。このため，再び与党内で軽減税率の対象品目を巡る溝が深まっていった。

　軽減税率の対象品目を決める話し合いはその後も続けられたものの，容易には決着がつかず，最終的に自公両党の幹事長会談に委ねられることになった。自公両党の幹事長でも，両者の主張に隔たりは大きく，協議は暫くの間平行線を辿った。そして，結局官邸が幹事長会談の失敗を避けるために再び調整に乗り出すことになり，最終的には自民党が公明党の主張を受け入れて，軽減税率の対象品目が加工食品まで広げられることになった。

　しかし，加工食品の一部だけを対象品目に加えることは，軽減税率の対象品目とそれ以外の線引きを難しくする。軽減税率の対象品目に一部の加工食品が加えられると，どの加工食品に対して軽減税率を適用すべきかを示した膨大なリストを作らなければならず，これは実務的に非現実的と考えられた。このため，軽減税率の対象品目は加工食品全てとされた（減収額約１兆円）。財務省は，当初から対象品目を生鮮食品のみか，酒類を除く飲食料品全てのいずれか

でなければ実務上実施は難しいと考えていたとされているが、最終的には対象品目の線引きはそうした実務上の都合に配慮したものに決着した。

残された線引き問題は、外食とそれ以外をどのように区別するかであった。諸外国をみても外食には軽減税率が適用されないことが多いが、そうするとファストフード店のハンバーガーの店内飲食とテイクアウト、そばやピザの出前、お弁当などをイートインする場合など、各ケースをそれぞれどのように扱うかという問題が生じる。これについては、取引の場所と態様（「サービスの提供と言えるかどうか」）に着目して外食が定義され、食品衛生法上の飲食店がその場で飲食させるサービスを提供する場合と、テーブルや椅子などのその場で飲食させるための設備を設定している場合が外食と判断され、軽減税率が適用されないことになった（図1）。

以上のように、消費税の軽減税率導入は与党内の議論では必ずしも意見の一致をみないまま、最終的には官邸主導で政治決断がなされ、その対象品目は実務的な困難を避ける形で飲食料品の広い範囲に設定されることになった。官邸が公明党案を受け入れた背景には、安全保障法制を巡る公明党の政治協力に対する見返りと、その年の夏に予定されていた参議院選での両党の協力関係の強

図1　軽減税率の対象品目

軽減税率（「外食」に当たらない） （テイクアウト・持ち帰り・宅配）	標準税率（「外食」に当たる） （外食・イートイン）
①「飲食設備を設置した場所で行う」ものではないもの 　牛丼屋・ハンバーガー店のテイクアウト 　そば屋の出前 　ピザの宅配 　屋台での軽食 　（テーブル、椅子等の飲食設備がない場合） 　寿司屋の「お土産」 ②「その場で飲食させるサービスの提供（食事の提供）」に当たらないもの 　コンビニの弁当・惣菜 　（イートイン・コーナーのある場合であっても、 　　持帰りが可能な状態で販売される場合は「軽減」）	牛丼屋・ハンバーガー店での「店内飲食」 そば屋の「店内飲食」 ピザ屋の「店内飲食」 フードコートでの飲食 寿司屋での「店内飲食」 コンビニのイートインコーナーでの飲食を前提に提供される飲食料品 （例：トレイに載せて座席まで運ばれる、返却の必要がある食器に盛られた食品） ケータリング・出張料理

（資料）財務省資料

化の意味合いがあったとの見方が強い。今回軽減税率導入そのものが必ずしも税の論理に基づかない政治決着によって決まったことを考えると，今後も政治的な理由によって軽減税率の対象品目が拡大していく懸念があると言わざるを得ない。

3．消費税のインボイス制度

消費税に対する軽減税率の導入が決まったことから，同時にインボイスが導入されることになった。現在のところ，日本の消費税はインボイスを導入していない点で世界の国々のVATのなかで特異な存在である。日本の消費税はその導入時から現在まで基本的には帳簿方式の仕組みをとっており，しばしば消費税は差分方式（Subtraction Method）のVATに分類され，欧州型のクレジット・インボイス方式（Credit Invoice Method）のVATと区別されてきた。

3.1　インボイス制度とは何か

まず，インボイスの基本的な仕組みとその役割について説明しよう。インボイスとは，販売企業が購入企業に対して渡す請求書のことであり，課税事業者番号や税率・税額などが記載してある。現在の日本の消費税でも形式上は請求書が利用されているが，そこには商品名等について包括的な記載が許されており，税額を明示する義務はなく，課税事業者番号も記載されていない。

ここで，VATが原理的な意味でインボイス方式を採用している状況を考えよう。原理的なインボイス方式では，生産・流通の各段階で事業者がそれぞれ納税するとともに，税務当局にインボイスが提出される。購入企業は，販売企業が発行したインボイスを税務当局に提出することによって，税務当局に対して自らが申告した仕入税額が正しいことを証明しなければならない。税務当局は，購入企業が申告する仕入税額と販売企業が発行したインボイスに記載された売上税額とを照らし合わせて，購入企業の仕入税額が販売企業の売上税額に等しいことをクロスチェックする[1]。

インボイスの有用性は，それによって課税の適正化が自己制御的（self-enforcing）に行われることにある。例えば，販売企業が売上税額を過小に申告したいとき，インボイスに記載する売上税額を実際よりも小さく書けばよいが，そうすると購入企業の仕入税額が小さくなるので購入企業はそれを容認しない。逆に，購入企業が仕入税額を過大に申告したいとき，（それをインボイスで裏づけるために）インボイスに記載される売上税額が実際よりも大きく書かれなければならないが，これでは販売企業の税額が増えることになるので，販売企業はそうした要求を呑むことはないであろう。販売企業と購入企業が共謀して税額を小さくみせようとしても，インボイスがある限り両者の利害は一致せず，そうした企ては一般的には成功しない。つまり，インボイスのあるVATでは，税務当局が企業に正確な申告を行うように逐一指導することなく，インボイスによる牽制効果が働き，適正な課税が行われると考えられる。

税務当局が販売企業の売上税額と購入企業の仕入税額をクロスチェックすることができる仕組みは，しばしば「VATの鎖」（VAT Chain）と呼ばれる。図2に示されるように，W企業の売上税額はX企業の仕入税額とクロスチェックされ，X企業の売上税額はY企業の仕入税額とクロスチェックされ，というようにインボイスを用いた税額のクロスチェックが全ての企業間取引に関して行われる。インボイスによって，企業が鎖でつながれたような形になり，それによって適正な課税が促される。

もっとも，多くの国でVATにこうした原理的なインボイス方式が採用されているわけではない。実際には，インボイスは一定期間の保存義務が課せられているだけであり，税務署に提出する義務はない。その点からみれば，インボ

図2　インボイスによるVATの鎖

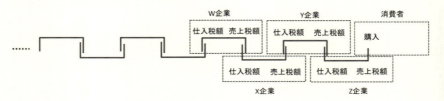

イス方式のVATも日本の消費税とそれほど変わらない。消費税の課税方式は，その導入時は「仕入の事実を記載した帳簿又は仕入先から交付を受けた請求書等の保存を税額控除の要件とする」帳簿方式とされ，実質的に帳簿への記載が義務づけられるだけであったが，1997年4月からは「仕入の事実を記載した帳簿の保存に加え，請求書，領収書，納品書その他取引の事実を証する書類のいずれかの保存を税額控除の要件とする」請求書保存方式に変更された。請求書保存方式では，仕入の事実を証明するために請求書の保存が求められることから，同方式は形式的にはインボイス方式と似ている。日本の消費税は，1997年の改革によってインボイス方式に一歩近づいたとみることができる。

しかし，たとえ消費税が形式的にはインボイス方式のVATに近づいたとしても，両者の間には本質的に大きな違いがある。第1に，請求書保存方式では保存が要求される請求書に課税事業者番号がついておらず，税務調査が行われても請求書を用いたクロスチェックが難しいことである。インボイスの役割として重要なことは，税務調査が行われるときに課税事業者番号を用いたチェックが可能になることである。課税事業者番号のない請求書では，インボイスの代用にはならない。

第2に，インボイス方式ではインボイスの存在が仕入税額控除の要件とされており，インボイスを発行できない免税事業者からの仕入については課税ベースから控除することができないのに対して，日本の請求書保存方式では免税事業者からの仕入であっても控除が可能なことである。インボイス方式では，免税事業者からの仕入に対しては仕入税額控除が使用できないため，課税事業者が仕入にかかる税額を控除できないことを嫌がり，結果として免税事業者が取引の輪から外される可能性がある[2]。一方で，日本の消費税では，その導入時に新税に対する零細事業者の懸念を和らげるために様々な措置が講じられ，その一環としてインボイスの導入が見送られたため，免税事業者にとって上記のような懸念は生じなかった。それどころか，消費税では仕入先が課税事業者であるか免税事業者であるかにかかわらず仕入税額控除を使用できることから，免税事業者が消費税を納めることなくそれを上乗せした価格で販売でき，免税

事業者に益税（売上×消費税率－仕入×消費税率）が発生する。こうした益税を発生させる仕組みは，長年にわたって納税者の批判を招くことになり，消費税に対する信頼性を低下させる要因となった。

もっとも，税率が一本であれば，どのような仕入であっても税率が同じなので，企業単位で（売上と）仕入さえ特定できれば，それらから企業の取引全体に対する消費税額を計算する方が事務コストが低い。取引単位と企業単位のどちらで計算しても企業が納めるべき税額としては同じものが出てくるので，取引ごとにインボイスで紐付けするよりも，大胆に企業ごとの集計によって税額を計算する方が効率的である。こうした税務管理・法令順守コストの理由から，日本ではこれまでインボイス導入に反対の意見も少なくなかった。これに対して，軽減税率が導入される場合には，1つ1つの仕入にかかる税率が異なるため，インボイスを用いて取引単位で税額を計算することが必要になる。複数税率では，事業者が自分に有利な仕入税率を選ぶことを防ぐために，仕入にかかる税率及び税額を記載したインボイスを用いて，取引単位の管理が行われなければならないのである。この意味で，軽減税率の導入と同時にインボイスが導入されることになったのは必然であった。

3.2　日本のインボイス制度

今回のインボイス導入に関しては，消費税率が10％に引き上げられる際に，簡易インボイスを含むインボイス制度が段階的に導入されることになっている。直近では，消費税率引き上げが2017年4月から2年半遅れたことから，インボイスの導入についても同じだけ後ずれすることになった。本格的なインボイスの導入は，消費税率引き上げから4年後である。本格的なインボイスとは，登録された課税事業者の名称，取引年月日，取引の内容，交付を受ける事業者の名称等に加えて，課税事業者番号，税率ごとに合計した対価の額及び適用税率・消費税額等が記載された請求書である。このインボイス方式は適格請求書等保存方式と呼ばれ，課税事業者が交付する適格請求書および帳簿の保存が仕入税額控除の要件とされる。

消費税引き上げから3年間は，区分記載請求書等保存方式と呼ばれる簡易インボイス方式で対応される。現行の請求書等保存方式を維持しつつ，軽減税率の対象品目と非対象品目が分けられ，税率ごとに合計した対価の額，適用税率，消費税額等がわかるような請求書が要求される。こうした簡易インボイス方式は本格的なインボイス方式が導入されるまでの経過措置である。経過措置としては，他にも主に中小企業に対して一定期間みなし課税方式（売上または仕入の額から消費税額をみなしで計算する方式）を認める措置や6年間は免税事業者からの仕入に対しても一定程度仕入税額控除が認める措置などがある。

　つまり，現行の計画では軽減税率制度のなかにインボイスの導入が明記されているものの，実質的には軽減税率が先行導入され，インボイス方式がそれに遅れる形で実現する予定となっている。このため，本格的なインボイス導入が果たして十分な形で実現するかどうかにはやや懸念がある。平成28年度税制改正における消費税改革が政治的な背景によって決められたことを考えれば，将来政治的な理由から軽減税率のみが導入されてインボイス制度が不十分になる可能性がないわけではなく，仮にそうなれば消費税の益税が現在とは異なる形で拡大する。インボイス制度が政治的な思惑から骨抜きにならないように，今後は本格的なインボイス導入が確実に導入されるよう注視していく必要がある。

4．地方消費税における軽減税率

　では，以上の消費税改革を踏まえ，消費税の軽減税率が地方消費税に及ぼす影響を考えてみたい。以下では，①地方消費税に所得再分配機能が持ち込まれること，②地方消費税の清算基準への影響，③地方消費税に関する地方の裁量が拡大したときに，地方が税率のみならず課税ベースを操作することができるようになることの3点を順にみていく。

4.1　地方消費税は所得再分配機能を担うべきか

　地方消費税に軽減税率が導入されることの第1の影響は，軽減税率によって

図3　地方税の原則

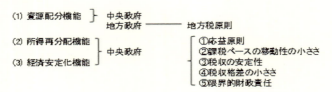

　地方消費税についても逆進性が緩和されることで，地方消費税が所得再分配機能を担うようになることである。地方消費税は地方税であるから，その役割は国税としての消費税とは異なるはずである。Musgrave（1959）の伝統的な政府の機能配分論によれば，財政の役割は①資源配分機能，②所得再分配機能，③経済安定化機能の3つに分けられ，資源配分機能についてはその便益が及ぶ範囲に対応して主に地方政府が担い，所得再分配機能と経済安定化機能については中央政府が担うのが望ましいとされる（図3）。これは，公民館などの地方公共財は，その便益が地域内の収まることから地方税で賄われるべきであり，一方で累進課税や景気対策の実施は中央政府に任せるべきであるということである。

　そして，地方税には地方公共財の利用に関する料金徴収の性質があるため，住民に対して一律または比例的に課税するのが望ましく，所得再分配の観点から高所得者に対して重課するという性質は要求されない。地方税は，それよりも応益原則，課税ベースの移動性の小ささ，税収の安定性，税収格差の小ささなどが求められる。地方消費税は，こうした性質を満たすものとして地方税としての多くの優れた性質を持っている。

　しかし，地方消費税に軽減税率を適用すると，本来は中央政府が果たすべき所得再分配機能を地方政府が一部果たすことになる。地方税は，政府サービスに対する対価としての機能があるから，原則として全ての人が平等に負担すべきであるのに，地方消費税に軽減税率が適用されると，そこに再分配機能が入り込むことになる。こうしたことが起こるのは，消費税の国税部分と地方税部分が一体的に捉えられ，軽減税率の導入に際して国税部分のみが念頭に置かれ，

それがそのまま地方消費税にも反映されてしまうからである。

このため，国税としての消費税に対してのみ軽減税率を導入し，地方消費税には軽減税率を適用しない方が地方税原則には適っている。現在の計画では，消費税が10％になったときに酒類を除く飲食料品等に対して8％（＝10％×0.8）の軽減税率が適用されることになっているが，地方消費税に軽減税率を持ち込まないのであれば，その代わりに国税としての消費税にのみ8％の軽減税率を適用し，全体として7.8％×0.8＋2.2％＝8.44％の軽減税率を課すことになる。

そうではなくて，8％の軽減税率を維持したいのであれば，地方消費税を2.2％としたままで国・地方合計のベースで軽減税率を8％にすればよい。この場合は，7.8％×x＋2.2％＝8％すなわちx＝0.74となるから，国税部分の軽減税率は8％ではなく7.4％にしなければならない。こうすると，地方消費税に再分配機能が持ち込まれることは避けられるが，国の消費税の軽減税率が実際には8％を下回ることになり，その分だけ国税収が減少する。

4.2　軽減税率の地方消費税の清算基準への影響

第2に，軽減税率の地方消費税の清算基準への影響である。地方消費税は地方政府が独自に徴収するのではなく，国が一旦国・地方の消費税収を全て徴収した後で，地方分については清算基準に沿って各自治体に配分される。実際は，各地方の税務署（国）が集めた税収を都道府県に払い込み，その後都道府県間で税収の清算が行われるというプロセスが踏まれるが，いずれにせよ最終的な地方消費税収が清算によって決まるということである。地方消費税は仕向地主義をとっているため，清算基準は最終消費を表すように決められている。

ここでの問題は，清算基準が仕向地主義を徹底させるように適切に設定されているかどうかである。現在，地方消費税の清算は2段階に分けて行われている（図4）。まず都道府県の清算については，販売額（ウエイト75％），人口（同15％），従業員数（同10％）が用いられる[3]。その後，都道府県に割り振られる税収の2分の1が市町村に帰属し，それが人口（同1／2）と従業員数

図4　地方消費税の清算基準

都道府県

清算基準	小売年間販売額	サービス業対個人事業収入額	人口	従業員数
2014年度のウエイト	75%		12.5%	12.5%
2015年度のウエイト	75%		15%	10%

市町村
一体改革前の1%分

人口	従業員数
50%	50%
50%	50%

うち1/2を市町村へ交付

(注)市町村の清算基準では、社会保障・税一体改革による税率引き上げ分(1.2%)は人口基準のみが使用される。

（同1／2）によって清算される。こうした清算によって，清算前と比べると，地方消費税の地方間格差は大きく縮小する。地方消費税の課税ベースは付加価値（＝企業利潤＋賃金）であるため，地方法人税の場合と同じように企業が集積している地域では清算前の地方消費税収は大きくなり，地方間の税収格差が大きい。これが，最終消費ベースで清算された後の地方消費税収でみると，地方間格差は地方法人税よりもはるかに小さいものになる。

しかし，地方消費税収は地方法人税収と比べると税収格差が小さいとはいえ，理想的な仕向地主義が実現しているかと言えば，残念ながらそうなってはいない。都道府県の清算は全体の75％が供給側の販売額を用いて行われる。販売統計が用いられることから，越境消費は販売地の消費としてカウントされ，税収の帰属先と真の最終消費地とが乖離してしまう。特に，神奈川県，千葉県，埼玉県などの東京都近郊の県及び大阪府近郊の奈良県などでは，住民が東京都または大阪府で消費する割合が高いため，住民の所得水準と比べて地方消費税収が抑制されている。現在のところ，販売基準が都道府県の税収配分の75％を占めることから，この部分が仕向地主義を実現するものになっていないと，地方消費税収の適切な配分を実現することはできない。

従業員数基準が最終消費地と関連性が低いという問題もある。従業員基準は，都道府県の清算基準にも市町村の清算基準にも用いられているが，モノに関する地方消費税収が（モノの販売基準と）人口基準で，サービスに関する同税収

が（サービスの販売基準と）従業員基準で捉えられると解釈されているようである。こうした考え方は，現在の消費者行動を反映したものとは言えないであろう。サービスの内容が以前と比べて多様化した現在では，床屋などの旧来型サービスの提供のように従業員と顧客が必ずしも1対1で対応するわけではない。ネットを利用したサービス消費などが増えると，さらにサービス消費と従業員の関係は薄くなる。経済活動の変化を背景に，都道府県でも市町村でも地方消費税の清算基準として従業員基準の妥当性が今後も低下すると考えられる。なお，市町村の清算については，少し前に社会保障・税一体改革で社会保障財源化された税率引き上げ分については人口のみで按分されることになったため，従業員基準の影響は小さくなった。今後順調に消費税率の引き上げが進むにつれて，市町村の清算基準における従業員基準の問題はその分だけ薄められる。

　では，消費税に対する軽減税率の導入は，こうした地方消費税の清算基準に対してどのような影響を及ぼすであろうか。軽減税率の対象品目は主に酒類を除く飲食料品であるから，各地域で酒類を除く飲食料品が消費全体に占める割合が異なると，その分だけ地域によって軽減税率の影響が変わる。また，たとえ飲食料品の消費全体に占める割合が地域間で違わなくても，軽減税率の対象品目には外食が含まれていないため，外食の割合が地域によって異なれば，軽減税率の影響にも差が出ることになる。大都市では外食の割合が高いと考えられるから軽減税率の対象品目の割合が小さく，その分だけ地方消費税収の配分を大きくすべきと考えられる。清算基準は，そうした影響を反映するものでなければならない。この問題は，標準税率10％に対して軽減税率が8％である間はそれほど大きなものにはならないかもしれないが，今後標準税率と軽減税率の差が大きくなっていけば，無視できないものになるであろう。

　しかし，こうした軽減税率の清算基準への影響を考察すると，現行の清算基準の下で生じている販売統計の問題や非課税品目が考慮されていないという別の問題にも焦点を当てなければならないことに気がつく。非課税品目について言えば，現行の清算基準では医療や介護といったサービスが非課税になっていることが考慮されておらず，これが仕向地主義課税に歪みを与えている。対消

費者サービスの非課税措置は，当該サービスのみ税がかからないということであり，中間投入物は課税されているため，究極の軽減税率であるゼロ税率とは異なる。例えば，医療サービスであれば病院が仕入れたベッドや診療機器には消費税がかかっており，原則としてそれは消費者に転嫁されることが想定される。このため，清算基準において免税品目を考慮する際には，当該対消費者サービスの付加価値に相当する部分に対する消費税のみが控除されるように清算基準が設定されるべきと考えられる。現在の清算基準では，こうした対消費者向けの非課税品目に対する考慮がなされていない。また，事業者向け取引が非課税になっている場合には税の累積が発生するため，本来ならばそうした税の累積分も清算基準に反映されるべきと考えられる（この場合の税収への影響は，対消費者サービスの非課税措置とは逆になる）。

　このように，軽減税率は地方消費税の清算基準に影響を及ぼすものであるが，それは同時に現行の清算基準における他の問題をあぶり出すものと言える。標準税率と軽減税率の差が大きくなれば，軽減税率の清算基準への影響もその分だけ大きくなるであろうが，清算基準に歪みをもたらしている他の要因の影響も同時に大きくなるため，本来ならば各地域の最終消費を正しく反映していない清算基準の全てを見直して，適切な措置を講じる必要がある。軽減税率は，こうした地方消費税の清算基準が抱える問題を改めて想起させるものであると言える。

4.3　地方独自の軽減税率の可能性

　最後に，軽減税率とインボイスの導入によって，地方消費税の設計上の自由度が高められる点に言及したい。日本の地方消費税は，現在のところ課税ベースが国の消費税であり，税率が一律である。これに対して，以前からしばしば税制の専門家から指摘されることとして，地方消費税を国の消費税から切り離し，地方に地方消費税の税率決定権を持たせるべきだとの考え方がある。消費税率引き上げを実施するためには多くの抵抗を乗り越えなければならず，そのための労力と時間は相当なものになることは，安倍政権の再三にわたる消費税

率引き上げの延期からも明らかである。地方消費税率を引き上げるために，各自治体は本来同じような努力をするのが妥当であろうが，現行の仕組みでは地方消費税の課税ベースが消費税そのものであるため，国の消費税率が引き上げられるとそれと連動して地方消費税率も引き上げられる。このため，現状では地方自治体が消費税率引き上げの一定割合を地方分として国に要求することで，少なくとも住民に対する説明責任なしに地方消費税収を上げることができてしまっている。

　これは，現行の地方消費税制度では地方税の性質として重要な限界的財政責任機能が働かないことを意味する。本来は，国の消費税はそのままに地方消費税率のみが引き上げられるということがあってもよいかもしれないが，実際にはそうした動きはなく，地方からそうしたことができるように制度変更を望む声も聞かれない。しかし，地方政府が地方消費税の税率決定権を持つべきとの考え方は以前からあり，そうした事態が生じた際に地方消費税をどのように運営していくべきかということについて，これまで専門家の間で議論が行われてきた（持田・堀場・望月，2010等）。日本の場合は，地方政府が地方消費税について税率決定権を持つことになれば，都道府県ベースで地方消費税率が変わることになるから，現在のような47都道府県を前提にすれば，その税務はさすがに煩雑になる。このため，道州制のような地域再編が行われることなしには，地方が税率決定権を持つことは現実的な話にはならないかもしれない。しかし，こうした議論自体は地方税全体のなかでの地方消費税の役割，住民税との役割分担などを考える上で重要なことである。

　では，消費税の軽減税率がこうした議論にどのような影響を及ぼすことになるだろうか。地方政府が独自に軽減税率並びにその対象品目を操作できることになれば，地方消費税の税率決定権に加えて，その課税ベースに関しても決定権を持つことになるから，消費税の軽減税率は地方消費税に関する裁量に対して新たな次元を付け加えることになる。もちろん，自治体の側では動かしたい変数が税率のみで，軽減税率を用いて課税ベースを変更する必要性を感じないとの意見も出るかもしれないが，軽減税率が有権者に訴えかけやすいものであ

ることを考えると，地方選挙対策として地方独自の軽減税率の設定が公約として掲げられることは，冒頭に述べた軽減税率導入の政治的経緯からも想像に難くない。

もしそうなれば，地方消費税の清算は複雑になる。現在地方消費税収に関してマクロ的な清算が可能になっているのは，消費税率が8％と一律であり，しかも地方消費税の課税ベースが同じだからである。地方によって税率や課税ベースが異なれば，現在のマクロ的な清算方式は機能しない[4]。マクロ的な清算を行うには，どの地域でつけられた付加価値がどの税率で課税されるかを把握して，各生産・流通段階の税率を清算に反映させなければならない。

実際に，そうした緻密なマクロの清算を行っている国もある。それは，カナダである。カナダでは，歴史的な経緯から課税に関して各州の独自性があり，州によって付加価値税（またはそれに相当するもの）の種類やその税率が異なる。カナダでは，1991年に連邦 VAT として GST (Goods and Services Tax) が導入されたが，それ以前から多くの州では既に小売売上税 (Provincial Sales Tax, PST) が存在しており，クレジット・インボイス方式の連邦 GST 導入にあたって州 PST をどのように扱うかが議論された。連邦政府は，州 PST を廃止して GST に統一することが望ましいと考えていたが，州政府の反発によってその大部分が実現しなかった。しかし，大西洋3州（ニューブランズウィック州，ノバスコシア州，ニューファンドランド・ラブラドール州）については，GST と整合的な州付加価値税 (Harmonized Sales Tax, HST) が創設された。HST は，連邦 GST と州 PST を一体化したものと捉えられる。2010年7月には，カナダ最大のオンタリオ州もそれまでの PST を廃止して，HST を導入した[5]。

HST は，クレジット・インボイス型の州 VAT であり，基本的に GST と同じ課税ベースを持ち，その徴税・管理は連邦政府に任されている。連邦政府によって徴税された HST 税収は，最終消費を基準に各州に配分される。これは，マクロデータを利用した清算方式であるから基本的には日本の地方消費税と同じであるが，税率が州によって異なるため，各州の税収は税率の違いを加味し

軽減税率・インボイスと地方消費税　169

図5　HST導入時に税率変更があった品目例

品目	連邦GST	2010年6月までの州PST	2010年7月以降のHSTにおける州PST部分
ドライクリーニング	5%	No PST	8%
電気・ガス	5%	No PST	8%
インターネット	5%	No PST	8%
ホテル	5%	5%	8%
タクシー	5%	No PST	8%
購読雑誌	5%	No PST	8%
家の改築	5%	No PST	8%
ガソリン	5%	No PST	8%
マッサージ	5%	No PST	8%
ゴルフプレー	5%	No PST	8%
美容院・床屋サービス	5%	No PST	8%
法律サービス	5%	No PST	8%
たばこ	5%	No PST	8%

（資料）カナダオンタリオ州

た上でマクロ的に清算されなければならない。このため、カナダでは産業連関表を用いて税率や課税ベースの違いを考慮した精緻な清算が行われている。

　ここで、日本の地方消費税に対する軽減税率への影響という文脈から注目すべきことは、カナダのHSTでは原則としてその課税ベースがGSTと整合的に設定されることが望ましいと考えられていることである。例えば、オンタリオ州では、HST発足以前は連邦GSTが5％、州PSTが8％であったが、GSTとPSTがそれぞれ独自に軽減税率適用品目を持っており、全体的にはPSTの方がその数が多かった。このため、PSTからHSTへの移行に際して、いくつかの品目を除いて州独自の非課税措置または軽減税率が廃止され、多くの品目でHSTの税率が13％（GST5％、PST8％）に揃えられた（図5）。HSTへの移行後も税率変更がなかった品目もある（図6）が、これらについても他の品目と同様に税率を揃えるべきだと考えられている。

　日本の地方消費税で、仮に地方が独自に軽減税率対象品目を選択するようになると、その分だけ制度が複雑になる。そもそも日本の地方消費税がカナダのHSTのような方向に改革が行われるかどうかもわからないため、この議論は日本の実態に沿うものにはならないが、可能性としての話をすれば、将来地方自治拡大の一環として地方消費税に税率決定権が付与された場合、軽減税率の導入は地方消費税の課税ベースに関する決定権についてもその道を開くことに

図6 HST導入時に税率変更がなかった品目例

品目	連邦GST	2010年6月までの州PST	2010年7月以降のHSTにおける州PST部分
子ども服	5%	No PST	No PST
子どもの履物	5%	No PST（30ドル以下）	No PST（サイズ6まで）
4ドル以下の適格飲食料品	5%	No PST	No PST
住宅保険	No GST	8%	8%
オンタリオ州から米国への航空券	5%	No PST	No PST
本	5%	No PST	No PST
新聞	5%	No PST	No PST
チャイルドシート	5%	No PST	No PST
女性用衛生用品	5%	No PST	No PST
おむつ	5%	No PST	No PST

（資料）カナダオンタリオ州

なり，国の消費税と地方消費税の異なる課税ベースによってその扱いは複雑なものになる。それは，マクロ的な清算作業に負荷がかかると同時に，納税者にとって消費税制度がわかりにくいものになる。

また，これも可能性の話ではあるが，地方消費税の徴税を地方政府が独自に行うという改革の方向性も考えられる。インボイスの導入は，その実現可能性を高める。地方政府が地方消費税の徴税を行う場合，クロスボーダー取引に対する仕向地主義課税を徹底させるために，県（または道州）境を超える移出・移入品は国境を超える輸出・輸入品と同じように扱われる必要がある。すなわち，県外に対する販売にはゼロ税率が適用され，一方で他県からの移入品に対しては移入企業が販売した時点で課税される。こうした課税方法は，繰延支払（deferred payment）方式と呼ばれるもので，理論的にはこうしたやり方で仕向地主義課税が実現できる。カナダでは，ケベック州がQSTと呼ばれる州独自のVATを導入して，その徴税を独自に（連邦GSTも含めて）行っており，そこではクロスボーダー取引に対する課税として繰延支払方式が用いられている。また，税関による国境管理が行われていないという点で一種の地方VATと考えられるEU各国におけるVATでも，クロスボーダー取引に対する課税は繰延支払方式で運営されている。

しかし，こうした課税方法とりわけEUの課税方法には欠点が指摘されている。それは，カルーセル詐欺（Carousel fraudまたはMissing Trader Intra-Community (MITC) fraud) に対する脆弱性である。カルーセルというのは回転木馬（メリーゴーランド）のことで，カルーセル詐欺というのは取引が回転して行われるうちに missing trader と呼ばれる企業が税を納めることなく姿を消してしまう詐欺である。繰延支払方式では，商品が輸出された時点で税還付が行われ，輸入品に対する課税はそれが販売された時点まで先延ばしされる。この課税のタイミングの遅れを利用して，輸入企業が税を納めることなく姿を消してしまえば，政府は輸入に対する課税から税収を得ることはできず，同じ商品が再度輸出されるとそれに対して税還付をしなければならないという事態に陥る。つまり，クロスボーダー取引を行い，その過程で輸入企業が行方をくらますことで詐欺が可能となり，税務当局にとっては税収に穴があく。こうした詐欺が EU では実際に起こり，一時は大きな問題となった。

こうした事態への対処方法の1つが輸出に対する課税である。カルーセル詐欺が生じるのは，3.1節で説明したようなインボイスによる VAT の鎖が輸出時点で切れてしまうことが原因である。輸出免税・輸入課税を行う際にインボイスが利用されていないことが，詐欺を行う余地を作り出しているのである。そこで1つの解決方法として，輸出品に対しても課税を行うことが考えられる。輸出品に対して課税すれば，輸出品に関しても VAT の鎖がつながり，カルーセル詐欺を排除することができる。

しかし，これを日本の地方消費税に利用しようと考えたとしても，そもそもインボイスが導入されていない状態では，こうした課税方法はまさに机上の空論であった。これに対して，今回の消費税改革でインボイス導入が決まったことで，移出に課税する方法について，今後はこれまでよりも一歩現実に近づいたものとして議論を展開できることになる。具体的な検討策としては，CVAT（McLure, 2000）や VIVAT（Keen and Smith, 2000）などが挙げられる。CVAT と VIVAT についてここで詳しく述べる余裕はないが，両制度は概ね次のようなものである。

CVAT（Compensating VAT）は，地方間の取引に関して移出品に対するゼロ税率と移入品に対する繰延支払方式を維持しつつ，同時に移出品に対して追

加的に CVAT と呼ばれる補償的なダミー税を課す方法である。これによって，移出品には CVAT 税率の分だけ VAT の鎖が維持される。CVAT は，VAT の鎖を維持するためのダミー税として機能するだけなので，移入側では CVAT に対する仕入税額控除が認められる。

　VIVAT（Viable Integrated VAT）は，登録事業者間の全ての中間取引に対して全国一律の中間税（VIVAT）を課す方法である。移出品に対しても域内品と同じように VIVAT が賦課されることから，越境取引においても VAT の鎖が維持される。登録事業者は，VIVAT に対して仕入税額控除を適用することができるため，B2B（事業間）取引に対しては実質的な税負担は発生せず，小売段階のみで負担が生じる。小売段階では，VIVAT 税率に付加的に税率が加えられた VAT 税率を各地方政府が独自に設定することができる。これは，各地方政府が全国一律の VAT（すなわち VIVAT）に独自の小売売上税を付加的に課すことに等しい。

　CVAT や VIVAT には，乗り越えるべき実務的な課題があり，海外でも普及していない。これらを日本に導入するには，日本特有の課題もある[6]。しかし，日本でも本格的なインボイス制度が導入されれば，日本の地方消費税がその自由度を増し，その結果欧州諸国など諸外国と同じ土俵で CVAT や VIVAT を含めた新しい制度への対応を検討することができるようになることは確かである。

　もちろん，以上の議論は軽減税率やインボイスの導入を契機に，地方消費税制度をいたずらに複雑な方向に改革すべきことを意味しない。むしろ逆である。地方税全体を見渡せば，限界的財政責任機能を発揮できるものとして既に個人住民税があるわけだから，地方消費税は一定の地方税収を確保するという目的のために利用し，各自治体による独自の増減税については個人住民税によって行うという地方税のなかでの住み分けが行われることが望ましい。個人住民税増税を行う際には，地方政府は住民の理解を得るためにその活動が厳しく精査されることになり，その結果必要最小限の増税しか行われないことが期待できる。こうした限界的財政責任機能は，地方消費税よりも個人住民税によって強

く発揮されると考えられる。このため，そうした機能が働く住民税と広い課税ベースで税収を確保することができる地方消費税を上手く組み合わせることで，地方税をより充実したものにすることができる。地方税は，適所適材の原則で全体として望ましい体系が作られることが重要であり，地方消費税の当面の活用方法は個人住民税との住み分けを強く意識したものとなろう。

しかし，消費税に軽減税率やインボイスが導入されると，地方消費税にも質的な影響が及ぶことになり，将来的な改革の選択肢が良い意味でも悪い意味でも広がる。当面は標準税率と軽減税率の差が小さいことから，地方消費税への影響も小さいと考えられるが，将来的には両者の差が拡大していくことが十分に考えられる。その際どのような議論が行われるようになるかは，その時点の地方分権のあり方にも依存するであろうから，現時点では何とも言えない。大切なことは，地方消費税の潜在力が向上したからといって，地方消費税制度を複雑化することを考えるのではなく，住民税など他の地方税目と比較考量し，地方税全体として効率的かつ公平な税制を構築することであろう。

5．おわりに

本稿では，消費税に対する軽減税率の導入を契機に，それが地方消費税にどのような影響が出るかを制度的な側面から論じた。消費税の軽減税率の議論は，逆進性対策の観点から論じられることが多く，地方消費税との関係について考察されることはほぼ皆無である。確かに，当面の標準税率10％，軽減税率8％という状況では，消費税の逆進性を緩和する効果も小さく，ましてや軽減税率の地方消費税制度への影響についてまで考えを巡らせることは時期尚早であるかもしれない。軽減税率の地方消費税への影響に関する当面の議論の多くは，軽減税率導入によって国の消費税収のみならず地方消費税収も減少することへの対策にとどまるであろう。

しかし，軽減税率とインボイスの導入は，国及び地方の消費税制度に大きな質的変化をもたらすものであり，国の消費税と地方消費税の役割分担や地方消

費税の清算基準といった問題に改めて焦点を当てるものとなる。また，冒頭に述べた軽減税率を巡る政治的な動きを念頭に置けば，何らかの理由で地方消費税に関する地方の裁量が増したとき，今回の消費税改革による地方消費税の潜在力の向上が，思わぬ複雑な制度をもたらす改革に導く可能性もある。長い目で見ると，今回の消費税改革が地方消費税の長期的なあり方を決める1つのきっかけになるかもしれないのである。

【参考文献】

Keen, M. and S. Smith (2000), "Viva VIVAT!" *International Tax and Public Finance*, 7, pp. 741-751.

McLure, C. (2000), "Implementing Subnational Value Added Taxes on Internal Trade: The Compensating VAT (CVAT)," *International Tax and Public Finance*, 7, pp. 723-740.

Musgrave, R. (1959), *The Theory of Public Finance*, New York: McGraw-Hill.

持田信樹・堀場勇夫・望月正光 (2010)「地方消費税の経済学」有斐閣

---

(1) こうした原理的なインボイス方式が採用された例としては，以前の韓国が挙げられる。そこでは，紙のインボイスが4枚用いられ，1枚は販売企業が税務当局に提出し，もう1枚は販売企業が購入企業に渡し（そして購入企業がそれを税務当局に提出し），残りの2枚は販売企業と購入企業が各々保存していたようである（筆者ヒアリングによる）。

(2) これは，一方では免税の資格のある事業者に課税事業者を選択させる誘因にもなり得るため，課税ベースを広げるという観点からみれば，むしろ肯定的に評価される。

(3) 平成29年度税制改正で，人口のウエイトが17.5%，従業員数のウエイトが7.5%に変更される予定である。

(4) 全国統一の軽減税率が導入された場合にも問題が生じることは，前節で述べたとおりである。

(5) ブリティッシュ・コロンビア州でも2010年にHSTが導入されたが，2013年にHSTが廃止され，州PSTに戻った。

(6) 持田・堀場・望月 (2010) では，CVATやVIVATの長所と短所が詳細に検討されている。

税を考えるシンポジウム

日時：平成28年11月12日
開会：午後１時00分～
場所：奈良県橿原文化会館

【特別講演】『経済社会の構造変化と税制』
　　　　　財務省　事務次官　佐藤　慎一　氏

【基調講演】『地方税のあり方と自治体の取り組みについて』（概要）
　　　　　関西大学　教授　林　宏昭　氏

【パネルディスカッション】『奈良県における地方税の課題と展望』

【特別講演】 『経済社会の構造変化と税制』

財務省　事務次官
佐藤　慎一氏

　ただいま御紹介いただきました佐藤でございます。本日はこのようにお話しさせていただく機会をいただきまして，大変光栄に存じております。

　荒井知事とはかなり長く懇意にさせていただいておりまして尊敬すべき先輩でもあり，知識人としても大変尊敬申し上げている方でございますが，先日，税のことを話してもらえないかとのお話がございましたものですから，二つ返事で参上申し上げたということでございます。

　私は，先ほど御紹介がありましたように，今，財務省で事務次官をしておりますが，これまで38年間，役所勤めをしておりまして，そのうち約半分くらいが税制関係の仕事に関わってきたものですから，その意味で，税制はそれなりにこだわりのある世界ということでございます。ただ，本日は１時間ほどしかありませんので，細かいことをお話しても中途半端なことになりかねませんので，税制が経済社会構造の中に溶け込んでいる制度であることを踏まえて，ここ四半世紀の日本の経済社会の構造変化をどう捉えて，それと税制との対応をどう考えたらいいかといった切り口から，全体を俯瞰するようなお話をさせていただこうと思います。税は，取っつきにくいところがある一方で，皆様にとって身近なものでもあるはずでして，こうした切り口から見た税制というものをお話しすることで，皆様にとって少しでも税制を考えるときの参考になればという思いでおります。１時間ばかりでございますけれども，どうかおつき合いをいただければと思います。

　お手元に参考資料を用意いたしました。少し細かい資料ですので，これを全部説明するということになると，とても１時間では終わりませんので，割愛し

目　　　次

```
1. 税制とは……………………………………………………………2
2. 経済社会の諸相（マクロ経済構造の変化）…………………………3
3. 経済社会の構造変化
    Ⅰ 人口構造の変容………………………………………………6
    Ⅱ グローバル化の進展…………………………………………12
    Ⅲ 財政構造の変化………………………………………………16
4. 経済社会の構造変化を踏まえたあるべき税制とは？………………20
```

　ながらお話を進めたいと思っておりますので，あらかじめご容赦いただければと思います。

　それでは，まず1ページ目をお開きください。今日は，この「目次」にある4つの項目を頭に置いてお話をさせていただこうと思います。まず，税制とはなにかという基本を改めて確認させていただいた上で，ここ四半世紀にわたる我が国の経済社会の構造変化がどのようなものであったかについて，さまざまなデータで確認していただくつもりです。次に，そうした構造変化の背後にあるミクロ的要因を，人口構造，グローバル化等々の観点から更にデータでご確認いただく。それから，財政の構造変化という問題にも触れたいと思います。その上で，以上のような構造変化の姿を踏まえた「あるべき税制とはどんなものだろうか」ということについて，私なりの一つの見方を御紹介させていただきたいということでございます。

　前置きはこれくらいにして，それでは，本題に入りたいと思います。次の

税制とは

- 税制
  - 経済社会を支える重要なインフラストラクチャー（基盤）
  - 時々の経済社会構造を基礎として構築される、経済社会を映し出す「鏡」
- 税制の基本的な機能
  - 公的サービスの財源調達機能（応能原則・応益原則）
  - 所得・資産の再分配機能
  - 経済社会の成長基盤（≒経済自動安定機能）
- 税の基本原則
  - 公平：垂直的公平、水平的公平、世代間の公平
  - 中立：税制ができるだけ個人や企業の経済活動における選択を歪めることがないように
    - （例）企業形態、就業形態、労働供給と余暇の選択、消費選択に対する中立性
  - 簡素：税制の仕組みを出来るだけ簡素なものとし、納税者が理解しやすいものに

ページをごらんください。表題には、「税制とは」と非常に堅苦しく書いてございますけれども、税のあり方を考えるときのいろいろな切り口を示したものです。そもそも税制にはどんな基本的機能があるのかということについては、まず公的サービスの財源を調達する機能がございます。さらに、所得・資産の再分配機能もありますし、経済社会の成長基盤としての機能も重要です。それから、税体系を構成するときの基本原則として、公平、中立、簡素がしばしば指摘されます。

　以上は、教科書的な説明ですが、最も肝心なのは、一番上のところに書いてある、「税制は経済社会を支える重要な基盤、インフラストラクチャー」であり、「時々の経済社会構造を基礎として構築される経済社会を映し出す一種の鏡である」という点です。税は、人々の行動に影響を与えます。税負担を意識して企業の行動も個人の行動も変わります。最近のトピックで申し上げると、パート主婦にとっていわゆる「103万円の壁」があるとか、そういう話がよく

マスコミに出ますけれども，そこには税が介在しているわけでございまして，そのよしあしはともかく，税制というものは経済行動に何らかの影響を与えていくものであり，その意味で，経済社会を支える基盤という側面をもっているということでございます。

　また，税制は経済社会の構造そのものと不即不離の関係にありまして，これらが相互に乖離すると，人々の行動など経済社会の構造に歪みが生じることになりかねません。例えば，税制の基本原則の一つに「税負担の公平」がありますが，その持つ意味は，その時代の経済社会の姿・構造の違いで変わってくるのです。ある社会の人口構成において，その大宗が現役世代である場合の「公平」と，現役世代と高齢世代が半々の社会である場合の「公平」とを考えたときに，もし仮に税体系が同じであれば，前者の場合に公平な税制と思えても，後者の場合にはその税制は公平ではないとされる可能性があるわけです。やはり時代時代の経済社会の構造変化に合わせて，税制をチェックしながら，さらにはそうした構造変化にきちんとフィットするように税制のあり方そのものを変革していかなければならないと思っています。抽象的な話となりましたが，経済社会の構造変化に対応して，いかに税制を組みかえていくかという視点が特に重要であることを，まずは，お話の入り口として指摘させていただきます。

　次のページです。ここからはデータが多いものですから，ポイントだけ申し上げますが，皆様方の頭の中で，ここ四半世紀における我が国経済社会の構造変化がどのようなものであったかというイメージをつくっていただければと思います。そこで，まず，皆様に，ひとつ問題提起をしたいと思います。現在の日本は，1945年以後，70年たっているわけでありますが，1960年，昭和35年あたりまでは，いわば戦後復興の時期でございましたので，それを除外したとして，1960年以降，現在までの約60年足らずの期間について，時代の大きな転換点はどこにあったかという視点から，一つだけ線を引くとすると，皆さんはどの時点に線を引かれますでしょうか。そういう問題意識を持ってこれからの話をお聞きいただければと思います。

　私としては，ひとつの仮説として，1990年代半ば，1995年あたりに線を引く

経済社会の諸相（マクロ経済構造の変化）①

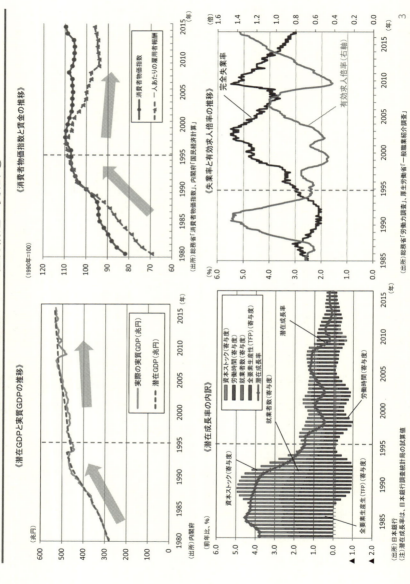

ことができるのではないかと思っています。この時期に，日本の経済社会が大きく構造的に変化した可能性があるということです。もちろんピンポイントではなく，一定の幅はございますけれども，この時期に注目すべきではないかと思います。以下には，いろいろなグラフが並べてありますけれども，1995年あたりを境に，その前後を意識して対比的にごらんいただければと思います。

　左上のグラフですが，ここには，「グリーンの線」と「ブルーの線」がございます。これらは，国の富を生み出すフローの力であるGDPを示したものですが，これらが，1995年を境に大きく折れ曲がっている様子が見えると思います。「ブルーの線」は「潜在GDP」です。これは，実際のGDPではなくて，日本の経済が富を生み出す潜在的な底力を試算したものです。「実際のGDP」の動きはギザギザの「グリーンの線」で示されていますが，その背後にある日本経済が生み出しうる底力のトレンドが「ブルーの線」で引かれているという関係にあります。いずれにしましても，この「ブルーの線」である「潜在GDP」が，1995年のところで折れ曲がっておりまして，その左側は，1990年代前半までのいわば安定成長期。その右側の，1990年後半以降は，一口に言えば，デフレ不況期と言うことになり，この境目の95年近傍で，線が屈折しているということです。ここからは，この時期に何か大きな質的な構造変化があったことが想定されます。左下は，「潜在成長率」のグラフです。先ほど申し上げた日本経済の潜在的な底力（GDP）の成長率をあらわしたものです。「ブルーの線」である「潜在成長率」が1995年のところでぐっと下がって，現在までだらだらっと下がって来て，今はほぼゼロに近い状態，すなわち潜在的な成長力はほぼゼロの状態になってしまっています。1990年代前半までの時期は，3％を超える高い潜在的な底力があったということですから，何がしかの原因でこの1995年前後で構造的な激変が起こっているということです。税体系のあり方を考えるときに，95年を挟んで，その左側と右側とで税体系が仮に同じであるとするならば，本当にそれでいいのだろうかということを考えていく必要があると思います。これらのグラフからは，そのような問題意識が喚起されるのです。

この「潜在成長率」の「青色の線」について，その内訳，寄与度が棒グラフで，「赤色の棒」，「水色の棒」，「緑色の棒」として示されています。例えば，「水色の棒」（就業者数）は，生産年齢人口の増減が潜在成長率にどの程度寄与しているという度合いを示しています。1995年頃までは生産年齢人口がふえておりましたので，それが成長率を引き上げているという状態でしたが，95年以降は，むしろマイナス方向に作用してきているのです。「赤色の棒」（全要素生産性）は，大胆に単純化して言えば，一種のイノベーションといいますか，技術革新を含めた，マネジメントを新しく展開していくイノベーションの能力の寄与がどの程度あるかということですが，これが95年を境に大きく変動しています。「緑色の棒」（資本ストック）は，設備投資の寄与度でありますが，これも1995年を境に大きく減っているということであります。まとめますと，1995年を境目として，その左側のゾーンは，盛んなイノベーションや投資，さらには生産年齢人口の増加といった要素が複合的に経済全体の成長率を引き上げていたということで，まさに，日本経済の強さの象徴のような時期だったと思いますが，これに比して，現状は全く別世界のような状況に陥ってしまっています。労働者人口の制約，イノベーションが進まない，それから，投資についてもデフレ・マインドの下でふるわないわけで，いずれにしても，全くの様変わりの状況なのです。なお，一言付言すれば，現在のようなゼロ％近傍の潜在成長率の下では，外からの大きなショック，変動にはきわめて脆弱であり，回復力も弱い状況と言わざるを得ません。税制に限らず，今後の経済政策を考えていくときに，この点を基本認識として持っておく必要があると思っております。
　次に，右上のグラフをご覧ください。これは，消費者物価と賃金の推移について，1990年を100として指数化しグラフ化したものです。「赤色の線」（消費者物価指数）が消費者物価の動き，「青色の線」（一人あたりの雇用者報酬）が賃金の動きです。ご覧の通り，1995年頃までは，賃金が上がり，これに引っ張られる形で消費者物価が緩やかに上がってきましたが，90年代半ばを境に，賃金が伸びず，むしろ下がり気味に推移し，これに引っ張られるように，消費者物価が横ばい，ないしは下がっていき，いわゆる緩やかなデフレという状態に

なっています。足下では，アベノミクスにより少し状況は変わってきておりますけれども，大きな流れとしてはそのような状況となっており，賃金と消費者物価の動きが因果関係はともかく相互に連動しながら動いてきて，大胆に申せば，賃金デフレの様相を呈しているわけです。今こそ，賃上げ予想が物価上昇予想を生むという意識の循環を作り出す必要があると思います。

　今まで3つのグラフをご紹介しましたが，少なくとも直観的には1990年代半ばに何か大きな構造変化があったに違いないと観察されるところでございます。

　次に，4ページでございます。これは，経常収支の動向を示したものです。これはいわば日本の国力を計る指標の一つでございますけれども，一貫して黒字基調で来ていることがこの折れ線グラフから読み取れます。その中身ですが，「青色の棒グラフ」と「オレンジ色の棒グラフ」がございますが，「青色の棒グラフ」は，モノの輸出・輸入に係る部分で，貿易収支と呼ばれるものでございます。それから，「オレンジ色の棒グラフ」である「第一次所得収支」は，海外への直接投資などによって得られた投資収益として計上される部分です。経常収支としては黒字基調を保ってきていますが，その中身が1995年を境に大きく変化していることにご注目ください。1995年頃までは，「貿易収支黒字」が主役でしたが，次第に，グローバル化が進展し，我が国企業部門がこうした世界的な構造変化に対応していく中で，資本が国境を越えて投資収益を稼ぎ出すという経済構造に変化した結果，「第一次所得収支黒字」が主役になる時代へと，大きく変貌しました。まさに，日本が国際的な経済システムの中に組み込まれ，その中から大きく裨益している姿が読み取れるわけです。

　左下のグラフは，対外純資産の推移です。一貫して伸びてきていますが，これは，積極的な企業の海外進出や対外直接投資を背景にしたもので，その規模は世界最大級のレベルです。これは，日本が持っているバックストップとしての国力，いわば日本経済の信認の基礎となっているもので，日本経済の強さの象徴です。一方，右上のグラフをご覧ください。我が国の財政状況を示したものです。国・地方を通じる財政状況は，対GDP比で大幅な赤字で，しかも，この財政赤字がどんどん累積してきており，世界最悪の状況に陥ってしまって

経済社会の諸相（マクロ経済構造の変化）②

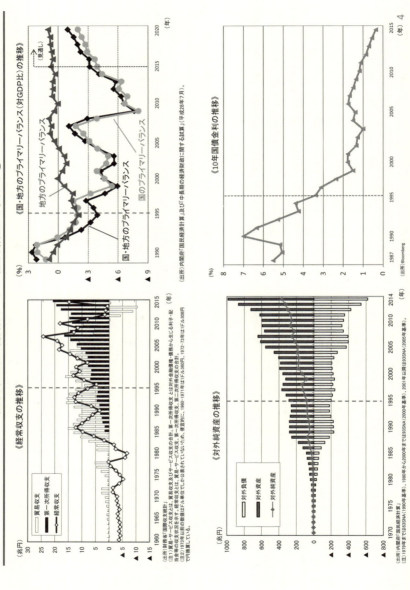

います。ただ，現在のところは，国内に豊富な貯蓄があること，超低金利であることから，何とか財政は回っていますが，そのためにかえって財政規律の問題が看過されやすくなり，累積する債務残高による潜在的な財政リスクが猛烈に高まってきているのです。日本経済の脆弱性は，後ほど申し上げる人口構造の変容の問題に加えて，構造的な財政赤字の問題にあると思います。

　以上申し上げてきたように，経常収支や対外純資産といった，強力なバックストップによる国力の強さが際立つ一方で，こうした財政構造や，長引くデフレを生み出す経済構造という弱さが混在している状況が，今まさに我々が生活している日本という国なのです。税制のみならず，経済政策のあり方を考えるときには，希望的観測ではなく，こうしたファクトに基づいた検討が必要になると思う次第です。

　それから，右下のグラフですが，10年国債の金利動向です。現在の日本国債の金利は非常に低く，10年物でほぼゼロ％近傍ですが，その昔，1995年以前は，なんと５％程度と，金利らしい金利がついていたわけですが，今は全く様変わりです。デフレ状況の象徴です。経済全体が不活性な状態にあり，国債の運用にしか資金が回らないということで，結果的に低体温症のような状態になっているということです。

　なお，このような低金利や，デフレ（低インフレ）とか低成長率という現象は，何も日本だけの話ではなく，グローバル化の進展の中で，世界的にも共通の現象が起こりつつあるということも事実でございます。俗に「3L現象（低成長率・低インフレ率・低金利）」といわれるものですが，これにどう対処するかということについては，日本においては，アベノミクスということで先陣を切っているわけですが，いずれにしても世界共通の難しい課題です。

　次に，５ページの右側の表をごらんいただきたいと思います。今までそれぞれ個別のグラフを見ていただきましたが，ここでは，日本のマクロ経済循環の様子を数字で確認していただければと思います。例によって1995年のときの数字と，直近である2014年の数字とを比較いたしました。まず，「賃金総額」の動きです。1995年のときには310兆円でしたが，今は289兆円で，▲22兆円も減

経済社会の諸相(マクロ経済構造の変化)③

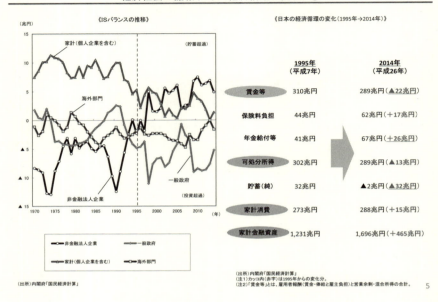

少しています。これは、生産年齢人口の減少、賃金水準の抑制、非正規雇用の増大といった様々な要因が作用した結果として、一種の賃金デフレのような状態となり、マクロとしての賃金総額は減ってきたということでございます。主として企業部門によるグローバル化に対する最適行動の結果、一種の合成の誤謬が生じたのではないかと考えられますが、いずれにしても、現実問題として、賃金総額が減少していることは人々の経済行動や心理に大きな影響を及ぼしているのではないかと思われます。

次に、「可処分所得」ですが、302兆円から289兆円ということで、▲13兆円の減少で済んでいます。これは、「年金給付等」が、41兆円から67兆円に増加したことによるもので、これにより、可処分所得としては、賃金総額のマイナスが幾分下支えされているということです。ただし、この年金給付は、別に天から降ってくるわけではなく、いわゆる移転収入ですから、その給付の裏で、誰かが保険料の負担をしているということを念頭に置くことが重要です。実際、

「保険料負担」は，44兆円から62兆円へと＋17兆円ふえています。これは主として現役世代の負担によるものです。ということは，年金給付が現役世代の負担で支えられているという意味での，ある種の脆弱性を内包しつつ，賃金総額の減少を補って，可処分所得の減少幅が軽微にすんでいる，そういう構造になっているのです。従って，この現役世代の負担構造のあり方をよくよく考えていかないと，可処分所得の持続可能な姿をつくれないということになると思います。この辺は，社会保険料や所得税といったいわゆる賃金税の負担のあり方の問題として考えていかなければならないということを示唆しています。

　それから，「家計消費」をごらんいただきますと，273兆円に対して288兆円ですので，むしろ増えているわけでございます。「貯蓄（純）」をごらんいただきますと，これはフローの貯蓄ですが，32兆円から▲2兆円と，貯蓄を手控えているという状態でございます。そういう状態の下で，「家計消費」は結果として概ね横ばい，ないし若干ふえる形で安定的に推移しているという姿になっています。ただ，貯蓄を手控えるということは，要するに先食いということですので，経済全体から見ると，経済成長に必要な原資が先細りになっているという面もございますし，人々の生活実感からしても，貯蓄という将来への安心のもとを犠牲にしているという面もあるわけで，その意味で，ここにもやはり脆弱性が隠されているということでございます。

　一方で，「家計金融資産」というストックは，約1,200兆円から約1,700兆円へと増加しています。まさに経済のストック化の現れですが，その大宗が，高齢者層において保有されている状態です。ただし，高齢者層といっても一律ではなく，持っている層と持たざる層とに二分化されているという実態もあるわけです。

　このように，マクロ経済構造の状況を見ますと，現役世代の負担構造の状況とか，貯蓄がふえない状況，あるいは家計金融資産が大きくたまっている状況，他方で，消費そのものは比較的安定的に推移しているといったような状態があるわけですが，これらを俯瞰しつつ，税制のあり方として，所得税，法人税，消費税，資産税でありますが，これらをどういう組み合わせで考えていくべき

かということを改めて考える必要があると思います。

　少し話を進めます。これからは，これまでご説明したマクロ経済構造の変化の背景にあるミクロ経済的要因について，データによって確認していただこうと思います。まず，6ページの左上のグラフです。生産年齢人口の動きをご覧いただきますと，1995年の8,717万人でピークアウトしております。1995年までは増加してきましたが，それ以降は減少してきています。生産年齢人口というのは，現役世代とほぼ同義と考えていただければと思います。このように労働力人口が減っていくということになると，経済全体の潜在成長率が下がっていく方向に作用することになります。いずれにしても，1995年に人口動態として大きな地殻変動が起こっていることに注目する必要があります。そこで，1995年を境にその前後を考えてみますと，高齢世代と現役世代との人口比が大きく変化しています。95年以前の「現役世代が大宗である時代」と，95年以降の「そうでない時代」とでは，例えば税負担の公平の受け止め方が違ってくるはずです。95年以前の社会では，ほとんどの人が現役として働いていますので，その場合の公平性は所得税においてできるだけ工夫しましょうということになりますが，95年以降の社会では，高齢世代が相当のウェイトを占めることから，所得税における負担の公平性だけに着目しているようでは，バランスを欠くことになると思います。そこにこそ，現役世代，高齢世代を通じて負担される消費税の存在意義が出てくるということでしょう。いずれにしても，税の負担を一体誰に求めるべきかという問題，税体系のあり方の問題は人口構造の態様に照らして考えていかなくてはならない問題なのです。

　引き続き，人口構造の変化に関するデータをご確認いただこうと思います。右上のグラフですが，「年齢別未婚率」です。足元では，男性の生涯未婚率は20％ですが，あと20年もたつと30％近くに，女性も現在は10％ぐらいですが，これも20％近くにまで，それぞれ上昇すると推計されています。ご覧いただきたいのは，このグラフの角度が，95年あたりを境に急になっているということです。左下のグラフは，「平均初婚年齢」です。晩婚化が進んでいますが，これも95年を境にかなり急角度になっています。「平均出産年齢」のグラフは，

税を考えるシンポジウム【特別講演】

経済社会の構造変化Ⅰ－①人口構造の変化

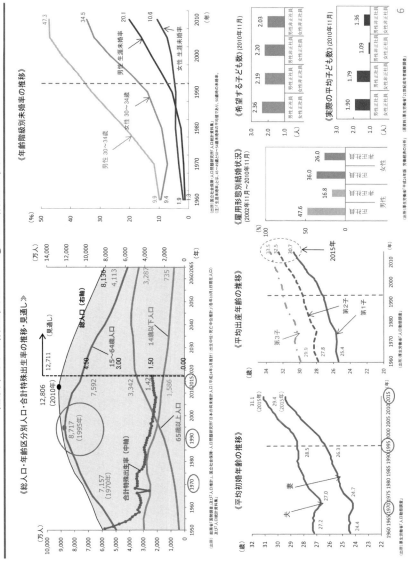

晩産化を示すデータですが，これも95年頃に急角度になっています。右下の棒グラフですが，雇用形態が正規か非正規かということと，結婚しているか否か，あるいは子供が何人いるかということをクロスで見た場合のデータです。正社員になれば結婚意欲が増すということでしょうか，非正規社員に比して，正社員では結婚しているケースが多く，希望する子ども数と実際の子ども数の乖離が小さいようです。いずれにしても家族形成と働き方が連動している姿が見えると思います。

　次に，7ページの棒グラフです。これは家族類型がどのように変化してきたかを示したものです。これまでしばしば，「夫婦と子供がいる世帯」が主たる家族像，戦後の典型的な家族モデルだとされてきました。実際，「水色の部分」がそれに当たりますが，1970年段階では全世帯数の4割強がそういう世帯でした。しかし，今や，既に3割を切ってしまいました。その入れかわりで，老人や未婚の「ひとり世帯」が非常に増えてきています。それが，「緑色の部分」です。それから，「グレーの部分」，これは，いわゆるシングルペアレント，「ひとり親世帯」ですが，これも増えつつあります。このように，家族類型については，1980年代ぐらいまでは，「夫婦と子供のいる世帯」が典型的なモデルとされ，そういう世帯を頭に置きながら様々な制度設計がなされてきましたが，今日のようにこれだけ世帯類型が多様化してくるとなると，税の組み立て方にも発想の転換が必要になると思います。

　次に，右側のグラフです。「共稼ぎ等世帯数の推移」ですが，これもまた1995年を境に大きな変化が生じています。「緑色の線」（男性雇用者と無職の妻からなる世帯）はいわゆる専業主婦世帯，「赤色の線」（雇用者の共働き世帯）は共稼ぎ世帯ですが，これらの線が，95年付近で交差している，つまり，専業主婦世帯数と共稼ぎ世帯数とが逆転したのです。さらに，左下のグラフですが，共稼ぎ世帯が増加していると言っても，「夫がフルタイム，妻がパートタイム」という組み合わせの世帯がふえてきていることを示しています。

　以上をまとめますと，「夫婦と子供のいる世帯」が，もはや典型的な世帯モデルではなくなり，世帯類型が多様化してきているということ，妻が働くこと

経済社会の構造変化 I －②家族の変化

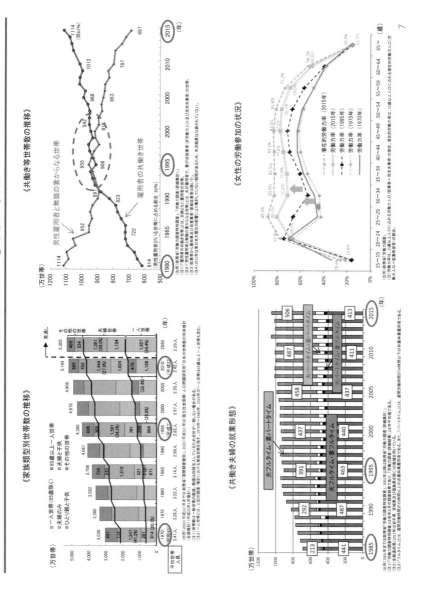

を前提とした家族形成がかなり進んできているということです。所得税などについて考えるときには、この辺の事情をどのように織り込んでいくかが課題となります。

　8ページは、働き方の変化についてです。これは、1995年以降、非正規雇用者の数も比率も拡大してきていることを示しています。正規雇用・フルタイム雇用のようないわゆる年功序列型、終身雇用型の労働市場と、非正規雇用・パートタイム雇用のような労働市場が分立する状態が出てきたということです。この点については、経済のグローバル化が進んで、これに対する企業の合理的な行動の結果、こうした状況が生み出されているわけですが、その結果として何が生じているか。

　左下のグラフですが、雇用形態別の年齢別賃金の動向をご覧いただくと、正規雇用の場合には、年功型で年齢とともに賃金水準が上がっていく傾向にありますが、非正規雇用の場合には横ばい型で、年齢が幾つになっても賃金水準が変わらないという姿になっております。こういう状況が、結婚するとか、家族を持つとか、子供を持つとかといったことについて人々の価値観に大きな差を生み出してきているのだと思います。

　それから、9ページでございます。これは極めて重要なグラフです。1994年と2014年との2時点をとりまして、年間収入階級ごとに世帯数がどのように分布し、それが経年でどのように変化したかを示したものです。左上は、「総世帯」についてです。今から20年程前の1994年は、「水色の点線」ですが、一番世帯数の多いのは700万円から800万円くらいのところでして、ここをピークとする山型をしておりましたが、2014年現在では、「緑色の線」ですが、500万円から600万円ぐらいのところで、凹みが見られ、その前後に、山が2つ、「ふたこぶラクダ」のような形状になっているところです。これを年代別に分解しますと下のようなグラフになります。「若年世帯」は、ここ20年間で全体としてグラフが左にシフトしています。非正規雇用がふえてきているということもありまして、低所得化が進んでいる。「壮年世帯」は、800万円あたりで「ひとこぶ」ありますが、左側にもう一つの「こぶ」のようなものがあると思います。

税を考えるシンポジウム【特別講演】 193

経済社会の構造変化Ⅰ-③働き方の変化

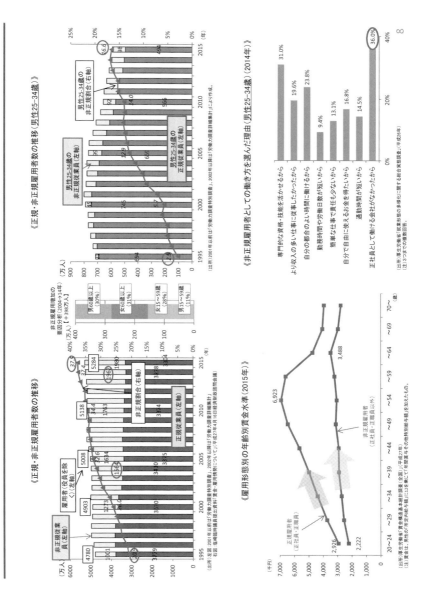

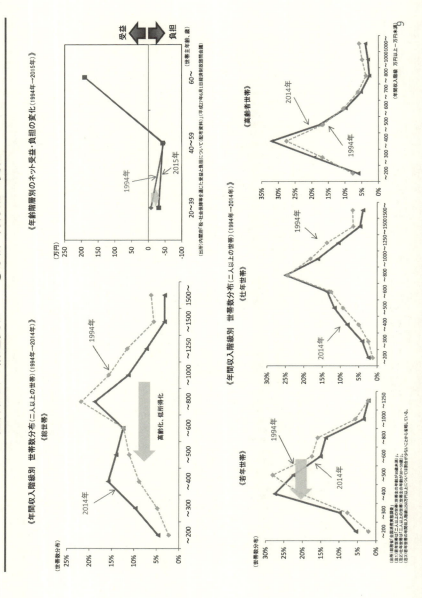

経済社会の構造変化 Ⅰ－⑤消費の変化

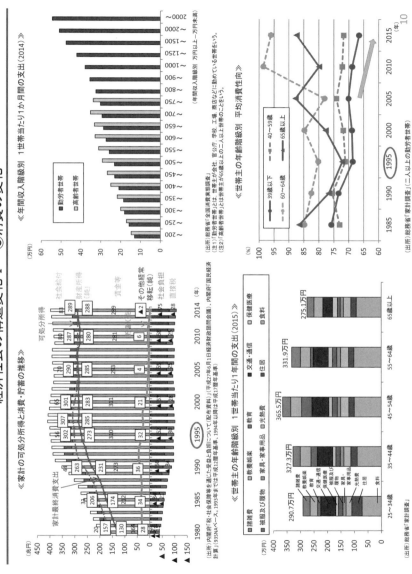

これは恐らく1990年代末以降のいわゆる就職氷河期のときに，非正規雇用の形で社会に出た方がそのまま非正規雇用の状態になっているために，相対的に低い収入帯のところで「こぶ」になっているのではないかと推察されます。「高齢者世帯」については，山の形の左右へのシフトは見られませんが，収入は年金中心ですので，全体的に収入水準はそれほど高くないわけですし，高齢化の進展で，300万円から400万円あたりの世帯数が増加しているのが特徴です。これらを合成しますと，左上のグラフになります。真ん中あたりが凹んでいる状態でして，中間収入層が薄くなっているという言葉で表現できるかと思いますけれども，こういう「中間層の希薄化」という現象が現れてきているということでございます。

　こうした歪な「ふたこぶラクダ」のような形状を，可能な限り正常な形にするような政策的アプローチが必要だろうと思います。まずは，賃金そのものができるだけ上がっている状況をどう作っていくか，所得再分配をどのように進めていくか，といった観点を念頭に，この山の形を正常化させる必要があります。そうでないと，個人消費が増えていくはずもありません。ただ，それは非常に困難なハードルであることも事実です。まさにここ四半世紀の間，グローバル化が急速に進行する中で，非正規雇用化が進められ，賃金も抑制されてきましたが，これは，言うまでもなく，企業としての合理的な経済行動の結果です。しかし，その反面，社会全体として見た場合には，若年層を中心に，低所得化と少子化が進行し，妻の稼ぎを前提とする共稼ぎ世帯モデルが中核になるなかで，中間層が希薄化していく姿となってしまっている。いわば合成の誤謬的な状況が生じてしまっているわけです。こうした現状を再認識するとき，問題の大きさに慄然としますが，なんとしてもこれを乗り越えていく必要があると思っています。そのためにも，税制を含むあらゆる制度の総点検を行い，安心して子供を育てることができる家計基盤をどう再構築していくかについて皆さんと考えていく必要があると思っています。

　中間層の希薄化という点については，日本以外の世界ではもっと極端な現象が起こっていると思います。イギリスにおける「ブレジット」の話やアメリ

カにおける「トランプ現象」などもその現れであり、グローバル化における負の帰結ではないかという指摘もあるほどで、我が国においても、決してその例外ではない可能性があることに留意が必要だと思います。

既に持ち時間をかなり使ってしまいましたので、若干急ぎ足で進めたいと思います。11ページです。これは経済のストック化の状況についてです。家計資産の推移を見たものですが、左上のグラフをご覧ください。「赤色の折れ線」は、ネットの正味資産（ストック）の推移を示していますが、1990年代初頭くらいまでは上昇しておりましたが、あとは横ばいでございます。その内訳をみると、地価が低下してきたことにより、非金融資産である「水色の棒グラフ」部分が縮んできていますが、金融資産である「緑色の棒グラフ」は伸びてきています。ただ、この金融資産の多くは預貯金であり、利回りが非常に低いわけです。この金融資産の保有状況をみると、右上のグラフですが、家計金融資産1,700兆円のうちおおよそ1,000兆円が60歳代以上の人たちに集中しているという構造です。左下の貯蓄現在高というデータで見ますと、ここ20年間、「若年世帯」では、貯蓄高の世帯数分布には大きな変化はみられませんが、「高齢者世帯」では、貯蓄高が少ない方もふえているし、多い方もふえているということで、二極化が進んでいるという構造になっております。さらに、右下のグラフですが、資産を相続する人数が少子化とともにどんどん減ってきております。60歳代以上の高齢者世代に貯まった資産がより少数の子供や孫の世代に相続されるということになりますので、資産のある家族の子弟はより恵まれ、そうでない家族の子弟との間で格差が生じかねない状況となっています。この辺が、資産課税のあり方を考えるときに留意すべき視点だと思われます

これまで、縷々述べてきたのは、人口構造の変容に関連するもので、俯瞰すれば1995年頃に大きな屈曲点があったのではないかということでした。12ページ以降は、もう一つの重要な転換点である、グローバル化の進展ということについて確認しようと思います。ご存じの通り、1989年にベルリンの壁が崩壊し、西と東が行き来できるような状態になって、その後、モノ・ヒト・カネ（資本）が国境を越えて自由移動できるようになり、中国をはじめとする新興国等

経済社会の構造変化 I ―⑥ 経済のストック化

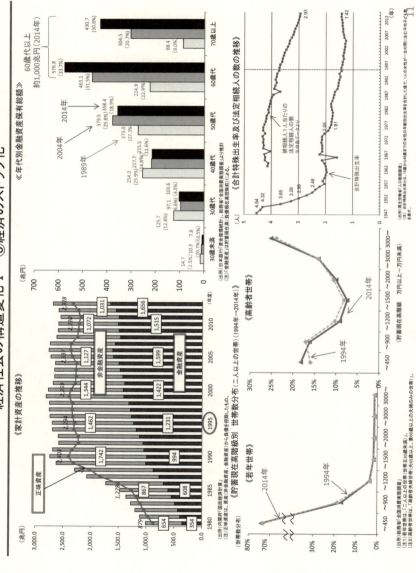

が大きく経済成長していき，世界全体としてはグローバルに経済活動が活発になっていったということでございます。それは，西側，東側それぞれにクローズドであった世界が大きく変容し，1990年代半ばを境にして，世界全体のスケールでその経済活動の活発化が進んでいったということであり，我が国は，こうしたグローバルな構造変化にどう対応し適応していくかという問題にさらされてきたのです。

　以下では，この関連のデータを集めていますが，時間の関係で説明は割愛させていただきますが，13ページのデータだけ説明させていただきます。右上のグラフですが，1995年を境に，対外直接投資が急増していることがわかります。この時期，円高要因があったことも事実ですが，このことも相まってグローバル化が急速に進む中で，このように海外で稼ぐという企業行動が活発化していったのです。この結果，海外で稼いだものが例えば配当のような形で国内に還流するという状況が活発化しており，国の稼ぎ方が大きく変容しました。

　他方，国内投資の動向ですが，14ページをご覧ください。左上のグラフですが，設備投資は右肩下がり傾向にありますが，これは，将来の期待経済成長率が先細りになっていることに連動していることがわかります。次に，右上のグラフですが，「赤色の線」が企業のキャッシュフローで，「黒色の線」が実際の設備投資額です。キャッシュフローの範囲内で設備投資が行われているということで，設備投資の手控え感があり，慎重な投資行動になっていることがわかりますが，その結果，「青色で塗りつぶされた部分」，すなわち余剰資金が，鮮やかに1995年を境に資金不足状態から資金余剰状態にシフトしています。まさに，この部分が生きた金として回っていない可能性がある。恐らくその多くが国債などに運用投資されて，実物をつくり出すところに金が回っていないのではないかと思われます。

　この点については，それぞれの企業の合理的判断の結果なので，それ自身をとやかく申し上げるべきことではありませんが，いずれにしても，こうしたデフレ的な状態は，こういう行動をするほうがより安心だという不活性な行動になりがちであり，その裏側のこととして超低金利状態が生じてしまっているの

経済社会の構造変化Ⅱ―①グローバル化

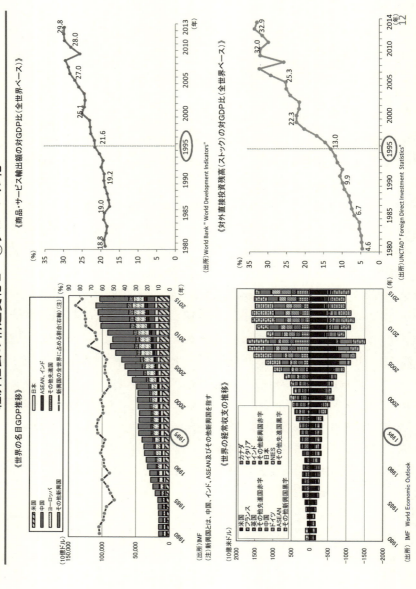

経済社会の構造変化 II −②産業構造の変化

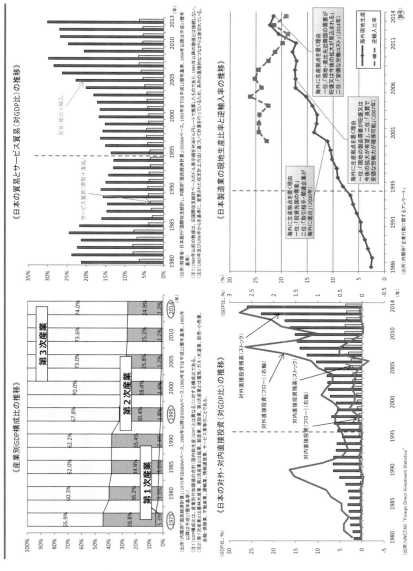

経済社会の構造変化 II－③ 国内投資の動向

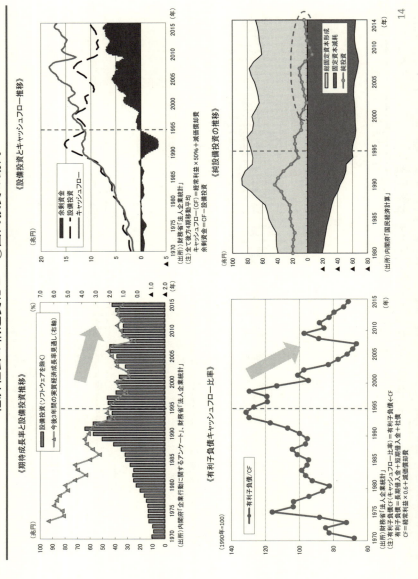

です。左下のグラフですが，余剰資金は，むしろ有利子負債を返済する方向に働いていて，それを活かすという好循環が生まれるほうに必ずしも回っていない状況です。

次に，15ページをご覧ください。日本，ユーロ圏，アメリカにおける賃金の動きと労働生産性の動き，それから物価上昇の動きを比較したものです。賃金の伸びが「青色の線」（一人あたり雇用者報酬），労働生産性の伸びが「赤色の線」（労働生産性），物価上昇が「緑色の線」（民間消費デフレータ）です。アメリカとユーロ圏をごらんいただきますと，「賃金の伸び」の方が「労働生産性の伸び」や「物価上昇」よりも大きく，この構造は基本的に同じです。これに対して，日本の場合には「青色の線」が「赤色の線」より下にあり，欧米とは上下が逆になっています。「賃金の伸び」が「労働生産性の伸び」よりも低いという状態であり，そのせいで，デフレ状態になっています。要するに，これまで見てきたように，企業に貯まっている余剰資金をもっとうまく回すにはどうしたらいいか，賃金が上がる状態をどのようにつくればいいかということをよくよく考えなければなりません。

ただ，一口に，労働生産性といいましても，製造業と非製造業とでは様相が異なります。製造業はグローバル化された国際競争にさらされている一方で，非製造業は国内に専ら軸足を置くため，当然動きが違いまして，それが左下のグラフに示されているとおりです。

以上を俯瞰して申し上げると，欧米との比較において，明らかに労働生産性と賃金のグラフの位置が逆であるという現実をどう考えるか。労働生産性を高めて賃金を上げていく必要がありますが，ここでは，発想を逆転させて，賃金を上げるために何をすべきかというふうに物事を考える必要があるのではないか。鶏と卵の関係ですが，そこをどういう形で企業サイドにお考えいただくか。あるいはそれに対して政府が何らかのサポートができるか。よくよく深く考えていかなければなりません。こうした問題意識をここにいらっしゃる皆様と共有できればと思います。

次は，財政についてであります。改めて申し上げるまでもなく，我が国の財

経済社会の構造変化 II −④労働生産性・賃金

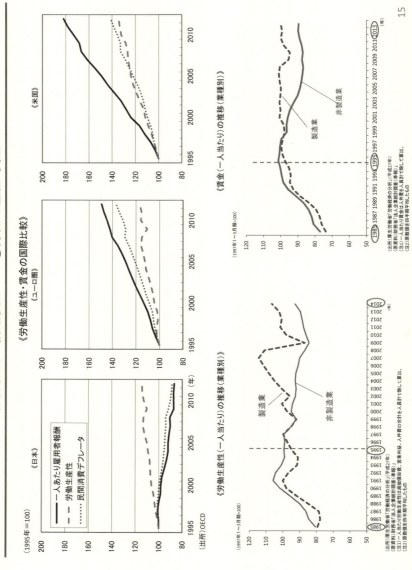

政事情は極めて悪い状況です。このページにありますように，財政収支というフロー面でも，債務残高というストック面でも，国際的に見て飛び抜けてよろしくない状態でございます。大胆に割り切って言えば，財政の歳出・歳入構造が，経済社会の構造変化に対応できていない状況が継続してきた結果，財政赤字が累積化してしまったということにつきます。歳出面では，高齢者割合が飛躍的に増大していく中，基本的に従来型の社会保障制度が維持されてきたことで，歳出予算が膨張化してしまったわけですし，歳入面では，そうした中で，現役世代に負担が偏った歳入構造を維持してきた結果，低成長や大規模減税と相まって，税収を稼ぎ出す力が劣化してしまったのです。

　ただ，今は金利が低いものですから，財政の負の側面が意識されにくく，財政規律が働きにくい状況ですが，逃れようもない潜在的な財政リスクが膨大に蓄積していることは紛いもない事実です。これはよくよく頭に置いておかなければならないことだと思います。ただ，経済を壊して財政をよくしていくということも，これもまた本末転倒ということです。経済の底力をつけながら，財政の危うい状況を着実に改善するにはどうすればいいかという問いに対して，隘路を縫うように対応していかなくてはならないというこの厳しい現実。この現実にまさに今我々日本国民が直面しているのです。

　18ページです。税収構造の変化についてですが，足元の2016年，国の一般会計税収は57.6兆円でございますが，過去最高の税収実績は20数年前の1990年の，60.1兆円でございました。その間の，例えば2012年では40兆円前半ということで底打ちをして，今戻りつつあるという状態ですが，この中身をごらんいただきたいと思います。消費税の税収と消費税以外の税収を，それぞれ「赤色の部分」，「水色の部分」で示していますが，この「赤色の部分」については，今後，ウェイトが高まっていく一方，この「水色の部分」は，55.5兆円から減少したまま，今も完全に復元できていない状態にあります。これは恐らく，これまで申し上げたような様々な経済社会の構造変化を考えると，ある意味必然的なもので，実際そういう道を歩んでいるということです。

　それから，消費税以外の，例えば所得税，法人税とかいった税目の税収が

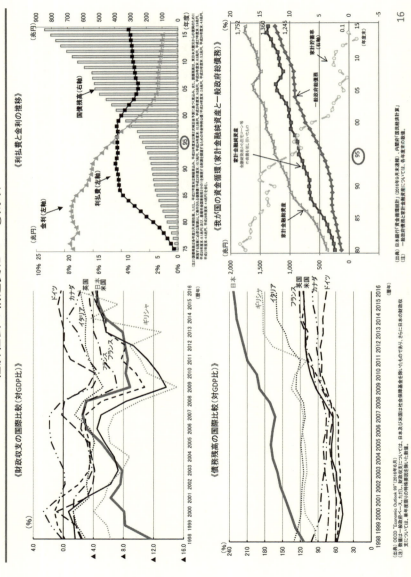

経済社会の構造変化Ⅲ－②中長期試算

「中長期の経済財政に関する試算」(中長期試算)の概要
※平成28年7月26日 経済財政諮問会議提出（内閣府）

経済・財政面における主要な想定

○ 経済シナリオ
・「経済再生ケース」：安倍内閣の経済財政政策の効果が着実に発現（2018-24年度平均：名目3.7%、実質2.2%）
・「ベースラインケース」：経済が足元の潜在成長率並みで将来にわたって推移（2018-24年度平均：名目1.5%、実質0.9%）

○ 財政前提
・2017（平成29）年度 ：賃金・物価動向やー定の歳出改革等を勘案し、結果として高齢化を除く歳出の増加率が賃金・物価上昇率の半分程度となると仮定して機械的に計算
・2018（平成30）年度以降：社会保障歳出は高齢化要因等で増加、それ以外の一般歳出は物価上昇率並に増加することを想定。

試算結果のポイント

○ 2015（平成27）年度の国・地方PB対GDP比、▲3.2%の赤字であり、半減目標（▲3.3%）は達成見込み。
○ 2018（平成30）年度の国・地方PBは、「経済再生ケース」では、▲10.5兆円（対GDP比▲1.9%）の赤字、
　「ベースラインケース」では、▲11.0兆円（対GDP比▲2.1%）の赤字。
○ 2020（平成32）年度の国・地方PBは、「経済再生ケース」では、▲5.5兆円（対GDP比▲1.0%）の赤字、
　「ベースラインケース」では、▲9.2兆円（対GDP比▲1.7%）の赤字。

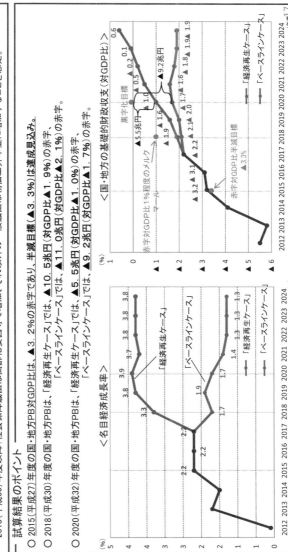

トータルでは大きくレベルダウンしております。1990年度の名目GDP452兆円という数字が，2016年度見込みとして512兆円と伸びましても，この「青色の部分」は全然伸びていかないという構造になっています。一言でいえば，経済が成長しても構造的に税収を稼ぎ出す力が衰えてしまったということだと思います。税の構造自体が税収を生み出しにくくなっているという現実を，消費税，所得税，法人税のバランスを考えるときに，念頭におかなくてはならないと思っているところでございます。ただ，いずれにしても経済を強くしていかなければ，税収は伸びていかないことも事実です。税収構造を見直すことで，経済の成長力を高めつつ，安定的な税収が生み出せる基盤を作っていくという発想が欠かせない状況なのです。

では，そろそろ残り時間がなくなりますので，最後にまとめに入りたいと思います。20ページをご覧ください。本日は，これまでほとんど税の話をしないで，経済社会の構造変化についてばかり話をしてきました。それは，我が国経

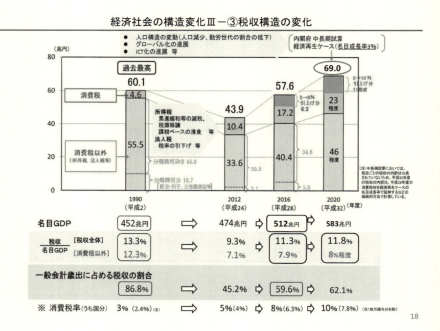

(参考)一般会計税収の推移

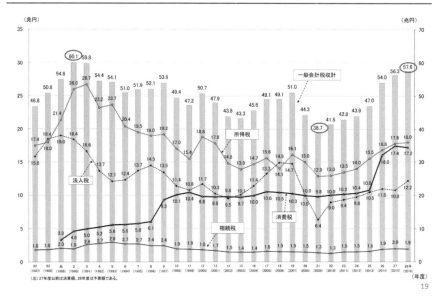

済社会の構造が大きく1990年代半ばに変化したことを踏まえて、税の体系のあり方も根本的に見直すべきではないかという考えを申し上げるためでしたが、その点を一枚のペーパーにまとめたのがこれです。

　一番左上の囲みですが、人口構造の変容、すなわち1990年代半ばに、軌を一にするかのように、生産年齢人口が減少しはじめるとともに、グローバル化・ICT化が進みました。その結果、若年層を中心とした低所得者化と少子化が同時に進行してきているところです。そして、これに合わせて、家族モデルも大きく変容し、「夫婦と子供のいる世帯」という戦後の典型的な家族モデルが相対的に減少し、世帯類型の多様化、小規模化が進んできているということを申し上げました。それから、下のほうの囲みですが、生産年齢人口の減少による潜在成長力の下押し、あるいは非正規雇用の増加による働き手の能力向上の阻害といった形で、成長基盤が損なわれるおそれがあるところです。

　結論として申し上げたいのは、右の方の囲みでございます。これまでご説明

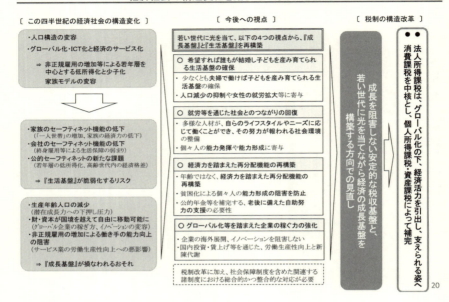

してきた経済社会の構造変化を踏まえて、これからの税制のあり方について考えていくときには、「成長を阻害しない安定的な税収基盤と、若い世代に光を当てながら経済の成長基盤を構築する方向」を念頭に置く必要があります。そして、その上に立って、税制の構造改革としては、これまでの、どちらかといえば個人所得課税を中心に据えてきた税体系を組み替えて、消費課税を中核として、個人所得課税、資産課税によって補完される税体系、さらには、法人所得課税については、グローバル化が進みますので、経済活力を引き出していくような姿にしていく必要があると考えています。消費税を中核に据えるとすると、逆進性の問題だとか、消費をしない貯蓄部分には課税されないという問題など、消費税にもマイナス面がございますので、その部分を所得税や資産税でどう補完していくかという考えが必要だということです。

今申し上げたことを、切り口を変えて整理しますと、まず第一に、貯蓄・投資・企業の競争力を阻害しないという視点。第二に、働く世代に負担が偏らな

い，ライフサイクルを通じた公平性という視点。第三に，中間層が希薄化していることへの対応，所得・資産の再分配という視点。第四に，グローバル化が進展する中で移動性の高い課税ベースには依存しないという視点。第五に，安定的に推移する課税ベースを選択し，行政需要に応えられる税収を安定的に確保するという視点。これから税体系を考えていくときには，今申し上げた様々な視点から再構築していくことが必要であります。

　最後に，21ページでございます。実はこのような税体系の見直しは，現在まさに進行形であるということをお示しするもので，いわば時間軸への当てはめを試みたものであります。

　この表の左側でございますが，1990年代半ば，平成6年に大きな税制改革が行われました。その時には，消費税率を3％から5％に引き上げましたが，これに併せて所得税や資産税をフラット化いたしました。そして，それから20数年ほど経っていますが，この間に，人口構造が変容し，グローバル化やICT化が進行するなど，様々な構造変化が，たまたま偶然に同時期に生じてきたわけです。ただ，こうした構造変化は徐々に進んでいくもので，なかなかそれに気づかず，これに対する税制対応も少しずつしか進まなかったということです。しかし，平成24年以降，状況は変わりつつあります。社会保障と税の一体改革による消費税率の引上げ，これに伴う軽減税率の導入，インボイス制度の導入が進められつつありますし，法人税についても，課税ベースを拡大しつつ法人税率を引き下げることになりました。そういう意味では，残されているのは個人所得課税です。この改革が今後の大きなイシューになっていくと思いますし，皆様の生活にも直結する事柄でもありますので，強い関心を持っていただければと思います。

　最後に一言。これまで縷々ご説明してきたのは，詰まるところ，「経済社会の構造変化を踏まえたあるべき税制とは何か」という問題意識に対する私なりの見通しをお示ししたかったからです。「あるべき税制」を模索するということは，税制の「北極星」を探すことに他なりません。経済社会の動きを踏まえてどの方向に税制構造を変革していくべきかという大局観をもたなければ，い

これまでの税制改革の取組と今後の課題（主なもの）

- 人口構造の変化（人口減少、生産年齢人口割合の低下）
- グローバル化の進行
- ICT化の進行 等

	平成6年（1994年）〜 （税制抜本改革）	平成10〜24年（1998〜2012年）	平成24年（2012年）〜
消費税	○税率引上げ （3％→5％） 【H9年（1997年）】	○免税点の引下げ等の適正化 【H15年（2003年）】	「社会保障・税一体改革」の一環として税率引上げ等 消費税率の引上げ（5％→8％→10％） 軽減税率制度の導入（インボイス制度の導入含む）
法人課税		○税率引下げと課税ベースの拡大 （49.98→34.62％） 【H10／11年、15年、24年】 （1998/1999年、2003年、2012年）	「成長志向の法人税改革」 ・課税ベースを拡大しつつ法人実効税率を引下げ ・目標としていた「20％台」を改革2年目にして実現 （34.62％⇒H27年：32.11%⇒H28年：29.97%⇒H30年：29.74%）
個人所得課税	○税率構造の累進緩和 ○諸控除の引上げ 【H7年（1995年）】	（配偶者特別控除の上乗せ廃止など個別の見直し） （税源移譲）	・最高税率の引上げ（40％→45％） ・給与所得控除の上限引下げ ・経済社会の構造変化を踏まえた税制のあり方に関する論点整理（政府税調）（H27.11月（2015.11））
資産課税	○税率構造の累進緩和等 【H6年（1994年）】	○相続時精算課税制度の創設等 【H15年（2003年）】	・相続税の基礎控除の縮小等 ・贈与税の非課税措置の充実・拡充（教育、結婚、住宅）
			BEPSプロジェクトへの対応・自動的情報交換制度の整備・多国籍企業情報の報告制度等の整備等

つの間にか税制はあらぬ方向に行ってしまいかねません。ただ，注意すべきは，独善的であってはならないということです。エビデンスに基づいた国民的な議論が欠かせません。これからも，「北極星」を意識しつつ，地に足の着いた税制論議に努めていきたいと思いますし，皆様も是非大いなる関心を持ってこの議論に参加していただくようお願い申し上げる次第です。

　持ち時間が来てしまいました。本日は，相当駆け足でご説明しましたので，消化しにくいところがたくさんあったかと思いますけれども，今後税制のあり方を考えていく上で，少しでもご参考になれば幸いと思っております。以上で，話の区切りとさせていただきます。ご清聴有り難うございました。（以上）

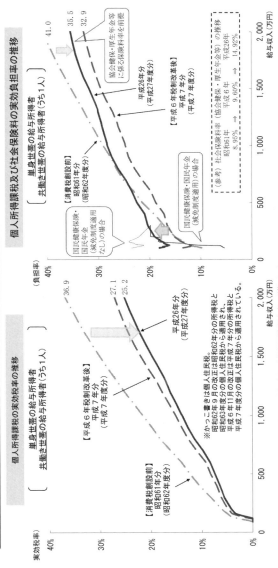

所得税の課税ベース及び諸控除のイメージ

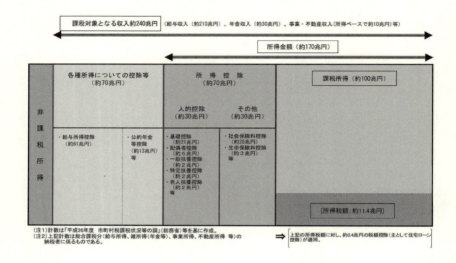

法人実効税率の国際比較

（2016年4月現在）

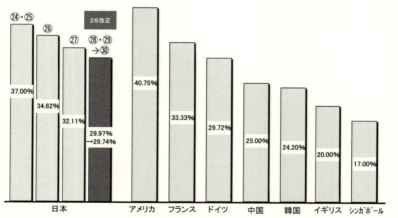

(注1) 法人所得に対する税率（国税・地方税）。地方税は、日本は標準税率、アメリカはカリフォルニア州、ドイツは全国平均、韓国はソウル市。なお、法人所得に対する税負担の一部が損金算入される場合は、その調整後の税率を表示。
(注2) 日本の税率の内訳は下記の通り。
　　　（国税・地方税）・・・㉗(23.9%・6.0%)→㉘・㉙(23.4%・3.6%)→㉚(23.2%・3.6%)

(出典) OECD、各国政府資料等

税を考えるシンポジウム【特別講演】 215

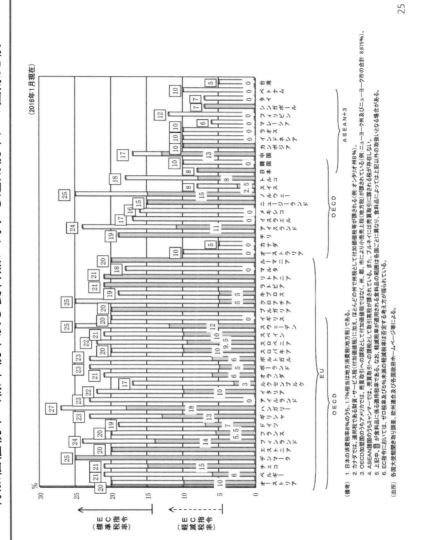

【基調講演】 『地方税のあり方と自治体の取り組みについて』(概要)

関西大学 教授
林　宏昭氏

　関西大学の林でございます。
　きょうは，地方税のお話しということで，少し教科書的な内容も交えてお話をしたいと思っております。
　まず簡単に地方財政の状況を見ます。先ほど次官のお話の中で，国のプライマリーバランスは非常にマイナスなんだけども，地方はそうではないというお話がありました。
　図1は地方の財政を，全体的にざっくりと捉えたものです。これは，地方財政計画というもので，47の都道府県と約1,800の市町村を合計した地方財政全体の予算とも言えます。国から地方への資金移転が国の予算で計上されますので，国の予算と同時に策定され発表されます。図1は平成28年度の数値ですが，プライマリーバランスというのは，公債つまり借入れ以外の歳入と公債費（利払いと償還）以外の歳出で収支バランスを見たものです。地方全体では，約10兆円の公債収入と12.8兆円の公債費ですのでプライマリーバランスはプラスになっています。
　ただし，歳入の方を見ていただくと，地方交付税や国庫支出金という国からの移転が大きな割合を占めています。つまり，地方のプライマリーバランスは黒字になっているが，歳入には国からの資金が入っているということです。したがって，必ずしも地方の財政が潤沢というわけではないという点はご理解いただきたいと思います。
　きょうの中心的なテーマは地方税ということです。図1の歳入の中に地方税，

図1 平成28年度地方財政収支

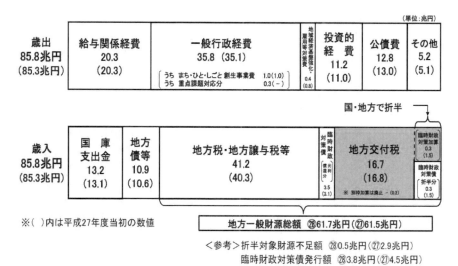

　それから地方譲与税等というのがあります。地方譲与税というのは一旦国が徴収した税を地方に配られる財源です。国の一般会計予算を通らずに，特別会計で処理されます。最近は地方の法人課税も地方譲与税の形で活用されております。また，かつて消費税が3％でできたときには地方消費税というのはありませんでした。消費税を入れる際には，いくつか地方の間接税を整理していますので，それにかわるものとして，消費譲与税が導入されました。その後に，国と地方を合わせて税率を5％にするときに都道府県税として位置づけられたのが今の地方消費税です。このときは，4％の消費税を課税ベースとして25％の地方消費税が創設されました。

　次に図2は，国と地方を総合的に見た財政構造を示しています。国から地方への支出を二重計算にならないようにして純計したもので，平成26年度の全体の歳出純計額は160兆円になります。防衛費や年金は国の直接的な支出ですが，生活保護や義務教育のように国からの補助金も充当して地方が支出するものを含めた地方の支出，つまり出口ベースで見ると地方の方が国よりも規模は大き

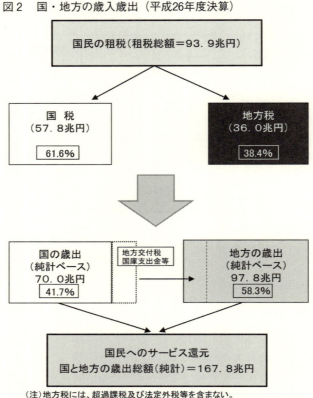

図2　国・地方の歳入歳出（平成26年度決算）

（注）地方税には、超過課税及び法定外税等を含まない。
（注）国税は地方法人特別税を含み、地方税は地方法人特別譲与税を含まない。
（注）数値は異同が生じることがある。

くなっています。これを割合で見ると国と地方はほぼ4：6になっています。

　一方，税はというと，国税と地方税を合計すると約100兆円ですが，両者の割合はほぼ6：4で国税の方が大きくなっています。つまり，先に見た支出の割合とは逆転することになります。表1は，国税と地方税の税源配分の状況の推移ですが，概ね地方税が4割くらいであることがわかります。国税と地方税の比較ということでみると，OECDの統計では，日本は必ずしも地方税のウェイトが低くない，むしろ高い方に属しますが，地方分権の観点からは地方

表1　税源配分の推移

年度	租税総額	国　税	地方税	⟨法人事業税への復元時ベース⟩
H19	92.2兆円	52.7兆円〔57.1%〕	39.5兆円〔42.9%〕	
H20	84.7兆円	45.8兆円〔54.1%〕	38.9兆円〔45.9%〕	
H21	74.2兆円	40.2兆円〔54.2%〕	34.0兆円〔45.8%〕	⟨46.7%⟩
H22	77.4兆円	43.7兆円〔56.5%〕	33.7兆円〔43.5%〕	⟨45.3%⟩
H23	78.7兆円	45.2兆円〔57.4%〕	33.5兆円〔42.6%〕	⟨44.6%⟩
H24	80.8兆円	47.0兆円〔58.2%〕	33.8兆円〔41.8%〕	⟨43.9%⟩
H25	85.9兆円	51.2兆円〔59.6%〕	34.7兆円〔40.4%〕	⟨42.7%⟩
H26	93.9兆円	57.8兆円〔61.6%〕	36.0兆円〔38.4%〕	⟨40.9%⟩
H27見込	94.6兆円	60.0兆円〔61.0%〕	38.3兆円〔39.0%〕	⟨41.1%⟩
H28計画	100.0兆円	61.2兆円〔61.2%〕	38.8兆円〔38.8%〕	⟨40.7%⟩

（注）地方税には、超過課税及び法定外税等を含まない。
（注）枠外の〈 〉は、国税に地方法人特別税を含まず、地方税に地方法人特別譲与税を含めた場合の地方の配分比率である。
（注）「H27見込」はH28.7時点での速報値であり、最終的な決算額とは異同が生じることがある。

税の充実が求められることになります。

　地方全体で見ると歳入全体に占める地方税の割合は30～40％で推移しているのですが、個々の地方団体の中には予算全体に占める地方税の割合が高いところもあれば、5％や10％という団体もあります。したがって、全体としての国税と地方税の中で地方税の割合を上げれば地方分権が実現されるかというとそうはなりません。従って、その中身や行政と住民との関わりといった点が重要になります。

先般，大統領選挙が行われたアメリカでは，州ごとの決定や権限が重視されており，税制についても州ごとに税法が定められています。これに対して，日本の地方税は国の法律である地方税法によって全国画一的に定められています。国税は所得税法や消費税法がそれぞれありますが，地方税は，住民税や固定資産税など全て地方税法の中で規定されています。そのため，結果的には地方ごとの税収あるいは税源は，その地域の経済力によって大きな影響を受けます。

　図3は，地方税の構成を示したもので，個人住民税，都道府県の法人二税（事業税，法人住民税），地方消費税，固定資産税の4つが，現在の地方財政における基幹税であることがわかります。この主要な4つの税収の推移を示したものが図4です。個人住民税は2007年の所得税から住民税への税源移譲によって一段上がります。地方消費税と固定資産税はかなり安定的な推移をしてきて

図3　地方税収の構成（平成28年度地方財政計画額）

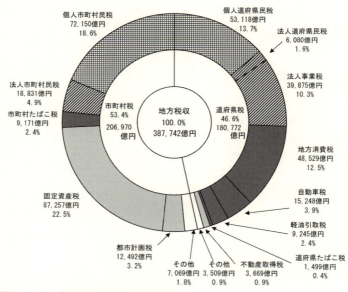

(注) 1　各税目の％は，それぞれの合計を100％とした場合の構成比である。
　　 2　道府県税及び市町村税は超過課税、法定外税等を含まない。
　　 3　個人道府県民税は利子割、配当割、株式等譲渡所得割を含み、法人事業税は地方法人特別譲与税を含まない。
　　 4　計数はそれぞれ四捨五入によっているので、計とは一致しない場合がある。

います。地方消費税は税率が引き上げられた時に、そして固定資産税は1980年代から90年代にかけてのバブル期に上昇しますが、それほど大きな上下変動はありません。これに対して法人二税は大きな変動が生じていることがわかります。

　このような時系列の状況と、もうひとつ、都道府県ごとの人口1人当たりの税収の相対比較をしているのが図5です。地方税総額、そしていずれの税目も東京都が最も高くなっているのは経済力の反映です。その東京都の水準と最低の県との比率が示してあります。その比率は地方消費税が最も小さく、法人二税が最も大きいというように、特に企業活動による経済力の差が表されます。奈良県はこの法人二税について見ると全国で最も1人当たり額が低くなっています。奈良県の場合は、近くに京阪神というそれぞれ大きな経済圏もあるためかと考えられますが、奈良県の場合は消費支出に基づくものである地方消費税もかなり低い方にとどまっています。これは奈良県の人の消費規模が特に小さいということではなく、主に大阪での買い物が多いことを反映しているのだと思います。そこで、奈良県では"買い物は奈良でせんと"という標語も用いて啓発も進めていますが、奈良県税制調査会でも地域間の配分についての検討を行っており、後ほど一松部長からもこの点についてお話しいただきます。

　最後に課税自主権についてのお話をして終わりたいと思います。

　日本では、公平、中立、簡素という租税原則とともに、基本的に全国で画一的な制度であることを踏まえた地方税原則があります。税源の普遍性や税収の安定性という税収に関する原則と、負担配分における応益性の重視や負担分任の原則という納税者の負担に関する原則、そして地方自治の原則です。

　地方税に定められていない法定外税や超過課税の実施が認められているのは、この地方自治の原則に基づくものとされています。1990年代の地方分権論議の中で、地方の課税自主権の拡充が求められ、2000年の地方分権一括法以降、実施のための要件が緩和され、また法定外目的税の導入も可能になりました。

　奈良県の税制調査会では、奈良県が実施している超過課税と法定外税、そして徴収の適正化に向けた取り組みについて検討し、他県の状況についても委員

図4 主要税目（地方税）の税収の推移

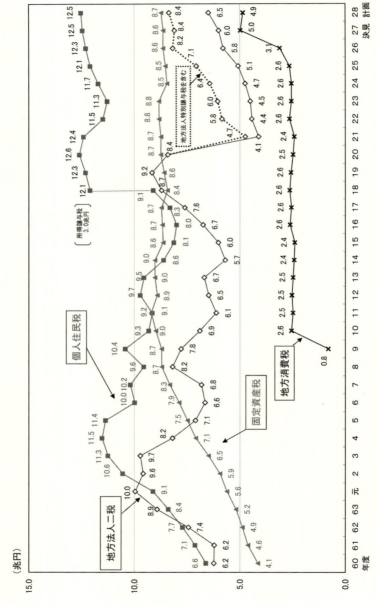

(注) 1 表中における計数は、超過課税及び法定外税等を含まない。
2 平成26年度までは決算額、27年度は決算見込額（H28.7時点）、28年度は地方財政計画額である。
3 地方法人二税の平成21年度以降の点線は、国から都道府県に対して譲与されている地方法人特別譲与税を加算した額。
（㉑0.6兆円、㉒1.4兆円、㉓1.5兆円、㉔1.7兆円、㉕2.0兆円、㉖2.4兆円、㉗2.1兆円、㉘1.9兆円）

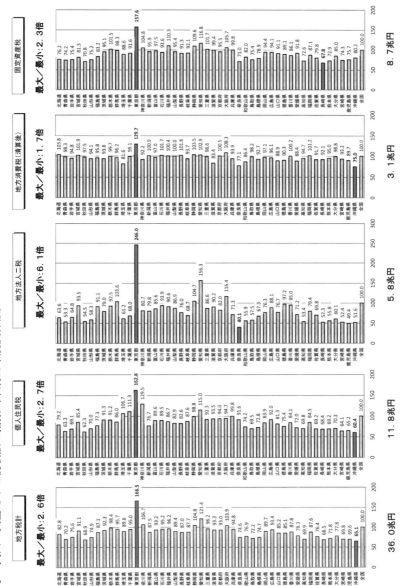

図5 人口一人当たりの税収額の指数(平成26年度決算額)

で分担して調査を行いました。全国的に見て，また地方税全体として見た場合，超過課税や法定外税の規模は小さく，財政運営自体に大きな影響を及ぼすことはほとんどありません。しかしながら，その導入や継続にあたっては納税者である住民に対して十分な説明が必要になります。

　地方分権の主張においては，住民の受益と負担の明確化が必要と言われます。10年位前にアメリカに滞在していたおりに，学校に教員を雇用して教育の質を高めるために学校区の税を引き上げるかどうかの住民投票が行われていました。何でもアメリカが良いというわけではありませんが，このような例は，受益と負担を明確化する典型的なケースだと思います。日本の地方団体の場合は，非常に広い範囲の行政を担っており，国からの補助金も多いという状況ですから，基本的な税と行政サービスをこの例のような一対一の関係で捉えることは難しいかも知れませんが，現在実施されている超過課税や法定外税の展開は，住民と行政の間でこれに近いやり取りが必要なはずです。このような意識付けが住民の側にも行政の側にも高まってくれば，おのずと地方分権の実現に向けた展望も開けるのではないかと期待しています。

　個別の税制についての議論はシンポジウムに委ねるとして，私からのお話しは以上で終えたいと思います。どうもありがとうございました。

（図表はいずれも総務省資料。）

【パネルディスカッション】
『奈良県における地方税の課題と展望』

（コーディネーター）
　　林　　　宏昭　氏　　関西大学教授（奈良県税制調査会座長）
（パネリスト）
　　上村　　敏之　氏　　関西学院大学教授（奈良県税制調査会委員）
　　佐藤　　主光　氏　　一橋大学教授（奈良県税制調査会委員）
　　鈴木　　将覚　氏　　専修大学教授（奈良県税制調査会委員）
　　森下　　　豊　氏　　橿原市長
　　一松　　　旬　　　　奈良県総務部長

○**林座長** コーディネーターの林でございます。パネリストの皆さん，どうぞよろしくお願いいたします。

　これから，奈良県税制調査会のメンバー，それから森下市長，一松部長のほうから，少しずつ御意見をいただいて，それについての議論を展開していきたいと思います。税制調査会の各委員にはそれぞれテーマをお願いしておりまして，上村委員には地方税としての個人住民税の論点ということでお話をいただきます。それから，佐藤委員からは，先ほど紹介しましたように超過課税や法定外税の調査もしてまいりましたので，超過課税等，いわゆる課税自主権をいかに活用しているのか，また課題は何か，それから，奈良県の状況ということでお話しをいただきます。次に，地方の法人課税は先ほど地方間では税収の格差が非常に大きい税目の一つで大きな課題だと申し上げましたけれども，鈴木委員にはそれについてのお話しをいただきます。奈良県の一松部長からは，地方消費税の地域間配分についてお話しいただきます。新聞等でごらんになったかもしれませんけれども，奈良県知事が霞ヶ関や国会のほうに行かれて，いろんな提言なり，あるいは申し入れをしていただいたということですので，そのあたりも触れていただくということです。それから，森下市長のほうからは，まちづくりと税収確保ということでお話しをいただけると伺っています。

　では最初に上村先生のほうから，地方税としての個人住民税の論点ということでお話しをいただきたいと思います。よろしくお願いします。

○**上村委員** 皆さん，こんにちは。関西学院大学の上村です。

　先ほど佐藤事務次官と林先生から，税金は公平に取る必要があるという話をいただきました。公平といってもいろんな意味の公平があり，何の公平なのかということがすごく大事な問題で，あとは何のために払っているのかという話があります。また，やはり私たちの税金を特に自治体の方々にちゃんと生かしていただいているのかというところは大きな論点だと思っています。この点を踏まえて，個人住民税について，私のほうから考えたいと思います。

　個人住民税がどんな仕組みになっているかというと，大きく分けて均等割と

所得割があります。均等割のほうは定額負担，所得割は所得の金額に対して一律10％の税率になっています。

税額の計算の方法ですが，前年の収入から給与所得控除と所得控除を差し引いて，10％の税率をかける構造になっています。

現在の住民税は10％の税率ですが，昔は3段階の税率構造，つまり累進構造でした。平成19年度に比例税率という形で10％になったわけですけれども，その背景には国の所得税から地方税への税源移譲があり，現在の形になりました。

ほかの税制と個人住民税と比較ですが，課税ベース，要は税率をかけるベースの比較をすると，一番大きいのは消費税です。次に住民税，その次が所得税になっています。最高税率を比較すると，所得税が非常に高くて，その次に住民税の所得割の10％。消費税は現状8％です。所得税と国税の比較で言えば，課税最低限は所得税よりも住民税のほうが小さいです。課税最低限が低いということは，納税義務者が多いということです。

このような形の住民税の構造ですが，どういう性格を持っているのでしょうか。林先生から負担分任，応益性という話がありました。まさに個人住民税はこれらの性質を持っているわけです。負担分任原則というのは，個人住民税は

個人住民税の概要
- 均等割：非課税限度額を上回る者へ定額負担
  - 市町村税：標準税率（年額）3,500円
  - 道府県税：標準税率（年額）1,500円
  - 税収：約3,200億円、納税義務者数：約6,100万人
- 所得割：非課税限度額を上回る者の所得金額へ一律10％
  - 市町村税：標準税率6％
  - 道府県税：標準税率4％
  - 税収：約11兆5,100億円、納税義務者数：約5,600万人
- 利子割、配当割、株式等譲渡所得割
  - 税率：5％、税収：約5,000億円

2

個人住民税所得割の税額計算方法
- 前年中の給与収入（年間）
- △　前年中の給与収入に係る給与所得控除
- ⇒前年中の給与所得の金額
  - （ここまで所得税と同じ計算）
- △所得控除（基礎、配偶者、扶養、社会保険料など）
- ⇒課税所得の金額
- ×標準税率10％（道府県4％、市町村6％）
- ⇒算出税額
- △税額控除（配当、外国税額、寄附金など）
- ⇒納付税額

地域社会の費用を住民がその能力に応じて広く負担を分かち合うというような性格を持つということです。地域社会の費用というのは，地方の公共サービスです。住民の能力というのは，所得の稼得能力です。そして，広く負担を分かち合うということが負担分任という意味です。応益性の原則というのは，公共

個人住民税所得割の10％比例税率化
- 平成18年度まで：累進税率構造
  - 課税所得0～200万円まで　　　　　5％
  - 課税所得200万円超～700万円まで　10％
  - 課税所得700万円超　　　　　　　13％

- 平成19年度以降：10％へ比例税率化
  - 背景に国（所得税）から地方（住民税）への税源移譲3.4兆円

- 「比例税率化」と言っても・・・
  - 課税所得に対しては比例税率
  - 給与収入や給与所得に対しては累進的

個人住民税と他の税制との比較

- 課税ベースの比較
    - 消費税 ＞ 個人住民税 ＞ 所得税（国税）
- （最高）税率の比較
    - 所得税（国税） ＞ 個人住民税所得割 ＞ 消費税

- 個人住民税と所得税（国税）の比較
    - 個人住民税と所得税の所得控除の金額は異なる
    - 課税最低限は個人住民税の方が少ない
    - その結果、個人住民税の納税義務者は多い
    - 個人住民税は均等割＋所得割一律10％だが、所得税は累進税率構造

5

サービスの受益に応じた負担を求めるというのが公平だという考え方です。

　ここからが私の持論なのですが，私たちの生活は，まさに地域で成り立っているわけです。地域のコミュニティー，例えば小・中学校，自治会，市町村に属しているとか，そういうコミュニティーの中で私たちは生きているわけです。

個人住民税の性格

- 負担分任の原則
    - 「個人住民税については、地域社会の費用を住民がその能力に応じて広く負担を分かち合うという個人住民税の基本的性格（地域社会の会費的性格）」（税制抜本改革法（平成24年8月22日））
    - 「地域社会の費用」・・・地方公共サービス
    - 「住民がその能力」・・・住民の所得稼得能力
    - 「広く負担を分かち合う」・・・負担分任
- 応益性の原則、普遍性の原則、安定性の原則
    - 「税率構造については、応益性の明確化、税源の偏在性の縮小及び税収の安定性の向上の観点から、平成十九年に所得割の税率を比例税率（一の率によって定められる税率をいう）とした経緯を踏まえ、比例税率を維持することを基本とする」（税制抜本改革法（平成24年8月22日））

6

> # 個人住民税の負担分任と応益性
> - 市民生活は地域のコミュニティや市場へのアクセスなしには成り立たない
> - 公共部門（政府）の庇護無しに健全なコミュニティや市場は存在し得ない
>   - 所有権の保護、警察・消防サービスなど
> - 地域のコミュニティや市場にアクセスする市民は、公共部門からの便益を受けているために、双方の負担が求められる
>   - コミュニティや市場への等しいアクセスの負担・・・均等割
>   - 労働市場へのアクセスの負担・・・所得割
>
> 7

　それと，いろんな市場，マーケットにアクセスすることによって私たちは生活しています。例えばスーパーマーケットとか，商店街というのは一種のマーケットですし，あと，働くというのは労働市場です。これらのマーケットにアクセスすることによって私たちの生活は成り立っています。ただ，このコミュニティーや市場というのは，地方自治体や国がきっちり保護してあげないと健全には存在しない。例えば，所有権を保護し，警察や消防サービスをきっちりやらないと，なかなかコミュニティーもうまくいかないし，マーケットもうまく回らない。コミュニティーとか市場にアクセスする市民というのは，政府からの受益を，つまり公共サービスを受けているから，その負担として住民税を払うという仕組みになっているわけです。これが応益性です。住民税には定額部分の均等割と比例部分の所得割がありました。定額部分というのは，このコミュニティーへの等しいアクセスへの負担なのです。また，所得割は労働市場の保護に対する負担なのです。

　今の話を図にすると，こんな感じです。労働市場にアクセスしていない，働いてない人でも，やはり等しい受益を公共サービスから受けているから払う必要がある。それが均等割です。労働市場にアクセスして働いている人たちは，

税を考えるシンポジウム【パネルディスカッション】 231

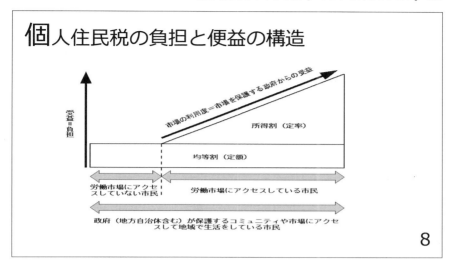

働いている分だけきっちりマーケットから恩恵を受けており，政府の保護からの受益に対しては所得割の負担をしないといけないというのが住民税の構造になっていると考えられます。

　逆に言うと，地方自治体というのは，きっちりコミュニティーとか市場へのアクセスを保障できているのかというところが問題になっていて，例えば道府県は市場をきっちり育成できているかどうか。特に産業政策。あと，市町村はきっちりコミュニティーを育てているかどうか，マーケットのアクセスをちゃんと確保しているかということが問題だと思います。

　今の地域社会というのは，いろんな課題を持っていて，一番大きな課題は，やはり家族の失敗です。家族の福祉機能が失われていて，もしくは限界が来ていて，福祉というのが非常に大きな問題になっている。そこで，地域社会をどうするのかという理想像を掲げ，やはり私自身は福祉をきっちりしていくということがすごく大事だと思います。その際，住民税の負担をその受益として返していくようなことを自治体ができているかどうかということが極めて大事だと思っています。

　言いたかったことは，要は住民税というのは，負担分任や応益性といった性

個人住民税の性格と地方自治体の役割

- 逆に言えば、市民生活の基礎となるコミュニティや市場へのアクセスを、ちゃんと地方自治体は保障できているかどうか。
    - 道府県は・・・地域の産業政策（雇用の確保）など健全な労働市場へのアクセスの確保
    - 市町村は・・・地域のコミュニティや市場へのアクセスの確保

- 地域社会の理想像・・・地域の住民が、自由に自分自身の生きる道を選ぶことができる社会
    - この社会の実現のために、個人住民税の負担を、どのような形で住民に対して受益として返しているかが問われている

9

質を持っていて，それぞれに役割があるのだということです。あとは，負担に応じて公共サービスをどう提供しているのかということを考えないといけないし，自治体はそういうように考えるべきだと思います。とすると，自治体など行政は，どういうように，どんな感じの地域社会をつくるかというイメージを

個人住民税の負担と地方公共サービスの受益

- 現代的な地域課題は家族機能の変化「家族の失敗」
    - 家族による福祉機能（介護や子育て）の低下（ならびに限界）
    - 女性の社会進出の進展（ならびに阻害）

- 「地域社会の理想像」を実現するには、住民の必要に応じた地方自治体による福祉の現物サービスが不可欠になってくる
- 住民の必要に応じて利用できるサービスの便益に対する負担、その財源確保としての個人住民税が重要に

10

> # 個人住民税に関して言いたかったこと
> ・個人住民税は負担分任や応益性といった性質をもつ
> ・均等割も所得割も、それぞれに役割がある
>
> ・地方自治体は、住民による個人住民税の負担に対して、受益と負担の対応関係から、どのような公共サービスを提供すべきか、考えているのだろうか
>
> ・どのような地域社会を創るか、行政がイメージすることとができないなら、個人住民税の財源を生かすことができていないのではないか（奈良県はどうか？）
>
> 11

持ち，私たちの負担である住民税を使っていただかないといけない。その点，奈良県はどうなっているかということが最後の問題提起でした。以上です。

○林座長　　ありがとうございます。
　また後ほど言い残したこと等はお話しいただくということにして，次に佐藤先生から，超過課税等についてお話しをいただきます。

○佐藤委員　　よろしくお願いいたします。
　先ほど基調講演でもお話が出ましたように，自治体は超過課税を行うことができます。超過課税とは何かといいますと，地方の課税自主権の一つとして国が定めた税率を超えて税を課すことができるというものであります。日本は集権国家なので，地方自治体には税率に対して裁量がないというふうに思われがちですが，それは違います。課税自主権の一つはこういう超過課税であり，あるいは，こちらも基調講演でお話が出ましたけども，法定外税といったものがあるわけです。
　この超過課税は一体何のために行うのかというと，一言で言えば，受益と負

担の見える化，つまりリンクをさせるということになります。経済学者はこういうのを限界的財政責任という面倒な言葉を使うのですが，要するに受益が多くなった分だけ負担を多くするという考え方。これによって住民に問うわけですね。このサービス，必要ですかということをです。この橋，必要ですか，このインフラ，必要ですかということを問うわけです。自分たちの支払う負担に見合わないというのであれば，つくらなければいいし，それは我々にとっても大事なものであるということであれば，もちろん住民は喜んでその負担をするでしょうということになるわけです。いずれにせよ，大事なことは，住民がみずからの負担をみずからが決めていく，受益に見合う形で決めていくというのがこの超過課税の本来の姿ということになります。

　しかし，本来の姿と実際が違うというのが日本の地方財政の厄介なところであります。超過課税はかなり積極的に行われていますが，その対象になっているのはおおむね企業ということになります。もちろん企業も地域社会の一員ではありますが，やっぱり率先して地域社会の一員として責任を果たすべきは住民であるべきなのです。しかし，住民に対する超過課税ということに関しては，自治体が及び腰というのが実情かなと思います。もちろん全くやっていないわ

超過課税の現状

- 超過課税は法人課税（法人事業税・法人住民税）に偏重してきた
⇒法人課税に偏った「限界的財政責任」
➢ 法人税負担の帰着＝消費者（製品価格の上昇）・労働者（賃金水準・雇用の減少）・投資家（配当等投資収益の低下）
⇒租税輸出＝負担の一部は非居住者（住民以外）に波及＝転嫁・・・
- 住民に負担を求めた超過課税もあり
✓ 個人均等割への超過課税

取り上げる超過課税	対象税目
・法人県民税特例制度	法人県民税（法人税割）＝0.8%
・森林環境税	法人均等割＝均等割（標準）＊5% 個人均等割＝500円

イ 超過課税の規模（平成26年度決算）
○ 道府県税

道府県民税	個人均等割	（35団体）	222.3億円
	所得割	（1団体）	24.9億円
	法人均等割	（35団体）	100.2億円
	法人税割	（46団体）	1,103.4億円
法人事業税		（8団体）	1,318.1億円
自動車税		（1団体）	43百万円
道府県税計			2,769.3億円

○ 市町村税

市町村民税	個人均等割	（2団体）	16.5億円
	所得割	（2団体）	0.7億円
	法人均等割	（395団体）	162.1億円
	法人税割	（996団体）	2,626.3億円
固定資産税		（155団体）	340.8億円
軽自動車税		（28団体）	6.9億円
鉱産税		（31団体）	10百万円
入湯税		（2団体）	23百万円
市町村税計			3,153.6億円
超過課税合計			5,922.9億円

※ 地方法人二税の占める割合：89.7%

けではなく，その一つの例として挙げられるのが，後に説明します森林環境税というものになります。

　さて，この超過課税ですけど，もちろん目的があってやるというのが本来の趣旨なのですね。では，奈良県の場合は何を目的にこの法人に対する超過課税を行っているかといえば，社会福祉の充実ということになっています。ただ，ここに2つ，気をつけるべきことがあります。第1は，そもそも社会福祉，具体的には地域医療の充実とか，そういったものは直接の受益者は，今，上村先生からもお話がありましたように，やっぱり住民なのですね。その住民の受益するものをなぜ企業が負担するのかというのは，ちょっと考えないといけないことかなと思います。2点目なのですが，対象事業の支出額に対して超過課税からの税収って全然足りないのですね。お金には色がないので，事実上，特定の使途に充てるためのものというよりは，やはり自治体から見れば追加的な財源，専門用語を使えば一般財源というのがこの超過課税の実際のところかなというふうに思います。

　税制調査会の提言ですけれども，もちろんこういう超過課税は自治体にとって財源として貴重であることから，それをやめろというわけではないけれど，

望ましい地方税のありかた調査事業

調査事業 調査先(案)

○ 調査テーマとして、超過課税で奈良県と異なる税制度を行っている自治体を中心に、独自の徴税システムを導入していること、徴収状況が良い実績であること等を勘案し、以下の自治体を候補地と選定した。

候補1
- 岩手県・・・森林環境税(個人)が1,000円/年
  (本県の2倍)
  地方税共同滞納整理組織(任意)設置
  自動車税の徴収率(H26)全国第3位
- 宮城県・・・森林環境税(個人)が1,200円/年
  (本県の2倍以上)
  法人事業税の超過を実施
  地方税共同滞納整理組織(任意)設置

候補2
- 神奈川県・・・森林環境税(個人)が300円/年
  (本県の6割)
  個人県民税所得割を全国で唯一課税
  法人事業税の超過を実施
- 静岡県・・・森林環境税(個人)が400円/年(本県の8割)
  法人事業税の超過を実施
  法人県民税法人税割の超過課税を全国で唯一未導入
  地方税共同滞納整理組織(広域連合)設置

候補3
- 岐阜県・・・森林環境税(個人)が1,000円/年
  (本県の2倍)
  法人事業税の超過を実施
  地方税共同滞納整理組織(任意)設置
- 愛知県・・・法人事業税の超過を実施
  地方税共同滞納整理組織(任意)設置

候補4
- 鳥取県・・・森林環境税(個人)が平成19年度まで300円/年(現在は、500円/年に変更)
  地方税共同滞納整理組織(任意)設置
  自動車税の徴収率(H26)全国第2位
- 愛媛県・・・森林環境税(個人)が平成21年度まで500円/年(現在は、700円/年に変更)
  地方税共同滞納整理組織(一部事務組合)設置

法人県民税特例制度
:使途途と税収

□ 超過課税対象事業は超過課税収入だけで賄われているわけではない
⇒他の財源も充当

・「お金に色はない」・・・
⇒実態は一般財源?

2. 法人県民税特例制度の趣旨・経緯　　　奈良県

特例制度の趣旨・経緯

<制度の趣旨>
- 社会福祉の増進又は医療の向上を図る施設の整備等に要する経費の財源に充てるため、法人県民税(法人税割)について昭和51年から条例による特例制度の適用を実施し、社会福祉施設整備基金に積み立てて活用
- 地方税法による標準税率を超える率(特例分 現在0.8%)について、中小法人等以外の法人(資本金額等が1億円以上又は法人税額1,000万円を超える法人)に対して期限を定めて(5年間、直近の適用期間はH23~27)課税し、特例分に当たる金額を社会福祉施設整備基金に積立

<次期5年間の特例分税収及び使途事業の見込>

百万円
	H18~22	H23~27	H28~32
■事業費総額	12,805	14,512	30,000
■特例分税収	2,172	1,757	1,957

やっぱり県としては説明責任を納税者に対して果たす必要はあるでしょう。何のためにこれをやっているのかということ,これは少なくとも問われるもので

運用の現状について

- 超過課税の「説明責任」…

➢ 使途＝社会福祉施設の整備・医療の向上
⇒ 主な受益者は地域住民…

☐ 法人県民税超過課税＝法人企業の限界的財政責任…
✓ 本音ベース＝当面の財源の必要性
⇒ 住民の限界的財政責任は？

➢ 政策（事業）評価の視点＝使途の精査・効果の検証の必須

法人県民税超過課税について（答申）

平成２７年１１月１７日
奈良県税制調査会

＜超過課税の使途事業について＞
　当該超過課税の使途事業費は、社会福祉施設の整備や医療の向上を図る施設の整備を図ることを目的に事業実施されており、先述のようにこれまで県内では多くの関係施設整備が行われていることから、一定の役割を果たしているといえる。
　ただ、昨今の経済状況を鑑みると、評価のところで述べたように、法人の利益に担税力を見出し超過課税を行うのであれば、負担している法人に対しての合理的な説明が必要であることから、使途事業として、法人において勤務する労働者にとり、より働きやすい環境を整えるという観点に立脚し、それらの環境づくりに資する、保育や修学前教育等の児童福祉施設、あるいは介護等に係る老人福祉施設等のさらなる充実を検討することが適当である。

あろうという、そういう形で提言をまとめているということになります。

さて、次の森林環境税ですけども、全国でも35ぐらいですかね、県が導入しているものであります。名前が何か新しいので、法定外税かと思われがちですけれども、これは超過課税です。個人の均等割、あるいは企業の地方の法人税、住民税の均等割ですね。これに対する超過課税という形をとっています。

この森林環境税、狙いは何かというと、森林の保全です。特に奈良県のようなところはやっぱり森林が多いわけですから、その安全とか、環境保全というのは非常に大事なのですね。ところが、実際、森林環境税で何が起きているかといいますと、さまざまな事業に充てているのですが、この事業の規模が大きくなり過ぎている。つまり、森林環境税から上がってくる税収よりも事業が大きくなるのですね。これ、よく自治体なんかでよくあることですが、財源が出てくると皆さん安心して事業規模というか予算を拡大していくということになります。ところが税収はそこまで伸びないので、だんだんとお金がなくなっていく。森林環境税の税収は基金として積み立てられているので、これは基金がなくなっていくということになります。実際、奈良県の場合は昨年度でこれが底をついているという状況になるわけです。

さらに、この森林環境税ですけれども、実は皆さん知らないうちに取られて

森林環境税

森林環境税の概要

○ 我が国では、森林整備を主な目的とする地方の独自課税として森林環境税が導入されている。いずれも住民税超過課税方式を採用し、税収は基金化し、森林整備等に活用している。

森林環境税の概要

概要	森林整備を主な目的とした地方自治体の独自課税（森林環境税等）
課税対象	個人および法人
税率	課税方式は住民税（道府県民税・市町村税）均等割の超過課税 ― 個人：400円～1,200円を上乗せ（20県が500円を上乗せ） ― 法人：均等割額の5～11%を上乗せ（20県が5%を上乗せ）
実施状況	高知県（平成15年度導入）を皮切りに、全国35県・1政令市で導入（平成28年1月現在）
税収	1.7億円（高知県、平成26年度見込み）～39億円（神奈川県、平成26年度見込み）
使途	多くの自治体で基金化し、主に森林整備や普及啓発等の県独自の事業に活用されている。

奈良県森林環境税

- 課税方法‥‥「県民税均等割」に上乗せする方法
- 税　　率‥‥個人：年額500円、法人：森林環境税課税前の均等割額の5%相当額

いるというのが実情です。アンケート調査によると個人でも2割ぐらいの人しか知らないのですね。これは全国的にそうでありまして，高いところでも50％いかないのですね。先ほど申し上げたとおり，受益と負担を見える化させるための超過課税なのに，実際は見えていない。皆さん知らないうちにこの超過課税が取られている，あるいは何のために超過課税しているかという趣旨が伝わっていないということになるわけです。

　森林問題をもう少し幅広く捉える必要もあります。皆さんから税金をいただいて森林の保全に充てるということも大事なのですが，そもそも森林の保有者がみずからの責任を果たしているのかということも問われなければならないわけです。受益者負担ということであれば，やっぱり伐採など森林を保全してもらって，一番受益しているのは森林の保有者ですからね。本来は森林所有者がもっと責任を果たすべきものがあるのではないのでしょうか？

　ちょっと時間がないので，最後は簡単に。超過課税という形での税収確保だけではなく，地方ができるもう一つのことがあります。それは何かというと課税の強化です。地方税は，国税よりも滞納が多いのですね。固定資産税とか，

税を考えるシンポジウム【パネルディスカッション】

森林環境税の導入状況（平成26年度税収見込み）

（平成27年7月現在）

森林環境税の税率、税収額

団体名	名称	課税額（超過税率） 個人	課税額（超過税率） 法人	期限	税収（億円）
岩手県	いわての森林づくり県民税	1000円	10%	平成28年3月	7.1
宮城県	みやぎ環境税	1200円	10%	平成28年3月	16.0
秋田県	水と緑の森づくり税	800円	8%	平成30年3月	4.5
山形県	やまがた緑環境税	1000円	10%	なし	6.5
福島県	森林環境税	1000円	10%	平成28年3月	10.7
茨城県	森林湖沼環境税	1000円	10%	平成30年3月	16.0
栃木県	とちぎの元気な森づくり県民税	700円	7%	平成30年3月	8.3
群馬県	ぐんま緑の県民税	700円	7%	平成31年3月	6.2
神奈川県	水源環境保全税	約890円	−	平成29年3月	39.0
富山県	水と緑の森づくり税	500円	5%	平成30年3月	3.7
石川県	いしかわ森林環境税	500円	5%	平成29年3月	3.7
山梨県	森林環境税	500円	5%	なし	2.7
長野県	長野県森林づくり県民税	500円	5%	平成30年3月	6.5
岐阜県	清流の国ぎふ森林・環境税	1000円	10%	平成29年3月	12.0
静岡県	森林（もり）づくり県民税	400円	5%	平成31年3月	9.7
愛知県	あいち森と緑づくり税	500円	5%	平成31年3月	22.0
三重県	みえ森と緑の県民税	1000円	10%	なし	8.0
滋賀県	琵琶湖森林づくり県民税	800円	11%	なし	6.4
兵庫県	県民緑税	800円	10%	平成28年3月	24.0
奈良県	森林環境税	500円	5%	平成28年3月	3.5

団体名	名称	課税額（超過税率） 個人	課税額（超過税率） 法人	期限	税収（億円）
和歌山県	紀の国森づくり税	500円	5%	平成29年3月	2.7
鳥取県	森林環境保全税	500円	5%	平成30年3月	1.7
島根県	水と緑の森づくり税	500円	5%	平成32年3月	2.0
岡山県	森づくり県民税	500円	5%	平成31年3月	5.6
広島県	ひろしまの森づくり県民税	500円	5%	平成29年3月	8.3
山口県	やまぐち森林づくり県民税	500円	5%	平成32年3月	4.0
愛媛県	森林環境税	700円	7%	平成32年3月	5.3
高知県	森林環境税	500円	500円	平成30年3月	1.7
福岡県	森林環境税	500円	5%	平成31年3月	13.5
佐賀県	水と緑の森づくり税	500円	5%	平成30年3月	2.4
長崎県	ながさき森林環境税	500円	5%	平成30年3月	3.7
熊本県	水と緑の森づくり税	500円	5%	なし	4.8
大分県	森林環境の保全のための県民税の特例	500円	5%	平成28年3月	3.2
宮崎県	森林環境税	500円	5%	平成28年3月	2.9
鹿児島県	森林環境税	500円	5%	平成32年3月	4.3
35県合計					282.6

※未導入都道府県：
北海道、青森県、埼玉県、千葉県、東京都、新潟県、福井県、京都府、大阪府、徳島県、香川県、沖縄県

| 横浜市 | 横浜みどり税 | 900円 | 9% | 平成31年3月 | 21.0 |

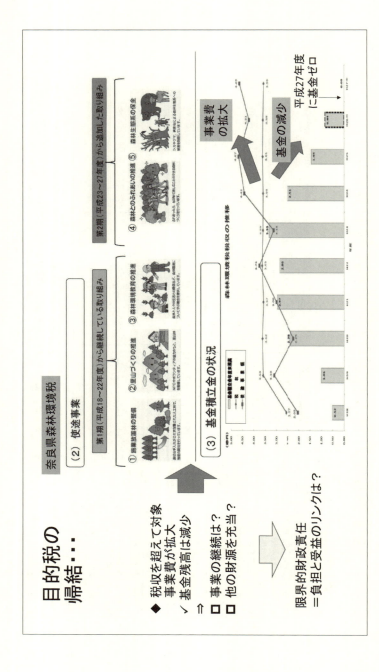

森林環境税への認知？

- 森林環境税への認知は高くない
- ✓ 森林環境税＝均等割への超過課税
- 住民・企業は超過課税＝負担増を認識していない・・・
- ✓ 税額が余り高くないから・・・

- 地域住民（個人・企業）の対象事業へのコスト認識は？
- ✓ 住民不在の課税自主権？

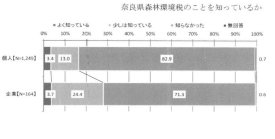

奈良県森林環境税のことを知っているか

住民税の滞納があります。現在，滞納整理機構という形で，奈良モデルなんていうので全国的にも知られていますけれども，市町村と県が協力しながら，こういう滞納されている税金を集めるという，回収するという体制を整えつつあります。先ほどお話がありましたように，地方税というのは応益課税であり，地域社会の会員の会費なのですね。ですから，やはり会費をちゃんと納めてもらうという，そういう姿勢は必要だし，これは税制に対する信頼を確保するため

森林問題を考える・・

- 日本の「森林問題」は根深い・・・＝森林政策の失敗
  - ➢ 経済面＝コスト高と競争性の欠如
  - ➢ 社会面＝所有者不明・放置林の増加⇒森林の保全が困難に・・・

- 森林環境税＝住民（個人・企業）が森林保全に費用負担
  ⇒森林所有者の責任は？

資料：総務省

徴税の強化

- 地方自治体の税収基盤の強化は課税自主権の行使＝超過課税・法定外税だけではない
- 取るべき税は取る＝徴収対策
  ✓ 国レベル＝BEPS（多国籍企業による節税）への対応
  ✓ 徴収強化は地方税への信認を確保する上でも不可欠
  ➢ 滞納整理＝債権回収
  ✓ 正直な納税者がバカを見ない仕組み
- 自治体は徴税強化（滞納整理）に「及び腰」？

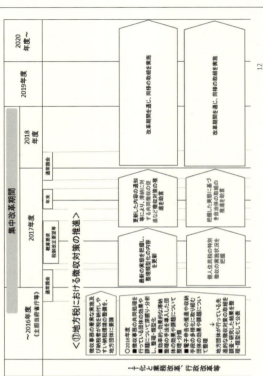

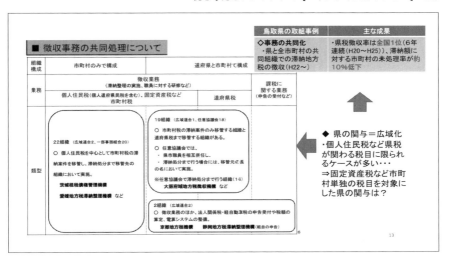

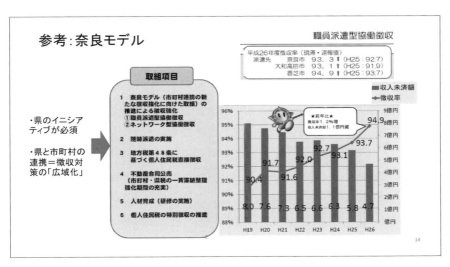

にも重要です。税制の基本は、公平性という言葉が出ましたけれども、正直者がばかを見るような仕組みではいけないわけですから、やはり取るべき税はちゃんと取るという、そういう体制が求められているのかなというふうに思います。以上です。

○林座長　ありがとうございます。

　今，超過課税は企業に対するものが多いという話が佐藤先生のほうからも出ました。鈴木先生には，特に都道府県の法人二税を中心に地方法人課税をテーマにお話しいただきたいと思います。よろしくお願いします。

○鈴木委員　専修大学の鈴木です。よろしくお願いします。

　地方の法人税というのが私に与えられたお題ですけれども，報告の時間が短いので最初に結論だけ言うと，地方税の原則からして，地方法人税というのはやっぱりあまり望ましくないのではないかということです。これが私の言いたいことです。

　最初に，税収を見てみますと，国税ですと法人税はある程度あって，これはそれなりに意味があるのかもしれませんが，地方税のところで，特に道府県税のところで地方法人二税がかなりのシェアを占めている。ここがちょっと大き過ぎるのではないかということです。

　これから，それはなぜかということを説明したいわけですけど，やはり地方税の原則に立ち戻って考えたいと思います。これは，先ほど林先生のほうから説明ありましたので，それと重なる部分はあるのですけれども，復習として申し上げると，まず第1に応益性というものがあります。それから2番目に，課税ベースの移動性が小さいということがあります。日本の場合は，基本的には税率は一律ですから，租税競争みたいなことは起こりにくいわけですけれども，超過課税とか不均一課税はできますから，ある程度税率とか課税ベースに自由度があります。そうなると，各自治体が競って税率を引き下げ競争というのを行う可能性が出てくる。予想される結果は，いずれの自治体も十分な税収を上げられないということです。これは，国際的な租税競争と一緒ですね。地方も47都道府県ありますから，お互いに競争すると，その結末はどこの自治体にとっても望ましいものにはならないということになります。ですから，課税ベースの移動性は小さいものがいいということですね。それから，3番目は税

収の安定性，それから4番目は税収格差が小さいということがあります。5番目は，限界的財政責任というのを挙げています。これは，今佐藤先生が御説明されたので省きますけど，大体このような5つの原則があるのではないかというふうに考えています。

主要税目を今の原則で判断してみると，簡単に言うと，次のようなことが言えるのではないかと思います。住民税は，応益性を満たしますし，課税ベースの移動性が小さい。地域住民が税を負担し，一方で公共サービスはその人たちが受けるので応益性を満たすし，人は企業ほど移動しませんので，課税ベースの移動性も小さいということです。

固定資産税は，市町村税なので時間の都合上割愛して，地方税としては望ま

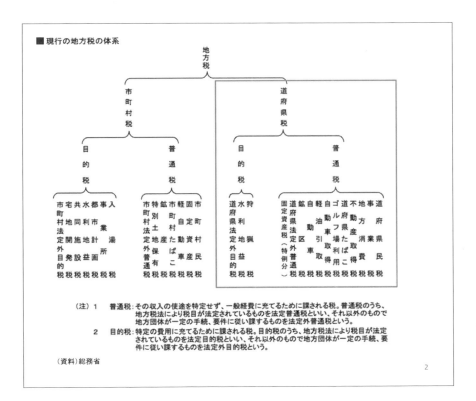

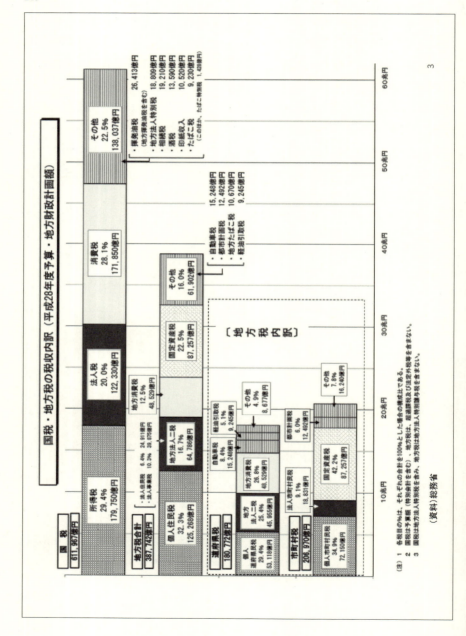

しい性質を持っていますということだけ言っておきたいと思います。

　それから，地方消費税もなかなか良いと言えます。地方消費税自体は消費税ですので，実は企業に課せられています。消費者は税を間接的に負担していますけど，納税者は企業です。だから，企業が存在しているところの税収が多いわけですよね。その結果，法人税と似たような税収格差が生じてしまうのですけど，地方消費税は仕向地主義課税ですので，最終消費地に照らし合わせて税収を後で配分します。そうなると，当該地で消費をする住民が公共サービスも受けるということになり，応益性が確保されます。

　ただ住民税と違う点もあって，それは限界的財政責任機能が働かないという点です。これはどういうことかというと，住民税の場合は公民館をつくろうとか，プールが欲しいとか，道路が欲しいとかいうときに当然増税しなければならず，例えば住民税の超過課税をしようかということになるわけです。地方消

地方税の原則

- 地方税原則として重要なのは、次の5つ。
① 応益性：受益と負担の一致。
② 課税ベースの移動性が小さい：さもなければ、租税競争によっていずれの自治体も十分な税収を上げられない。
③ 税収の安定性：地方政府は中央政府ほど税収の不安定さに耐えられない。
④ 税収格差が小さい：①によって確保される。
⑤ 限界的財政責任：限界的に歳出を増やす場合に、居住者がそれを負担する。これによって、無駄な歳出が生じにくい。

> ## 主な地方税目の評価
>
> - 住民税：応益性を満たす。課税ベースの移動性が小さい。税収は比較的安定しており、限界的財政責任機能が働く。
> - 固定資産税：移動性の小さい土地や家屋に対する課税であれば、応益性を満たす。非居住用資産に対する固定資産税は、租税競争を引き起こす可能性がある。
> - 地方消費税：仕向地主義（最終消費地）課税によって、応益性を満たす。課税ベースの移動性も小さく、税収も安定している。限界的財政責任機能は働かない。
> - 地方法人税：課税ベースが移動しやすい。法人税は最終的に誰が負担しているか明確ではなく、応益性を満たさない。税収が不安定で、税収格差も大きい。

費税の場合は、課税ベースが国税の消費税ということになっていますので、基本的には国税と一緒に税率が引き上げられるということになって、自動的に税収が増えてしまう。地方公共サービスが増える際に、必ずしも住民の痛みを伴わない。ですから、そういう意味では住民税の方が地方税の原則に照らし合わせると、少し有利な面を持っているということが言えると思います。ただ、住民税も固定資産税も地方消費税も、いずれも地方税としては望ましい性質を持っていると、全体的には言えると思います。

　それに対して、地方法人税はそのような望ましい性質を全然持ってない。まず、課税ベースが移動しやすいということがあります。これは、各地域が超過課税や不均一課税を行う場合、企業は税負担の軽い地域へ移動する可能性が高いということです。それから、法人税を最終的に誰が負担しているのかよくわからないという問題があります。これは応益性に関わる問題です。

　法人税の帰着という話は、経済学者以外はあまりしないと思いますけれども、

それは法人税の税負担を実質的に行っているのは誰かという問題です。表面的には法人が払ってくれるので，我々には痛みがないような感じになっていますけども，実際には税を負担するのは個人なので，結局誰かが払っているということですね。3つのケースがあると思います。配当に帰着する場合には，株主の配当が税金分だけ少なくなっていると考えられます。賃金に帰着する場合には，労働者の賃金がその税金分だけ押し下げられている。価格に転嫁される場合には，価格がその分高くなるので，税は消費者によって負担されるということになろうかと思います。

これを地方税の観点から考えたときに問題になるのは，株主とか労働者とか消費者がどこに住んでいるかということです。例えば，ある地域で作ったものが全国に販売され，それゆえに消費者が全国に散らばっている可能性があります。株主についても同様で，ある地域の企業の株主は全国にいるかもしれません。労働者は全国から毎日通勤して来ることはないでしょうけど，他県から働きに来ている人はいるでしょう。要するに，地方法人税では受益と負担の関係がよくわからなくなってしまう。これは応益性の観点から見て問題なので，法人税というのはやっぱり地方税としては望ましくないのではないかと考えられます。

あとは，ちょっと足早に。税収も見てのとおり（林基調講演の図4参照），地方法人税というのはかなり上下の変動が大きいということですね。それから，これは先ほどご指摘がありましたけど，地方間の税収格差（林基調講演の図5参照）が最大と最小で6.1倍という大きな差があるということですね。所得格差でいうと大体2倍ぐらいなわけですね。個人住民税でも，課税最低限などの関係からその比率が2.数倍となっていますけれども，それが6倍というのは人為的に何かがなされない限り生じない差で，やっぱり制度的に何かおかしいということなのだろうと思います。

簡単に国際比較をしてみると，海外では個人所得税，地方ですから個人住民税の割合が多い国があります。一方で，固定資産税を中心に地方税を賄っている国も多い。日本も個人住民税と固定資産税の割合が高いことは高いのですが，

> ## 法人税の帰着
>
> - 法人税の帰着先を特定することは難しいが、法人税を実質的に負担するのは個人である。
> ① 法人税が配当に帰着する場合：実質的に配当税。
> ② 法人税が賃金に帰着する場合：実質的に賃金税。
> ③ 法人税が価格に転嫁される場合：実質的に消費税。

赤い部分ですね，法人所得税の部分が比較的大きな割合を占めているという特徴があります。

最近，法人税改革が行われて，税率を下げて課税ベースを広げています。そして，課税ベースを広げるときに，地方法人税がかなり使われていて，一番使われているのが上から3つ目の外形標準課税ですね，これがかなり拡大されています。

結論ですけども，地方法人税は地方税原則から逸脱しており，それが地方間の税収格差の主因になっていると思います。ですから，地方税原則に適うような地方税制を確立すれば，結果として問題になっているような税制格差というのはかなり縮小するはずです。最近，地方法人税のなかで外形標準課税が拡大されていて，これについては賛否両論あるのでしょうけども，外形標準課税が長期的に同じ付加価値税である地方消費税に移行できるということであれば，それなりに意味があるのではないかと思っております。以上です。

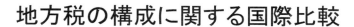

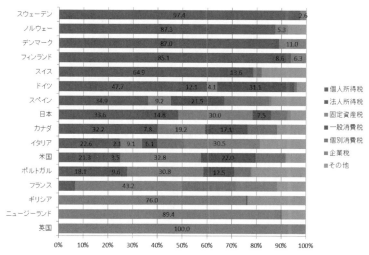

(注)2011年。州及び市町村の合計。固定資産税は固定資産に対する課税全体を表し、都市計画税等を含む。
(資料)OECD, "Revenue Statistics"

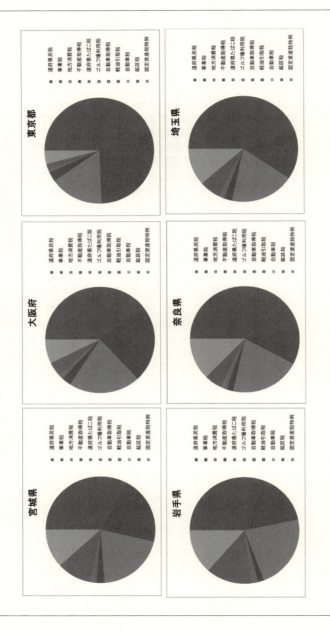

国・地方の法人税率の国際比較

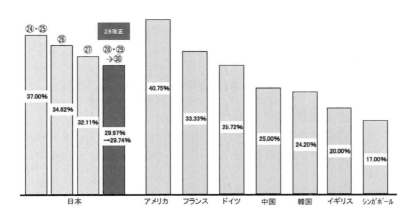

(資料)財務省

国・地方の法人税の課税ベース拡大策

○ 租税特別措置の見直し

≪生産性向上設備投資促進税制の見直し≫(26年度改正で創設：租税特別措置)
- 28年度： 期限どおり縮減 (即時償却→５０％特別償却など)
- 29年度： 期限どおり廃止 [＝28年度改正法で明確化]　　　　　ほか

○ 減価償却の見直し (現行：建物は「定額法」のみ、他は「定額法」と「定率法」の選択制)
⇒ 建物附属設備・構築物の償却方法を「定額法」に一本化

○ 法人事業税の外形標準課税の更なる拡大(大法人)
(27年度改正後： 2/8→㉗3/8→㉘4/8)
⇒ 28年度改正後：　　　　　　→㉘5/8　＊中堅企業への影響に十分配慮(激変緩和)

○ 欠損金繰越控除の更なる見直し(大法人)
(27年度改正後：控除限度額　所得の80％→㉗65％→㉘65％→㉙50％→㉚50％)
⇒ 28年度改正後：　　　　　　　　㉘60％→㉙55％→㉚50％
＊ 改革の加速化に伴う企業経営への影響を平準化する観点からの対応

(資料)財務省

> ## 地方税改革の方向性
>
> - 地方間の税収格差は、地方税体系が地方税原則から逸脱したものになっていることから生じている。特に、地方法人税が大きな問題。
> - このため、やるべきことは「地方税原則に適う地方税制を確立すること」。その結果として、地方法人税が縮小し、地方間の税収格差が小さくなる。
> - 近年、税制改正により法人事業税の外形標準課税部分が拡大。長期的には、外形標準課税から地方消費税への移行が課題。

○**林座長**　ありがとうございます。

　引き続いて，森下市長からお話しをお願いします。

○**森下市長**　私は，まちづくりと税収確保の話をさせていただきます。先ほど上村先生が言われたように，地方自治体はどんな形で地域社会をつくっていくのか，目標を示せということだと思います。後でまた一松部長がお話しされると思いますが，奈良県民の消費先は，大阪です。一世帯あたり，15％ぐらい他の都道府県で購入しています。これは全国１位です。奈良県内で購入せずに，近隣の府県で購入するのが１位です。一番県外で購入するということは，外で消費税を支払っているわけで，一つも奈良県にとって，よくないわけです。また，地方消費税の税収をみると，当たり前ですが，奈良県は，最下位に近いのです。だから，どうすればこの額が上がっていくのかということを考えていかなければならないと思います。

ただ,橿原市内には,その逆のお店があります。京奈和自動車道と南阪奈道路がクロスする場所にあるイオンモール橿原です。モール数も230店舗ぐらいある,非常に大きなところで,年間1,300万人ぐらい来店されます。約2割は県外から来店されるようなお店です。地形的からいいましても,非常に便利なところにあり,公共交通機関は整ってきました。ただ,今まで努力していないところに努力していかなければならないということで,一番橿原市が注目したのは,これだけの文化資産を,いろんな皆様に見てもらう魅力的な奈良県であり,全国でいうと,行ってみたい都道府県の第6位です。これだけ魅力のある県にもかかわらず,消費してくれないというのは,宿泊施設がないというところなのです。宿泊施設が全国で最下位に近い。これを何とか増やしていかなければならないということで,我々市町村も,また,県もそうですが,いろんな働きかけをしました。

　橿原市でいいますと,まず,ゼネコン業界を回りましたが,ホテルがないの

は需要がないからだ，大阪，京都に任せておけばと言われたのが六，七年前だと思います。これではだめだということで，今度は，ホテル業界を回りました。ゆっくり話して，本市の魅力を伝えていくと，おもしろいところという反応に変わってきました。実は今本市でPFIを活用して，平成30年に完成するのがこのパース図です。これ実は，4階までが庁舎で，その上にホテルが乗っかっているという，とんでもないものを考案し，つくり上げました。全国で初めての形です。これは，内閣府でモデル事業として認めていただきました。この事業は，全国のモデル事業になりましたので，今全国各地でこのような形，同じようなものがいろんなところで出てきております。

　では，なぜ泊まらなければならないのか。素通りすると3,000円から4,000円程度しか消費が生まれません。1泊していただきますと約2万円以上も消費していただけるのです。だから，奈良県のいろんな特徴を考えると，やはり宿泊施設をつくらなければならないということで，実は同じ時期に，同じ流れの中で，今，奈良県がJWマリオットを奈良市内に建築中です。実はこのPFIのチームは，全く一緒なのです。本市のPFIのチームから，奈良県に行って，そのPFIのチームが，今進んでおります。もう一つが星野リゾートで，この間，明日香村とパートナーシップ協定を締結されました。これはもちろんばらばらじゃなくて，一連のもので，同じ方向に今奈良県が動いている。我々はそれを意識して，インバウンドも含め，どんどん受け入れる。そして，たくさんの税収を得たい，その方向に進んでいきたいと思っています。以上です。

○林座長　　ありがとうございます。

　すごいですね。何年か前，私の学生がクラブの合宿で奈良に行ったけれども宿泊施設で苦労したと言っていましたが，そういうことも改善されていくことと思います。学生にとっても，朗報かと思います。

　続いて，最近，新聞等にも出ていることで，御興味もおありかと思いますが，一松部長から，地方消費税に関してお話しをお願いします。

○一松総務部長　　それでは，私のほうから，地方消費税についてご説明させていただければと思います。

　まず，平成31年10月まで消費税率の引き上げが再延期されましたけども，引き上げ後の10％のうち3.72％が地方分になります。そのうち，地方交付税分が1.52％，地方消費税分は2.2％です。この地方消費税分のうち引き上げ前の1％分は一般財源で何にでも使える。引き上げ分の1.2％分については社会保障財源ということになっています。

　この引き上げ分は社会保障の何に使われるのかという話になってきますが，国分と地方分あわせた形で説明させていただきます。国・地方あわせた消費税率が5％上がりますと，おおよそ14兆円程度税収がふえます。そのうち1％分の2.8兆円程度を社会保障の充実に使うことになっています。このうち，子ども・子育て支援の充実につきましては，市町村の方で非常に力を入れておやりになっていること，年金につきましては，国のほうで力を入れておやりになっていることですので，県の立場といたしまして，本日は，医療・介護の充実を中心にご説明させていただければと思います。1.5兆円程度を充てる予定でございます。

　その1.5兆円程度の内訳ですが，医療・介護保険制度の改革，具体的には，国民健康保険の低所得者保険料軽減措置の拡充などに消費税率引き上げの増収分を使いましょうという話になっています。更には，難病，小児慢性特定疾患に係る制度と書いてありますが，難病のように治療法が確立していない場合ですと，非常に治療費がかかりますので，その負担を軽減する措置が講じられています。その対象の疾患の数を増やすことなどに充てることとされております。本日は，そうした使い途の中でも医療・介護サービスの提供体制改革についてご説明させていただければと存じます。地域包括ケアシステムの構築なども含めて括弧の中にある新たな基金というものを使って提供体制の改革を推進することにしており，この基金は，引き上げの消費税財源を使ってつくられたものでございます。

　この基金の奈良県での具体的な使い途ですが，地方が申請して，最終的に国

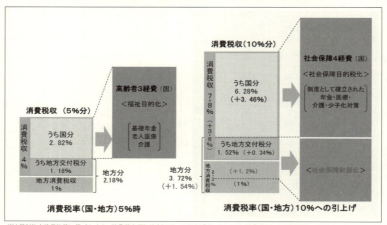

社会保障の「充実」の全体像

○ 消費税引上げによる増収分は、全てを社会保障の充実・安定化に向けることとなっており、基礎年金国庫負担割合の1/2への恒久的引上げ等＊による社会保障の安定化のほか、以下の社会保障の充実を予定している。　　＊2018年度時点では、3.2兆円程度の見込み。

分野	内容	所要額
子ども・子育て	○子ども・子育て支援（待機児童の解消などの量的拡充と質の向上） ・子ども・子育て支援新制度の実施による、幼児教育・保育と地域の子ども・子育て支援の総合的推進・充実 ・「待機児童解消加速化プラン」の実施 ・社会的養護の充実 など	0.7兆円程度
医療・介護	○医療・介護サービスの提供体制改革 ①医療の機能分化・連携、在宅医療の推進等 　病床の機能分化を進め、発症から入院、回復期（リハビリ）、退院までの流れをスムーズにしていくことで、早期の在宅・社会復帰を可能にする。 　在宅医療・介護を推進し、地域での生活の継続性を支える。 　医師、看護師等の医療従事者を確保する。 （新たな基金の創設、診療報酬に係る適切な対応の在り方の検討、必要な措置） ②地域包括ケアシステムの構築 　介護が必要になっても住み慣れた地域で暮らせるよう、介護、医療・予防・生活支援・住まいが一体的に提供される地域包括ケアシステムを構築するため、以下の取組を行う。 　ⅰ）医療と介護の連携、ⅱ）生活支援・介護予防の基盤整備、ⅲ）認知症施策、ⅳ）地域の実情に応じた要支援者への支援等のマンパワーの確保等 など ○医療・介護保険制度の改革 ①医療保険制度の財政基盤の安定化 　低所得者が多く加入する国民健康保険への財政支援の拡充（国民健康保険の保険者、運営等の在り方に関する改革の前提として行われる財政支援の拡充を含む） 　協会けんぽに対する国庫補助 ②保険料に係る国民の負担に関する公平の確保 　国民健康保険料の低所得者保険料軽減措置の拡充 　後期高齢者支援金の全面総報酬割の導入 ③保険給付の対象となる療養の範囲の適正化等 　低所得者に配慮しつつ行う高額療養費の見直し 　医療提供施設相互間の機能の分担と在宅医療との公平の観点からの外来・入院に関する給付の見直し ④介護給付の重点化・効率化 ⑤一定以上の所得を有する者の利用者負担の見直し など	1.5兆円程度 ※充実と重点化・効率化を併せて実施
	○難病、小児慢性特定疾患に係る公平かつ安定的な制度の確立	
年金	○現行制度の改善 ・低所得高齢者・障害者等への福祉的給付　・受給資格期間の短縮　・遺族年金の父子家庭への拡大	0.6兆円程度

所要額（公費※）合計 ＝ 2.8兆円程度

（注）上記の表は、消費税増収分を活用した社会保障の充実について、公費のあるものについて整理したものである。

3

本県における地域医療介護総合確保基金の主な使い途

医療

○ **地域医療構想の達成に向けた医療機関の施設又は設備の整備に関する補助**
　➢ 医療機能分化・連携施設設備整備事業
　　急性期病床等から回復期病床への転換を伴う施設整備に対する補助

○ **居宅等における医療の提供に関する事業**
　➢ 在宅医療連携体制構築事業
　　在宅医療に携わる多職種（医師、歯科医師、薬剤師、看護師等）が連携するための研修の実施
　　地区医師会や医療機関が行う病院から在宅に移る際の相談等に応じる相談窓口の設置等に対する補助

○ **医療従事者の確保に関する事業**
　➢ 奈良県救急安心センター運営事業
　　救急車要請の適否や医療機関案内等の救急相談窓口（♯7119）の運営
　➢ 小児救急医療輪番体制の整備
　　小児輪番参加病院運営費の補助　等
　➢ 病院内保育所運営費補助事業
　　院内保育施設運営に対する補助

在宅医療イメージ

介護

○ **介護施設等の整備に関する事業（地域密着型サービス等）**
　➢ 地域密着型サービス施設等整備促進事業
　　小規模多機能型居宅介護事業所等をはじめとした地域密着型サービス施設等の整備に対する補助
　　特別養護老人ホームや地域密着型サービス施設等の開設準備に対する補助　等

○ **介護従事者の確保に関する事業**
　➢ 介護人材確保対策推進補助事業
　　市町村及び民間団体が実施する、若者から地域の高齢者まで幅広い世代を対象とした人材確保に向けた研修や説明会、中堅職員向けの資質向上のための研修会、施設内保育施設の運営など労働環境の改善等の取組に対する補助

の承認をいただく形にはなりますが，地方の実情に応じて使えるようになっております。当県の場合の使い途は，例えば2番目の在宅医療の連携，更には3番目の医療従事者の確保が挙げられます。具体的には，いわゆる「♯7119」，救急車を呼んだり，医療機関にかかったりする前などに相談する窓口の運営，それから看護師さんなどを確保するための病院内保育所運営費補助などに基金が充てられています。そのほか，介護サービスの施設整備などにも充てられています。

　基金の使い途のうち説明を省略した一番上の医療機能分化・連携のための施設整備について，奈良県も含めた国全体として今どういう取り組みを消費税財源を使ってやろうとしているかというご説明をします。急速な高齢化の進展で，患者像は大分変わってきているのではないかということです。今までのように病院完結型，すなわち病院と生活を切り離して，病院で治療を完結する形ではなくて，これからの高齢化社会では，複数の慢性疾患を抱える患者さんが増え

医療・介護サービスの提供体制改革の方向性①

病院完結型医療から地域で治し、支える地域完結型医療へ
『社会保障制度改革国民会議報告書』２１頁

- 社会システムには慣性の力が働く。日本の医療システムも例外ではなく、四半世紀以上も改革が求められているにもかかわらず、20世紀半ばすぎに完成した医療システムが、日本ではなお支配的なままである。
- 日本が直面している急速な高齢化の進展は、疾病構造の変化を通じて、必要とされる医療の内容に変化をもたらしてきた。平均寿命60歳代の社会で、主に青壮年期の患者を対象とした医療は、救命・延命、治癒、社会復帰を前提とした「病院完結型」の医療であった。しかしながら、平均寿命が男性でも80歳近くとなり、女性では86歳を超えている社会では、慢性疾患による受療が多い、複数の疾病を抱えるなどの特徴を持つ老齢期の患者が中心となる。そうした時代の医療は、病気と共存しながらQOL（Quality of Life）の維持・向上を目指す医療となる。すなわち、医療はかつての「病院完結型」から、患者の住み慣れた地域や自宅での生活のための医療、地域全体で治し、支える「地域完結型」の医療、実のところ医療と介護、さらには住まいや自立した生活の支援までもが切れ目なくつながる医療に変わらざるを得ない。ところが、日本は、今や世界一の高齢国家であるにもかかわらず、医療システムはそうした姿に変わっていない。

5

ていきますので，生活と治療が地域において共存するという形を目指していくのではないか。すなわち在宅の医療，あるいは在宅の介護を充実させていく。病床で申し上げますと，急性期の病床よりか回復期の病床を充実させていく必要があるのではないかということがかねて指摘されており，この地域完結型の医療こそが目指していく方向だと思っております。

　更に具体的に申し上げますと，日本の医療の現状において，左側，いわゆるワイングラス型といわれますが，7対1病床という看護師の配置が手厚いところに病床の数が偏っているという事象が起こっております。診療報酬がこういう病床には手厚く付くということで，そういう体制をとっているところが多いのですが，実際に今行われている医療の内容を客観的に分析して，それを今の一人当たりの医療の密度を確保したまま，人口の将来的な見込みを掛けあわせて，将来のあるべき医療像を考えるとすると，一番右側の核弾頭型といわれるような形があるべき姿だということになります。こういう図をお示しすると，

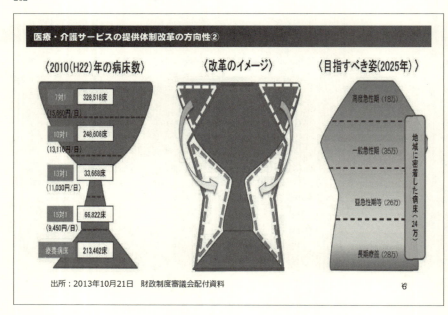

　何か必要な急性期病床を削ろうとしているのかみたいに誤解を受けるわけでございますけど，そうではありません。実は今急性期と名乗っている病院の中でも，実質的な医療としては，それに見合うような医療サービスの提供は行われておらず，にもかかわらずそこに人員など配置が偏っているために，必要なリハビリとか，高齢者を含めた患者の方を在宅に戻していくための機能，具体的には回復期病床などに人材が足りていないという現象が起きているので，本当に必要な医療需要を満たした形での医療のあるべき姿をつくっていく必要があります。2025年を目途に整備していくということで一生懸命やろうとしています。日本の病院は，民間の病院が多いわけですから，そこにもっていくには経済的なインセンティブが必要になっていきますので，そうした，インセンティブとなる財政支援に消費税率引き上げによる増収分を活用した基金を使うということに重点化していくことになるのが今後の流れでございまして，奈良県においてもそうした取り組みを進めさせていただきたいと思っているところでご

ざいます。

　このように，きちんと患者のニーズと医療の提供体制を見合った形にする，更には介護の分野まで含めて利用者のニーズに見合ったサービスの提供体制をつくっていこうというときに，私どもがネックだと考えておりますのが，その財源でもある地方消費税収がどのように都道府県に配られるかという配分基準でございます。現状はどういうことになっているかを申し上げますと，地方消費税はあくまで最終的な消費に負担を求めますので，その最終的な消費が行われる場所に税収を帰属させようという制度が一応は目指されています。ただ，その消費を家計調査などの需要側の調査でつかめればいいのですけれども，サンプル調査なのでなかなか使いにくいということもございまして，実際には供給側の統計を使っております。具体的には，商業統計や経済センサス活動調査でございます。つまり，皆様方が大阪や京都で買い物すると，統計への計上を通じてそこで消費したというフィクションが働いて，大阪府や京都府に地方消費税の税収が帰属するという構造になっています。しかし，家電や家具みたいなものは，奈良県内に持ち帰られて，そこで消費されているのが実態だと思いますので，こういった基準で地方消費税収の配分がなされているのはやはり不公平なのじゃないかと思います。需要側の統計データと比較しますと，奈良県民は実態として消費を多くしているのに，それに見合う地方消費税収がなかなか配分されてないというのがグラフ上も明らかです。これを何とかしていただきたいというのが本県の切実な主張になります。

　この主張につきましては，奈良県だけ申し上げているわけじゃなくて，全国知事会でも言っています。商業統計とか経済センサス活動調査といった統計では，正確に都道府県別の最終消費を把握できない。モノやサービスの供給地，あるいはそのお店のある場所や販売会社の本店所在地で計上するのではなくて，本当に最終的な消費がなされる場所で計上すべきなのだから，それを正確に把握できないのであれば，代替指標として居住地基準である人口を用いることにして，人口の比率を高めてくれということを全国知事会としても申し上げていることでございます。

地方消費税の清算基準について

- 地方消費税の清算では、国から払い込まれた地方消費税収を最終消費地に帰属させるため、消費に関連した基準(=清算基準)を用いている。
- 清算基準では、需要側の統計がサンプル調査等であることなどを理由として用いられない一方、商業統計や経済センサス活動調査といった供給側の統計が用いられている。

【H26までの清算基準】

統計基準	小売年間販売額 (H19商業統計)	75%
	サービス業対個人事業収入額 (H16サービス業基本調査)	12.5%
人口基準		12.5%
従業者基準		

↓

【H27税制改正後の清算基準】

統計基準	小売年間販売額(H19商業統計) →H29からはH26商業統計	75%
	サービス業対個人事業収入額(H24) 経済センサス活動調査	
人口基準		15%
従業者基準		10%

- このため、現行の清算基準は、最終消費による実質負担に応じて各都道府県に地方消費税収が的確に帰属する仕組みとはなっておらず、27年度税制改正を経てもなお改善を図る仕組みは十分ではない。

<一人当たり消費支出と一人当たり地方消費税額との乖離率>

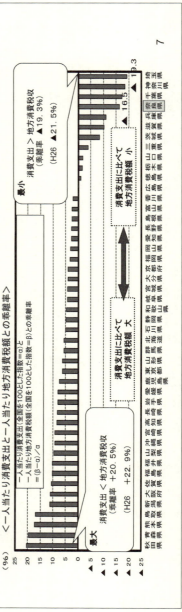

地方消費税の清算基準の見直し提言のポイント① (全国知事会提案)

「平成29年度税財政等に関する提案」（平成28年10月　全国知事会）（抜粋）

○「人口」を重視した地方消費税の清算基準の検討

（中略）

　平成27年度からは、これまでの「サービス業基本調査」に替えて「経済センサス活動調査」に基づく「サービス業対個人事業収入額」が消費指標に用いられることとされ、サービスに係る統計カバー率が上昇することも踏まえ、主にサービスの代替指標と考えられてきた「従業者数」の比率を引き下げ、「人口」の比率を高める等の見直しが行われたところである。
　今後も清算基準の見直しにあたっては、社会保障財源を確保するため地方消費税率を引き上げる経緯に鑑み、<u>可能な限り経済活動の実態を踏まえたものとするとともに、商業統計や経済センサス活動調査において正確に都道府県別の最終消費を把握できない場合に、消費代替指標として「人口」を用いること等により、算定における「人口」の比率を高める方向で見直すこと。</u>

　奈良県税制調査会においても、このテーマを熱心にご議論いただいて、このたび提言をまとめてございます。わかりやすいものだけ触れさせていただきますが、例えば2番目、通信・カタログ販売・インターネット販売について、そうした販売会社の所在地に売り上げが全部計上され、そのまま地方消費税収が配分されているのは、不合理ではないかと。したがって、その分は、統計を利用する際にデータから外して、人口の比率を高めるべきではないか。それから、先ほど申し上げました家電、家具、更には寝具。これらについてはあくまで居住地である家で消費が行われているので、これも統計データから外して、その分人口の比率を引き上げるべきじゃないか。あるいは情報通信業、旅行業などについても、たとえば旅行に行くときに旅行代理店に支払う分が、消費自体は旅行地で行われるにもかかわらず、旅行代理店に全部売り上げが計上されている。そのままそれにしたがって地方消費税収が配分されるのはおかしいのではないか。そこは統計データから外すようにしてあるようですが、それだけでは

地方消費税の清算基準の見直し提言のポイント②（奈良県提言）

○足元の経済活動の実態の反映

➢ 平成19年商業統計から平成26年商業統計への置換えに伴い、生ずるサービス分のシェア上昇について、従業者基準の引下げ、人口基準の引上げを行うこと。

○商業統計で「正確に都道府県別の最終消費を把握できないもの」の取扱い

➢ 通信・カタログ販売、インターネット販売について、商業統計からの除外が検討されているが、これだけでは見直しとしては不十分であり、更に居住地で消費されていることが明らかな家具・冠婚葬祭等についても統計基準のウェイトを引き下げ、人口基準の比率を引き上げること。
※除外は行っても統計基準のウェイトや人口基準の比率の変更を行わないことは、本県の配分額が旅更に減少することになり、問題。

○経済センサス活動調査で「正確に都道府県別の最終消費を把握できないもの」の取扱い

➢ 平成27年度税制改正で除外された「情報通信業」、「旅行業」、「競馬・競輪・競艇業」等について、その分の人口基準の比率を引き上げること。
※H27税制改正で清算基準に用いる経済センサスから除外されたが、その分の人口基準の比率引き上げはなされなかった。
➢ 「社会通信教育」、「持ち帰り配達飲食サービス業」、「学術研究、専門・技術研究サービス業」を除外し、人口基準の比率を引き上げること。
➢ 医療・福祉の非課税取引について、除外することにより統計基準のウェイトを引き下げ、その分の人口基準の比率を引き上げること。

【現行】

統計基準	小売年間販売額 （H19商業統計）	75%
	サービス業対個人事業収入額 （H24経済センサス活動調査）	
人口基準		15%
従業者基準		10%

→

【清算基準（案）】

統計基準	小売年間販売額 （H26商業統計）	60%
	サービス業対個人事業収入額 （H24経済センサス活動調査）	
人口基準		35%
従業者基準		5%

○統計の反映方法の更なる見直し

➢ 商業統計の小売年間販売額のうち店舗販売の2分の1（上記見直し分を除く）について、昼夜間人口割合で割ることにより補正すること。

不十分であり，人口の比率を引き上げる形で解決していくべきではないか。

　社会通信教育，持ち帰り配達飲食サービス，学術研究や専門・技術サービス業についても，国際的なルールなども見ながら，つまり国際課税ではこういったものはすべて居住地で課税するという原則になっていますので，やはり統計データから外して人口の比率を引き上げていくべきと主張しています。また，医療・福祉の非課税取引についても，非課税なのに統計データに入れ込んだまま地方消費税収の都道府県への配分基準に使われるのはおかしいのではないか，そこも外して，その分人口の比率を引き上げるべきじゃないかと申し上げています。トータルで申し上げますと，統計基準や従業者基準の割合を下げて，人口の比率を15％から35％に上げるという提言をしております。冒頭に荒井知事のほうからご説明いたしましたように，きのうも政府・与党に対して働きかけを行ってきたところでございます。

　そうした動きを踏まえまして，最近，地元の新聞等で報道していただいている内容をご紹介させていただきます。

　現在働きかけを行っていますが，なかなか一足飛びには実現できることではないと思っております。しかし，私どもとしましては，県民の方々が大阪や京都に買い物に行っただけで，その方々の社会保障財源が大阪府や京都府に帰属するのはおかしいという主張をあくまで続けてまいります。これは医療・福祉分野の消費でも同じです。例えば県民の方々が県外の病院にかかられる。本当は奈良県にいい病院や在宅サービスがあって，そこで地域で完結するのが望ましいし，それこそこれから消費税率の引き上げ分の税収を活用して目指していこうとする姿なのに，今はやむなく県外の京都や大阪の病院に行っているということを理由に，しかも非課税であるはずの消費をつかまえて，あるべき医療提供体制を整備するための貴重な財源を京都府とか大阪府に配分してしまうのはやはり不合理ではないかと。2025年までに地域完結型の医療をつくっていこうと思えば，その財源をきちっと県民の皆様の居住地に帰属させていくべきであり，この問題は先送りが許されないということで，強力に主張させていただいている次第です。

新聞報道①（引用）

奈良新聞（H28.9.14（水））日刊

地方消費税　『見直し提案、国も注目』　算定基準　荒井知事手応え

　地方税収の偏在を助長する要因の一つになっているとして、県が国に提案している地方消費税の清算基準の見直しに対して政府も反応し、抜本的な制度改革へ道を開くきっかけになるとして注目を集めている。高市早苗総務相（県2区衆院議員）も「面白くてユニークな、そして必要な提案」と関心を示し、前向きに検討する姿勢を示している。

日本経済新聞（H28.11.1（火））朝刊

消費税収配分見直しへ　自民税調が検討　東京集中を是正

　自民党税制調査会は消費税収の地方自治体への配分方法を見直す検討を始めた。消費税はモノやサービスが消費された自治体の財源になるが、現行の仕組みでは東京都に配分額が偏りすぎるとの指摘がある。人口比をより反映するなどして、東京以外の自治体に手厚く配分するよう2017年度から複数年度かけて改める方針だ。

新聞報道②（引用）

産経新聞（H28.11.1（火））朝刊

消費税地方に多く配分へ　人口重視　都市との格差是正　政府・与党

　政府・与党は31日、消費税のうち地方の税収となる「地方消費税」を都道府県に配分する際の計算方法について、現行の計算基準比率で15％にとどまる人口基準を2倍超に引き上げるなど抜本的に見直す調整に入った。東京都など大都市圏に集中する税収が地方により多く配分されるよう是正を急ぐ。今後、政府や与党の税制調査会で議論し、平成29年度税制改正大綱に盛り込むことを目指す。

奈良新聞（H28.11.3（木））日刊

地方消費税の清算基準　県の是正提言、検討視野　人口基準上げなど与党税調で議論へ

　地方消費税の配分が大都市圏に偏りやすい構造について、県が是正を強く求めてきたのに対し、政府・与党がようやく本腰を入れて動き始めた。県は10月に地方消費税の額を決めるための清算基準のうち、人口割合による「人口基準」の現行15％から35％への引き上げなどを求める提言をまとめており、与党税制調査会でも注目されているもよう。政府や与党税調での議論を経て、基準の改正が平成29年度税制改正大綱に盛り込まれる方向だ。

お買い物・お食事は県内で！

人口1人当たりの地方消費税収額（平成26年度）

- 東京都 ¥31,410（1位）
- 大阪府 ¥26,246（2位）
- 北海道 ¥25,136（3位）
- 全国 ¥24,226
- 埼玉県 ¥19,760（45位）
- 奈良県 ¥18,668（46位）
- 沖縄県 ¥18,164（47位）

奈良県の地方消費税収は…全国46位

ちなみに…

奈良県の1人当たり県民所得　全国36位（H25年度）
奈良県の1世帯あたり消費支出　全国11位（H26年度）

と、奈良県民の消費は決して低いわけではありません。

にもかかわらず、人口1人当たり地方消費税収が低迷しているのは、**消費が県外へ流出**しているためです。

1世帯当たり県外購入割合（平成26年度全国消費実態調査より）

- 奈良県 15.2%（1位）
- 岐阜県 13.7%（2位）
- 埼玉県 13.6%（3位）
- 全国 8.8%
- 青森県 3.8%（45位）
- 北海道 2.1%（46位）
- 沖縄県 2.0%（47位）

奈良県の県外でのお食事・お買い物での購入割合は…全国1位

多くの方が県外でお買い物・お食事をされていますが…

私たちの身近な暮らしを支える地方消費税を通じて、住みよい奈良県を作るため、

お買い物・お食事は県内で！

応援！地産地消 買い物は地元で

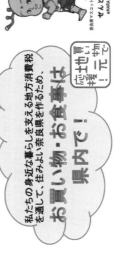

奈良県マスコットキャラクター
せんとくん
©奈良県 eNARA.pref.

そうした働きかけを強めさせていただいている中で，本県に配分される地方消費税収を増やす一番確実な手段を申し上げますと，お買い物，お食事はまず県内でしていただくことが非常にありがたいと思っています。今，表の会場の入り口にもそのことをお願いしたパネルを置かせていただいていますし，今この会場にいる職員が青いジャンパーを着ていますが，その背中には，お買い物，お食事は県内でと書いてあります。
　このことをぜひよろしくお願いしたいと思います。ありがとうございました。

○林座長　　ありがとうございます。
　一巡しまして残り時間がそれほどありませんので，ちょっと私からそれぞれもう少しお話しをお願いします。3人の先生方には地方税が抱える課題を，現状も踏まえて，お話しいただきました。そこで，それぞれ担当者としてルールを決められるとすると何を行うか，例えば上村先生であれば，個人住民税について，何を一つ変えますかということをちょっとお考えいただきたい。それから，佐藤先生には，個別の超過課税，あるいは超過課税制度そのものを決める立場になれば，どのような改革を進めますか。それから，鈴木先生は，地方の法人課税について，ご自身が決めるなら，こう変えるということ。それから，市長と部長のお二人には，この3人の先生のお話の後に，どなたかの先生，どなたでも結構ですので，こういうのはどう考えるんだろうという御質問を一つ投げていただきたいと思います。
　では，まず，上村先生から。

○上村委員　　今日，来られている方はわかったと思いますが，住民税に限らず地方税は，受益と負担の関係が極めて大事だということなんですね。地方税は特に負担している分だけ，どれだけ受益が返ってきているかが極めて大事で，そのリンクなしには地方税は語れないです。住民税について，何かすることがあるということは，やはりこれだけ公共サービス，こういう例えばこんな地域社会をつくりたいという住民の熱い熱意があって，そのためにはこんなサービ

スが大事なんだということがあり，そのための財源として住民税が必要だということだったら，増税をする決断もあってもいいんじゃないかと思います。何か増税というと，何か負担がふえるというふうに何か思いがちですが，そうじゃなくて，その税収がどう返ってくるかのほうが実は極めて大事だというように思います。以上です。

○林座長　　ありがとうございます。
　佐藤先生，お願いします。

○佐藤委員　　どれかに超過課税を強化しろと言われたら，都道府県ならば，やはり個人住民税の所得割です。全国で１県だけ，神奈川県が森林環境税目的で超過課税をしています。課税ベースも広いですし，税収の確保も容易であるということと，やっぱり応益性に即した課税という性格があるので，県レベルであれば所得割。市町村はと言われたら，答えは簡単です。固定資産税です。実際，市町村は固定資産税を基幹税としています。これも皆さんが負担する税ということになりますので，やっぱり固定資産税かなという気がします。

○林座長　　ありがとうございます。
　鈴木先生，お願いします。

○鈴木委員　　法人課税について何をすべきかという話ですけど，基本的にはできるだけ地方法人課税というのは縮小すべきと考えています。ですから，一番望ましいのは，国税と地方税の税源交換ですね。法人税のほうは国税に持っていって，地方税のほうは地方消費税の厚みを増すのがいいのではないかと思います。法人事業税の一部である外形標準課税は，源泉地主義課税といった欠点を持っていますし，それから資本金１億円以上の大企業にしか課税できてないという問題がありますが，外形標準課税を地方消費税に振り替えればそうした問題も解消します。もちろん，こうした税源交換は即座に実現できることで

はないと思いますが。

○**林座長** ありがとうございます。
　さっきお願いしたように，まず，市長のほうから，どなたにでも結構ですので，何かこれはどう考えたらいいんだろうみたいなご質問をしていただけたらと思います。

○**森下市長** そうですね，税金を上げるとなると，市民の皆さまの理解を得ることは難しいものです。そのため，どのような説明がよいものなのか。やっぱり住民税を上げるということは，言葉に出すのは簡単ではありますが，実際に上げることは非常に難しいと思います。

○**一松総務部長** それでは，私のほうからは，上村先生に，資料の最後のほうで奈良県はどうかというお尋ねをいただいたので，ご質問したいと思います。
　冒頭の特別講演で財務省の佐藤事務次官のほうから，最近日本ではやっぱり中間層が薄くなっているのではないか，アメリカにおける「トランプ現象」の裏側にもそういったことがあるのではないかというお話がありました。それを税制で見直していくというのは大変なことだと思いますし，特に地方税，個人住民税という観点でいうと，扶養控除とか配偶者控除はありますけれども，その見直しで対応させていただくこともあるでしょうが，個々の地方公共団体，都道府県としては，より使い途のほうで頑張らせていただくしかないのかなと思っております。荒井知事といたしましても，この前，記者会見で申し上げましたが，こういう中間層が希薄化していく問題に対応するために，できるだけ女性活躍，働き方改革，あるいは子育て支援といったことをきめ細やかにやっていく。それこそが国では十分にできず地方公共団体に求められる役割になるだろう，したがってそういうことに政策課題の重点を置いていきたいと申し上げております。そういった方向で努力させていただくということでお許しいただけることにつながるのか，ちょっとお尋ねしたいと思います。

○上村委員　もちろんそれでいいと思いますけれど，やはりそれをどういう形で政策が行われているかというのが住民がわかってるかどうか，そこがすごく大事です。税金って納得感がすごく大事ですから，意味のある政策をやってると，意味のある事業をやってるということがいかに住民に伝わっているかというところが極めて大事かなと思います。

○林座長　ありがとうございます。
　最後のそれぞれ先生方の発言にありましたように，それから，冒頭，財務省の次官のお話しにもありましたが，我々財政をやってる者として，どうしても足りなければちゃんと税金を徴収する必要があるだろうという立場になります。先ほど私，バブルのときには，支出もふえたというふうに申し上げましたけど，当時は税収増に合わせて支出をふやしたという状況が明確になります。税収と支出とどっちが先かということなんですけど，財政赤字のときにはどうしてもこれだけの税収しかないのだから，その範囲でやれという声がどうしても強くなります。経済界の方なんかもどうしてもそうなります。ただし今だからそうなので，かつては税金がたくさん入るからそれを支出拡大に充当し，それがまたすごく重荷になってきたという経験もしているわけです。もちろん効率化は必要であることは言うまでもありませんが，財源確保の必要性，あるいは明確な目的を達成するために，税を上げるということは，やっぱり納得してもらわないといけないんじゃないかというのが，先生方みんな共通した意見だと思います。
　一方で，それを住民に説明する立場の方としては，じゃあ，どうすれば納得してくれるんだろうということになりますが，それには地方の行政が見えないからということもあると思います。でも，状況を理解して必ずしも反対していない人もたくさんいるのも事実で，やっぱりきちんと腰を据えて説明していくことしかないんだろうと思います。2007年に所得税から住民税への移譲がありました。そのときに住民税が少し増えたものですから，市町村の窓口で，住民

税が増えたことに対して苦情が来ました。そのときに，多くは国の制度が変わったのでという説明をされる。しかし，受け取っているのは地方税です。市町村と都道府県の住民税が上がったこととその必要性を，住民に対してきちんと説明するべきです。国が決めたので，という説明になることについては私自身少し不満でしたし，今日先生方のお話しに出た住民に対してもっと説明が必要だという意見に表れているのだと思います。

　時間が参りましたので，本日のシンポジウムはこれで終了したいと思います。税を知る週間に開催したということで，国税だけではなく，地方税のほうにももっと関心を持っていただけたらと考えておりますが，今日のシンポジウムをきっかけにして関心が少しでも高まれば，ありがたいと思います。

　本日は本当にどうもありがとうございました。パネリストの皆さん，どうもありがとうございました。

資　料

奈良県税制調査会委員名簿

氏　　　名	所属・職名（論文執筆当時）
上村　敏之	関西学院大学経済学部　教授
佐藤　主光	一橋大学国際・公共政策大学院　教授
鈴木　将覚	専修大学経済学部　教授
竹本　亨	帝塚山大学経済学部　教授
鶴谷　将彦	奈良県立大学地域創造学部　講師
林　宏昭（座長）	関西大学経済学部　教授
横山　直子	大阪産業大学経済学部　教授

奈良県税制調査会の活動状況（第7回以降）

第 7 回　税制調査会（平成26年10月21日）

　◆ゴルフ場利用税　薄暮，ハーフ利用等軽減制度の導入について
　◆自動車税身体障害者減免にかかる上限設定について

第 8 回　税制調査会（平成27年 1 月15日）

　◆平成27年度での検討課題について

第 9 回　税制調査会（平成27年 6 月18日）

　◆政府要望にかかる論点整理
　　・税制の偏在（格差）是正について
　　・地域創生のための税制について
　◆本県の自主的な税制について

第10回　税制調査会（平成27年 9 月17日）

　◆本県の自主的な税制について（諮問）

第11回　税制調査会（平成27年11月17日）

　◆本県の自主的な税制について（答申）（次ページ参照）
　　・森林環境税
　　・法人県民税特例制度

第12回　税制調査会（平成28年 3 月15日）

　◆望ましい地方税のありかた調査事業について
　◆国保保険料の統一化に向けた取り組みについて

第13回　税制調査会（平成28年10月18日）

　◆地方消費税の清算基準の見直し等について

第14回　税制調査会（平成29年 2 月 6 日）

　◆地方消費税の清算基準の見直しについて

奈良県森林環境税について（答申）

奈良県森林環境税について（答申）

平成27年11月17日
奈良県税制調査会

　奈良県森林環境税は，平成18年度より導入された県民税の均等割に上乗せする方法により課税されている超過課税である。
　導入にあたっては，「県土の保全，災害の防止，自然環境の保全，水源のかん養等すべての県民が享受している森林の有する公益的機能の重要性にかんがみ，県民の理解と協力の下に，森林環境の保全及び森林をすべての県民で守り育てる意識の醸成に関する施策に要する経費の財源を確保し，ひいては林業労働者の雇用の確保等に資する」ことを目的としている。
　また，課税を行う期間としては，県民税の個人の均等割については，「平成27年度まで」のものとされ，県民税の法人の均等割については，「平成28年3月31日までの間に開始する各事業年度等」のものとされている。
　そのため，本年度末において，課税期間の期限が到来することとなり，平成28年度以降の本税制度について，奈良県より意見を求められたため，検討を行い，県に対し提言を行うものである。

＜森林環境税の評価について＞

　施業放置林整備にかかる間伐等により，表面の土の流出抑制，樹木の成長による二酸化炭素の吸収能力などに向上がみられ，徐々に成果が現れている。
　また，平成27年5月に奈良県が実施した森林環境税にかかる意識調査によれば，森林環境税を活用した取組について必要だと考える県民の割合が個人87.7％，企業87.8％，今後も継続すべきだと考える県民の割合がすべての事業について，個人，法人とも6割前後となるなど，県民の多くから賛同を得ていることがわかる。特に，施業放置林の整備については，61.2％の県民が継続すべきであると考えている。
　これらのことから，森林環境税の導入及び使途事業の実施効果としては，間伐による土砂移動量の減少や二酸化炭素の吸収能力の高まりが確認され，一定の成果が得られていると認められるが，なお一層の森林の有する公益的機能を高めるため，森林環境税及び使途事業は引き続き継続することが適当である。

　※　今後の本税の評価のためには，その目的である，「県土の保全，災害の防止，自然環境の保全，水源のかん養等森林の有する公益的機能の高まり」による効果を定量的に把握し，使途事業の有効性を示してゆくことが重要である。

＜森林環境税の税率について＞
　奈良県では，森林環境税の税率を，県民税均等割に上乗せする方法により，個人には年額500円，法人には森林環境税課税前の均等割額の5％相当額としている。
　これは，奈良県が導入を検討していた時点での先発県が，個人については年額500円であったこと，特に林野率が全国一高い高知県（先発県）においても500円の負担水準となっていたこと，導入前に実施した意識調査においても多くの県民に賛同いただける額が500円であったこと，また，法人については県内零細企業の負担水準に配慮して年額千円（法人県民税均等割最低標準税率2万円の5％相当額）としたこと，等の理由から決められたものである。
　税収は毎年約3億5,000万円前後で推移しているが，平成18年度から平成23年度までは，使途事業費が単年度税収と比較すると下回っていた。ところが，平成24年度からは使途事業費が単年度税収を上回る状況となっている。これは，当税を一旦「森林環境保全基金」に積み立てたうえで，取り崩して使途事業に充てる形をとっているためであり，税収累計総額を上回るものではない。しかし，平成27年度末には基金残高がほぼゼロになる見込みである。
　一方，森林環境税の認知度は低く，県民に当事者意識を喚起するという意味からも，税率の引上げについても検討の余地はある。他方，森林の有する公益的機能が向上しているなど一定の効果が認められること，意識調査結果によれば，今まで以上に多く負担してもよいと考える人は限定的であること等を考慮すると，税率は現行のまま据え置き，今後5年間において税収及び基金積立金の範囲内で使途事業費を賄うべく，使途事業の見直しを行うことが適当である。

＜森林環境税の使途事業について＞
　森林環境税の使途事業の実施効果については一定の効果が認められるが，事業費としては前述のとおり，第2期（平成23年度〜）においては，単年度ベースでみると税収を上回っており，これを賄うために基金積立金の一部を充当している状況である。
　このため，税率の検討において指摘したとおり，使途事業については，基金残高がほぼゼロであることを考慮して，単年度税収見合いの事業費とならざるを得ない。そのためには使途事業を精査し，見直しを行うべきである。
　その際には，森林環境税の使途事業のアウトカム指標を設定した上で，その効果を定量的に把握し，効果的な使途事業に重点化すべきである。
　特に，意識調査結果からも最も必要な取組とされている「施業放置林対策」に重点化するとともに，「森林とのふれあいの推進」など森林環境税使途事業として当初目的を達成した事業については，森林環境税による使途事業から除外することが適当である。

＜森林環境税の見直し規定について＞
　上記のとおり，税収と使途事業費について5年間でバランスさせることを踏まえ，5年後には再び検討を行い必要な措置を講ずることが適当であるが，当調査会で議論されたように，税率や使途事業については，課税期間途中であっても妥当性や有効性を評価し，その上で見直し等ができるような仕組みの検討や，施業放置林対策にかかる国等への税制改正要望等も併せて検討することが適当である。

法人県民税超過課税について（答申）

平成27年11月17日
奈良県税制調査会

　法人県民税の超過課税は，昭和51年度より導入された法人県民税の法人税割に対し，地方税法の定める標準税率を超えた税率により課税されている超過課税である。導入にあたっては，当初「社会福祉施設の整備」を，平成3年度からは，「社会福祉の増進及び医療の向上を図る施設の整備」を図ることを目的としている。また，課税期間としては，「平成28年3月31日までに終了する各事業年度分の法人税割」とされている。
　そのため，本年度末において，課税期間の期限が到来することとなり，平成28年度以降の本税制度について，奈良県より意見を求められたため，検討を行い，県に対し提言を行うものである。

＜超過課税の評価について＞

　この超過課税は，創設当初から社会福祉施設の整備や医療の向上を図る施設の整備を図ることを目的に実施されてきたが，これまで県内では多くの関係施設整備が行われてきており，最近の5年間では，中央こども家庭相談センターの整備等の児童福祉，障害福祉及び老人福祉の各福祉施設並びに県立医大病棟整備等の医療施設整備に充てられるなど，一定の役割を果たしていると認められる。
　今後も新奈良総合医療センターの整備をはじめ多くの関係施設整備の計画がされていることから，当該超過課税及び使途事業は引き続き継続することが適当である。
　なお，平成28年度以降も引き続き以下のような検討が必要である。

※　この超過課税制度の目的は，社会福祉の増進及び医療の向上を図る施設の整備であり，負担する法人が享受する利益について検証することが必要である。
　従来，この超過課税は，企業が住民にとってのセーフティネットとしての機能を果たしており，働く人やその家族が利用する医療や福祉関係の施設の充実が企業にとっての生産コストを引き下げる効果をもたらす，といった企業を中心とした意義が強調されてきた。しかしながら，奈良県が今後も医療，福祉について充実を図っていくのであれば，直接的な利益を享受する奈良県民に対して広く負担を求めていくべきという視点にたった考えにも留意する必要がある。
　また，国で行われている地方法人課税改革の動向にも注視しつつ，この超過課税制度のあり方の検討についても，今後の課題として提起しておく。

＜超過課税の課税対象について＞

　当該超過課税制度では，奈良県では，資本金等が1億円または法人税額1千万円超の法人を対象としている。前述のように，直接的な利益を享受する奈良県民に対

して広く負担を求めていくべきとの観点から，対象条件を引き下げて税率を低くするという考えはある。他方，当該基準は，中小企業を課税対象から外しているものの，現時点では負担している企業の規模から見ると資本金が10億円未満の企業も多く負担しており，担税力の高い大企業のみを狙い撃ちしているとまでは言えないこと，また，34の都道府県が奈良県と同じ基準であることなどから，課税対象は現行のまま据え置くことが適当である。

＜超過課税の税率について＞

奈良県では，当該超過課税対象法人に対する税率を，標準税率に0.8％上乗せして課税している。

税収はこの5年では年間約3億5,000万円前後で推移しているが，昨今の経済情勢等により，当該超過課税分の税収は減少傾向にある。ただし，対象事業費についても10年以上前と比較して減少傾向にあることから，事業費に占める超過分の税収のウェイトは逆に高まっているところである。

しかし，保育施設の充実など県内の法人活動の活発化にも資する事業に対する社会的な要請があること，また，全国的には44道県が同じ超過税率（0.8％）を採用していることから，税率も現行のまま据え置くことが適当である。

奈良県と全く同じ適用条件（超過税率0.8％，資本金1億円又は法人税額1千万円超）であるのは，33道府県となっており，適用期間についても，45都道府県が5年間となっている。

＜超過課税の使途事業について＞

当該超過課税の使途事業費は，社会福祉施設の整備や医療の向上を図る施設の整備を図ることを目的に事業実施されており，先述のようにこれまで県内では多くの関係施設整備が行われていることから，一定の役割を果たしているといえる。

ただ，昨今の経済状況を鑑みると，評価のところで述べたように，法人の利益に担税力を見出し超過課税を行うのであれば，負担している法人に対しての合理的な説明が必要であることから，使途事業として，法人において勤務する労働者にとり，より働きやすい環境を整えるという観点に立脚し，それらの環境づくりに資する，保育や修学前教育等の児童福祉施設，あるいは介護等に係る老人福祉施設等のさらなる充実を検討することが適当である。

＜超過課税の見直し規定について＞

上記のとおり，多くの都道府県で採用しているように課税期間は5年間とし，5年後には再び検討を行い必要な措置を講ずることが適当であるが，当調査会で議論されたように，税率や使途事業については，課税期間途中であっても妥当性や有効性を評価し，その上で見直し等ができるような仕組みについても併せて検討することが適当である。

あとがき

　政府税制調査会が平成12年7月にとりまとめた答申「わが国税制の現状と課題―21世紀に向けた国民の参加と選択―」において、税制について次のような記述がなされています。
「　歴史的に民主主義が確立していく過程で、国民一人一人が社会や国の運営に参加する権利と義務を有するようになってきたことに伴い、社会共通の費用を賄う租税は国民一人一人が広く公平に分担する必要があるという考え方が浸透してきました。
　租税については、公的サービスの財源としてどの程度のものが必要か、それを具体的に誰が、どのように分担するか、というルール（税制）が必要です。民主主義の下では、このルールは最終的には国民の意思によって決定されます。租税を納めることは自らの受益と直接関係なく金銭等を拠出するものですから、あらかじめ定められた手続に基づいて国民の合意の下にルールが決められなければなりません。一方、国民皆がルールに基づいた納税を行わなければ、必要な税収は集まらず、また、不公平が生じますので、ルールに強制力を付すことによって実効性を持たせる必要があります。（これが国家の課税権と言われるものです。）
　このようなことから、日本国憲法では、納税を国民の義務とし、また、租税法律主義を明記しています。」
　同答申は、この記述の後、イギリスの大憲章「マグナ＝カルタ」、権利請願（1628年）、権利章典（1689年）、「代表なきところに課税なし」のスローガンに代表されるアメリカ独立（1776年）、フランス人権宣言（1789年）に言及し、

租税のあり方が歴史的に議会制民主主義の発展と深く結び付いてきたことを明らかにしています。

このような租税の重みは国家更には行政単位の別を問わず妥当し、わが国地方自治にとっても地方税こそがその根幹をなすことは疑いがありません。しかし、地方税財政の実情は、地方団体が住民と向き合って自主的・自立的に財源を調達する理想的な姿からは程遠いものとなっています。すなわち、必要な財政需要を地方税収では賄えない財源不足が常態化しており、地方交付税等による補填が行われています。この地方交付税には様々な評価があり得ますが、少なくとも、受益と負担の対応関係がその地域で完結しないという点では、法定率分を含め、地方税とは違いがあることを認めざるを得ません。国の一般会計による補填部分に至ってはその財源は赤字国債であり、負担が将来世代に先送られているため、受益と負担の結びつきが地域どころか世代を超えて断ち切られています。財政規律を確保する代替的な仕組みを備えているとはいえ、受益と負担の緊張関係がもたらす直接的な相互牽制作用が働きにくいことに関しては、地方財政の健全化の見地から地方税と比べた劣後性を否定できないところです。

地方交付税等に依存するこのような現状の下、地方税財政を取り巻く議論は、国による財源保障の水準やその確保に議論が偏りがちです。しかし、それでもなお、各地方団体が住民や企業から貴重な血税をいただいていること、各地方団体において公正かつ適正な課税に向けて税務職員が地域住民と向き合う努力を重ねていることには変わりがありません。財政力が乏しく、地方交付税等に大きく依存する本県においても、毎年1,100億円を上回る県税収入をいただいております。地方税のあるべき姿をしっかり議論していくことは県民に対する責務と心得ます。

さて、消費税については平成26年4月に税率（国・地方合計）の5％から8％への引上げが行われ、平成31年10月には8％から10％へ引き上がる予定ですが、「社会保障と税の一体改革」と呼ばれる一連の改革に多大なエネルギーが費やされてきたことは、改めて記すまでもありません。私自身は、10年半ほど

前よりその政策形成の現場に続けて身を置く機会を得てきましたが、本書の鈴木先生の論文でも言及されている平成21年税制改正法附則第104条や社会保障制度改革プログラム法の策定、消費税率（国・地方）引上げの延期判断（平成26年11月）などとあわせて印象に残っておりますのは、平成23年の消費税率（国・地方）引上げ分の国・地方の配分を巡る議論です。その際には、引上げ分をはじめ消費税収を社会保障財源化することを前提として、国・地方がそれぞれの社会保障に果たしている役割やその量的多寡を主張し合い、半年以上の攻防を経て、最終的には年末の「国と地方の協議の場」で決着を見ました。すなわち、消費税率引上げ分5％のうち1.54％が地方の取り分とされ、うち1.2％相当分を地方消費税とすることが決定されました。

　その後、国においては社会保障財源化の中身を詰めていく作業が本格化します。そこでは、社会保障の受益に対する負担が見合っておらず、将来世代への負担の先送りが続いている中、それに歯止めを掛ける「社会保障の安定」を図ることこそが改革の本旨とされ、特定財源化に伴って懸念された歳出規律の弛緩についてはこれを生じさせない対応が執られました。むしろ社会保障関係経費の一層の効率化が志向され、「社会保障の充実」と呼ばれる受益（歳出）の増加分については、国民にそのための負担増を納得いただけるだけの改革を伴う中身とすることが追求されました。こうした議論の成果が、平成25年8月の社会保障制度改革国民会議報告書であり、社会保障制度改革の道筋を定めた社会保障制度改革プログラム法でした。その過程で、国民健康保険の都道府県単位化という地方団体にとって画期的な改革項目も生まれました。医療提供体制の整備と国民健康保険の財政運営の双方に責任発揮することを通じて、都道府県が受益と負担の結節点として機能することが期待されており、平成30年4月からの制度開始を目前にしています。

　これらの一連の改革は、総じて言えば、受益に対する負担の将来世代への先送りに歯止めを掛けることを始め、断ち切れかねない受益と負担の対応関係を社会保障分野で何とかつなぎ止め、ないしは積極的にそれを創り出そうとする一面を有していたと評価できます。

地方消費税に関しては、制度上は引上げ分が社会保障財源化されたからといって直ちに仕組みを変えなければならないというものではありませんが、あれほどの大議論を経て地方分として消費税率1.2％相当分の負担増を地域住民にお願いすることを決定したことやそれ以降様々な関連する改革が周辺で講じられてきたことからすれば、税収の地方団体間の帰属のあり方（清算基準）や使途の明確化のあり方について、議論が十分に行われてきたとは言い難いものがあります。

　そのことは、本書所収の奈良県税制調査会の「平成30年度税制改正における地方消費税の清算基準の抜本的見直しに向けて」と題する提言（以下「清算基準抜本見直し提言」）から明らかであり、本提言は、地方消費税の清算基準の技術的問題点を論じているというより、地方税に向き合う姿勢を問うているものであるとも捉えることができます。すなわち、清算基準において消費の把握は確かに重要ですが、どこで最終消費を行うにせよ地方消費税を負担するのが地域住民一人ひとりであることに変わりありません。安易に消費の把握を販売統計に依拠した結果、地方消費税の負担者である地域住民一人ひとりの居住地と税収の帰属地に徒な乖離をもたらし、ひいては受益と負担の対応関係の希薄化を招いているとすれば、地方自治の本旨に悖ることにすらなりかねません。地方消費税が今後とも地方の基幹税であろうとすれば、受益と負担の関係はいかにあるべきかという税制の本質論に立ち返って、謙虚に制度を見つめ直すことが避けられません。

　平成30年度税制改正を控え、本県としては清算基準抜本的見直し提言の実現にまずは全力を注ぎますが、県民に対する説明責任が問われている地方税の課題は、それにとどまりません。本書でも林先生や佐藤先生がテーマとして取り上げている課税自主権に関し、平成29年度与党税制改正大綱では、平成30年度税制改正において、森林吸収源対策に係る地方財源の確保の観点からの「森林環境税（仮称）」の創設について結論を得ることとされています。県土面積の8割弱を森林が占め、平成18年度より超過課税として県民税の均等割に上乗せする形で奈良県森林環境税を導入している本県として、しっかり議論に対応

していかなければなりません。また、清算基準抜本的見直し提言の末尾でも触れられていますが、法人県民税特例制度についても、地方消費税収の引上げ分の使途の明確化のあり方とあわせ、そのあり方の検討を今一度深める必要があるように思います。

　奈良県税制調査会の発足の経緯については、平成26年11月に発行された「望ましい地方税のありかた―奈良県税制調査会からの発信―」の巻末において前田努副知事（当時）によって紹介されているとおりであり、荒井知事の強い思いと御指導がなければここまで歩みを進めることはできませんでした。座長の林先生には、奈良県税制調査会の議論を的確に導いていただき、累次の答申、提言の構成から細かな表現に至るまで御指導いただきました。更には、奈良県税制調査会の現地調査、本書に模様を載せている平成28年11月の「税を考えるシンポジウム」、そして本書の発刊そのものにつきましても、先生抜きには成り立ち得ませんでした。本書の執筆・刊行に御尽力いただきました委員の他の先生方及び関係者のみなさまとあわせて、この場を借りて厚く御礼申し上げます。

　荒井知事が奈良県税制調査会の発足に込めた「税制についても地方でしっかりとした論を立て、国と議論をしていきたい」という思いは、平成29年度税制改正の過程を見ても花開きつつあるように思われます。しかし、まだまだ道半ばであり、たゆまぬ挑戦が求められています。本書を手にとられた皆様方から温かい御理解・御支援を賜りますことを心よりお願い申し上げ、あとがきに代えさせていただきます。

　平成29年3月

奈良県総務部長　一松　旬

【著者略歴】 (50音順)

上村敏之 (うえむら・としゆき)
1972年生まれ。関西学院大学経済学部卒、同大大学院経済学研究科博士課程後期課程単位取得退学。博士(経済学)。東洋大学経済学部准教授を経て、現在、関西学院大学経済学部教授。主な著書に『財政負担の経済分析』(関西学院大学出版会、2001)、『コンパクト財政学』(新世社、2007)、『検証 格差拡大社会』(日本経済新聞出版社、2008)、『公的年金と財源の経済学』(日本経済新聞出版社、2009)、『公共経済学入門』(新世社、2011)、『消費増税は本当に必要なのか』(光文社新書、2013)など。

佐藤主光 (さとう・もとひろ)
1969年秋田県生まれ。一橋大学経済学部卒、クイーンズ大学(カナダ)経済学部博士号取得。一橋大学経済学研究科・政策大学院教授。政府税制調査会委員等歴任。主な著書に『地方交付税の経済学』(共著、有斐閣、2003、日経・経済図書文化賞)、『地方財政論入門』(新世社、2009)、『震災復興:地震災害に強い社会・経済の構築』(共著、日本評論社、2011)、『地方税改革の経済学』(日本経済新聞出版社、2011、エコノミスト賞)など。

鈴木将覚 (すずき・まさあき)
1971年生まれ。一橋大学経済学部卒、京都大学博士(経済学)。京都大学経済研究所先端政策分析研究センター准教授等を経て、現在専修大学経済学部教授。主な著書に、『グローバル経済下の法人税改革』(京都大学学術出版会、2014、第24回租税資料館賞)など。

竹本 亨 (たけもと・とおる)
1971年生まれ。東北大学経済学部卒、同大大学院経済学研究科博士課程後期課程修了。博士(経済学)。帝塚山大学経済学部教授。主な著書に『分権化時代の地方財政』((第7章を共著) 貝塚啓明編著、中央経済社、2008)。

鶴谷将彦 (つるや・まさひこ)
1980年千葉県生まれ。立命館大学政策科学部卒、同大学院政策科学研究科博士課程後期課程修了。博士(政策科学)。奈良県立大学地域創造学部講師。主な業績に「候補者選定過程における政党執行部の影響力—2010年参議院選挙の民主党を事例に—」(『選挙研究』第27巻第2号、2011年)、「平成の大合併後の自治体運営について」(『政策科学』第19巻第1号、2011年)など。

林 宏昭 (はやし・ひろあき)
1958年生まれ。関西学院大学経済学部卒、同大大学院経済学研究科博士課程後期課程修了。博士(経済学)。帝塚山大学経済学部助教授等を経て、現在、関西大学経済学部教授。主な著書に『租税政策の計量分析』(日本評論社、1995、日税研究特別賞)、『どう臨む 財政危機下の税制改革』(清文社、2002)、『分権社会の地方財政』(中央経済社、2006)、『税と格差社会—いま日本に必要な改革とは—』(日本経済新聞出版社、2011)など。

横山直子 (よこやま・なおこ)
2006年関西学院大学大学院経済学研究科博士課程後期課程修了。博士(経済学)。姫路獨協大学経済情報学部教授を経て、現在、大阪産業大学経済学部教授。主な業績に、『徴税と納税制度の経済分析』(中央経済社、2016)、「わが国における徴税費・納税協力費の測定と特徴」(『経済情報学論集』第30号、2011)、「所得税と消費税に関する納税協力費比較」(『大阪産業大学経済論集』第14巻第2号、2013)、「徴税・納税制度と納税意識に関する研究—所得税・消費税を中心に—」(『大阪産業大学経済論集』第16巻第1・2合併号、2015)など。

まほろばからの地方税のありかた提言 ―奈良県税制調査会の挑戦―

平成29年3月31日　発行

著　者　　奈良県税制調査会

発　行　　奈良県

発売所　　株式会社 清文社

〒101-0047　東京都千代田区内神田1-6-6（MIFビル）
電話 03(6273)7946　Fax 03(3518)0299
〒530-0041　大阪市北区天神橋2丁目北2-6（大和南森町ビル）
電話 06(6135)4050　Fax 06(6135)4059

清文社ホームページ　http://www.skattsei.co.jp/

著作権法により無断複写複製は禁止されています。　　印刷・製本　亜細亜印刷㈱
落丁・乱丁の場合はお取替え致します。　　　　　　　ISBN978-4-433-40967-8